Das UNCITRAL-Modellgesetz über die internationale Mediation in Handelssachen

Europäische Hochschulschriften Recht

European University Studies in Law

Publications Universitaires Européennes de Droit

Band/Volume 6768

Gelare Matin

Das UNCITRAL-Modellgesetz über die internationale Mediation in Handelssachen

PETER LANG

Lausanne - Berlin - Bruxelles - Chennai - New York - Oxford

Bibliografische Information der Deutschen Nationalbibliothek
Die Deutsche Nationalbibliothek verzeichnet diese Publikation in der Deutschen Nationalbibliografie; detaillierte bibliografische Daten sind im Internet über http://dnb.d-nb.de abrufbar.

Zugl.: Kiel, Univ., Diss., 2022

D 8
ISSN 0531-7312
ISBN 978-3-631-89470-5
E-BOOK 978-3-631-90850-1
E-PUB 978-3-631-91026-9
DOI 10.3726/b21292

Verlegt durch:
Peter Lang GmbH, Berlin, Deutschland

info@peterlang.com http://www.peterlang.com/

Widmung

Meinem Lebensgefährten Michael und meinen Eltern

Vorwort

Das UNCITRAL-Modellgesetz über Schlichtung in internationalen Handelssachen von 2002 wurde nun im Jahr 2018 in Modellgesetz über Mediation in internationalen Handelssachen umbenannt und inhaltlich erweitert. Parallel dazu arbeitete UNCITRAL an der Singapore Mediation Convention 2018, die am 12.09.2020 in Kraft getreten ist.

Die vorliegende Arbeit wurde im Januar 2019 von der Juristischen Fakultät der Christian-Albrechts-Universität zu Kiel als Dissertation angenommen.

Mein besonderer Dank gebührt meinem Doktorvater, Herrn Professor Dr. Alexander Trunk, der mir die Anregung zu diesem Thema gab und mein Interesse an der Mediation geweckt hat. Er hat diese Arbeit nicht nur in jeder Hinsicht gefördert, sondern auch maßgeblich zum Gelingen dieser Arbeit beigetragen. Seine stets offenstehende Tür, seine Herzlichkeit und fortwährende Unterstützung prägten meine Promotionszeit, die ich wertschätze und an die ich mich gerne zurückerinnere. Zudem bedanke ich mich für die außerordentlich schnelle Erstellung des Erstgutachtens.

Herrn Professor Dr. Rudolf Meyer-Pritzl danke ich für die äußerst zügige Erstellung des Zweitgutachtens.

Mein Dank gilt zudem Frau Kirsten für ihre Fürsorge und ihr „offenes Ohr“.

Mein ganz besonderer Dank gilt meinen Eltern, die mir meinen bisherigen Lebensweg ermöglichten und immer an mich glauben.

Von ganzem Herzen danke ich meinem Lebensgefährten Michael für seine uneingeschränkte Unterstützung und sein großes Verständnis. Ohne ihn wäre diese Arbeit nicht möglich gewesen.

Hamburg 2023
Gelare Matin

Inhaltsübersicht

Inhaltsverzeichnis

A. Einleitung

> „Believing that the amendments to the Model Law on International Commercial Conciliation will significantly assist States in enhancing their legislation governing the use of modern mediation techniques and in formulating such legislation where none currently exists, […].“
>
> *UN-Generalversammlung*[1]

I. Ausgangslage

Nach intensiver Arbeit hat die UNCITRAL Arbeitsgruppe II[2] das *UNCITRAL Model Law on International Commercial Conciliation*[3] (UNCITRAL-Modellgesetz über die internationale Schlichtung in Handelssachen, im Folgenden: Modellgesetz von 2002) überarbeitet und umbenannt in *UNCITRAL Model Law on International Commercial Mediation and International Settlement Agreements*[4] (UNCITRAL-Modellgesetz über die internationale Mediation in Handelssachen und internationale Mediationsvergleiche, im Folgenden: Modellgesetz von 2018).[5] Aus dem eingangs zitierten Auszug aus der Resolution der UN-Generalversammlung geht hervor, dass die UN-Generalversammlung der Überzeugung ist, dass das Modellgesetz von 2018 verabschiedet wurde, um besonders den Staaten, die noch über keine allgemeinen Rechtsvorschriften über das Mediationsverfahren verfügen, eine geeignete Grundlage zur Verfügung zu stellen.[6]

Konflikte haben sich weiterentwickelt und damit auch unser Konfliktverhalten.[7] Um eine Streitigkeit beizulegen, bemühen wir uns erster Hand selbst, durch offene Kommunikation das Problem zu erkennen und den Konflikt zu lösen oder zumindest einen Kompromiss zu finden. Doch nicht immer führt der

---

1 Auszug aus der Resolution der UN-Generalversammlung, UN-Doc. A/RES/73/199.

2 Im Folgenden wird der Begriff *Working Group II* verwendet.

3 UN-Doc. A/RES/57/18.

4 UN-Doc. A/RES/73/199.

5 UNCITRAL Model Law on International Commercial Mediation and International Settlement Agreements Resulting from Mediation, 2018 (amending the Model Law on International Commercial Conciliation, 2002), UN-Doc. A/73/17, Annex II.

6 UN-Doc. A/RES/73/199.

7 *Duve/Eidenmüller/Hacke*, Mediation in der Wirtschaft, S. 41; *Schwarz*, Konfliktmanagement, S. 263 ff.

Weg über offene Gespräche unter den Beteiligten zum Erfolg. Oft wird die Beilegung von Konflikten dadurch erschwert, dass die Beteiligten auf ihre Positionen beharren.[8] Spätestens dann wird typischerweise der Weg über die Gerichte gesucht. In vielen Fällen stellt die gerichtliche Lösung jedoch nicht die nachhaltigste Variante dar.[9] Gerade bei internationalen Streitigkeiten kann eine außergerichtliche Streitbeilegung von großem Interesse sein.[10] Bisher fehlte es jedoch an einem Internationalen Anerkennungs- und Vollstreckungsmechanismus.

Hier setzt das Modellgesetz von 2018 an und enthält durch seinen neuen dritten Abschnitt Regelungsbedingungen in Bezug auf die Anerkennung und Vollstreckung von Mediationsvergleichen.[11] Parallel zur Überarbeitung des Modellgesetzes hat die *Working Group II* an dem Entwurf der *United Nations Convention on International Settlement Agreements Resulting from Mediation*[12] ("Singapore Convention"[13]) gearbeitet, wobei der dritte Abschnitt des Modellgesetzes nahezu wortgleich der Singapore Convention entspricht. Es ist das erste Mal, dass UNCITRAL parallel an zwei unterschiedlichen Rechtsquellen zur gleichen Thematik tätig wurde.[14] Anders als das Modellgesetz enthält die Singapore Convention keine Regelungsbedingungen für das allgemeine Mediationsverfahren.[15] Neben Vorschriften betreffend die Anerkennung und Vollstreckung von Mediationsvergleichen, enthält die Singapore Convention auch Angaben zur Geltendmachung des Mediationsvergleichs als Einrede.[16] Auch wenn das

---

8 *Duve/Eidenmüller/Hacke*, Mediation in der Wirtschaft, S. 44.

9 Neben dem Kostenaspekt ist zu erwähnen, dass sich die Gerichtsverfahren meistens länger hinziehen. Für einen überschaubaren Überblick über die Integrierung von gerichtlicher und alternativer Konfliktbehandlung, siehe *Breidenbach*, Außergerichtliche Streiterledigung – Sinn und Zusammenspiel mit den Gerichtsverfahren, in: Aktuelle Entwicklungen des europäischen und internationalen Zivilverfahrensrechts, S. 117 ff.

10 Besonders die Mediation kann aufgrund des flexiblen Charakters auch international ein vorteilhaftes und kostengünstiges Verfahren begründen; vgl. UN-Doc. A/CN.9/WG.II/WP.185, para. 5.

11 Im englischen Original: „settlement agreement"; Zur Diskussion des Begriffs Mediationsvergleich siehe das Kapitel „Der Begriff settlement agreement".

12 UN-Doc. A/RES/73/198.

13 Erhielt den Namen angesichts dessen, dass die Konvention für die Unterzeichnung am 7. August 2019 in Singapur ausgelegt worden war.

14 Das Modellgesetz von 2018 sowie die Singapore Convention wurden von der UN-Generalversammlung am 20. Dezember 2018 verabschiedet.

15 Auf die Bedeutung der Singapore Convention für das Modellgesetz von 2018 wird im Abschnitt „Der rechtspolitische Hintergrund der Singapore Convention" im Teil C, IV, 3 ausführlich eingegangen.

16 Vgl. Art. 3 der Singapore Convention.

Modellgesetz von 2018 und die Singapore Convention teilweise unterschiedliche Ziele verfolgen, sind sie miteinander vereinbar.[17]

Interessant ist jedoch, dass durch das Zusammenwirken des Modellgesetzes von 2018 und der Singapore Convention ein internationaler Anerkennungs- und Vollstreckungsmechanismus zur Verfügung gestellt und der Mediation damit eine einzigartige Stellung gegeben wird – ein maßgebliches Merkmal für Mediationsvergleiche, das bisher nur Schiedssprüchen und Gerichtsurteilen zuerkannt wurde.[18]

Lange Zeit stand die Mediation als eine von mehreren alternativen Konfliktlösungsmethoden im Schatten der Schiedsgerichtsbarkeit. Durch die im Modellgesetz von 2018 enthaltenen Regelungsbedingungen in Bezug auf das Mediationsverfahren sowie den Rechtsrahmen der Singapore Convention könnte die Mediation das Potenzial entwickeln, sich als eine „echte" Alternative zur Schiedsgerichtsbarkeit zu erweisen.[19] Gerade im Zusammenhang mit dem flexiblen Charakter und der Förderung einer interessengerechten Beziehung besteht die Möglichkeit für die Mediation, dass der durch das *UNCITRAL Model Law on International Commercial Arbitration*[20] (UNCITRAL-Modellgesetz über die internationale Handelsschiedsgerichtsbarkeit, im Folgenden: Modellgesetz über die Handelsschiedsgerichtsbarkeit) und der *Convention on the Recognition and Enforcement of Foreign Arbitral Awards*[21] (Übereinkommen über die Anerkennung und Vollstreckung ausländischer Schiedssprüche, im Folgenden: New York Convention) erzielte Erfolg für die Schiedsgerichtsbarkeit auch für die Mediation eintreffen kann.

Ferner haben das Europäische Parlament und der Rat auf europäischer Ebene am 21. Mai 2008 die *Richtlinie 2008/52/EG über bestimmte Aspekte der Mediation in Zivil- und Handelssachen*[22] (im Folgenden: Mediationsrichtlinie) erlassen, um zum reibungslosen Funktionieren des Binnenmarktes beizutragen und die gütliche Beilegung von Streitigkeiten zu fördern. Deutschland hat mit dem *Gesetz zur Förderung*

17 Welche Funktionen das sind, wird im Laufe der Untersuchung erläutert; siehe *Alexander*, ZKM 2019, 160 (164).

18 Das Zusammenwirken des Modellgesetzes von 2018 sowie der Singapore Convention wird in der Untersuchung des Modellgesetzes von 2018 ausführlich behandelt.

19 In der Analyse des Modellgesetzes von 2018 werden Gemeinsamkeiten und Unterschiede zum Modellgesetz über die Handelsschiedsgerichtsbarkeit aufgezeigt.

20 UN-Doc. A/RES/61/33.

21 Diese ist abzurufen unter https://uncitral.un.org/sites/uncitral.un.org/files/media-documents/uncitral/en/new-york-convention-e.pdf (zuletzt aufgerufen am 01.07.21).

22 Richtlinie 2008/52/EG des Europäischen Parlaments und des Rates vom 21. Mai 2008 über bestimmte Aspekte der Mediation in Zivil- und Handelssachen, ABl. EU 2008, Nr. L 136, S. 3, 3 ff.

der Mediation und anderer Verfahren der außergerichtlichen Konfliktbeilegung[23] (im Folgenden: Mediationsförderungsgesetz) die Mediationsrichtlinie umgesetzt. In einem Vergleich mit dem Modellgesetz von 2018 soll untersucht werden, ob die Mediationsrichtlinie und das deutsche Mediationsgesetz einen Weiterentwicklungsbedarf für das Modellgesetz von 2018 begründen.[24]

Das Modellgesetz von 2018 enthält im Unterschied zum Modellgesetz von 2002 zwar mehr Regelungen, dies auch nicht zuletzt aufgrund des neuen dritten Abschnitts in Bezug auf Mediationsvergleiche, dennoch werden weiterhin einige Aspekte nicht vom Regelungsumfang des Modellgesetzes erfasst, so dass andere Rechtsquellen zur Anwendung des Modellgesetzes von 2018 heranzuziehen sind.[25]

In diesem Zusammenhang stellen sich vor allem folgende Fragen: Ist im Hinblick auf das Modellgesetz von 2018 eine gewisse Unentschiedenheit anzunehmen? Ist das Modellgesetz von 2018 eine geeignete Parallele zum Modellgesetz über die Handelsschiedsgerichtsbarkeit? Welche Bedeutung hat die Singapore Convention neben dem Modellgesetz von 2018? Inwieweit könnte sich die Mediation auf Grundlage des neuen UNCITRAL-Modellgesetzes zu einer echten Alternative in der außergerichtlichen Streitbeilegung entwickeln?

II. Gegenstand und Gang der Untersuchung

Den Schwerpunkt der Arbeit bildet die Untersuchung des neuen UNCITRAL-Modellgesetzes über die Mediation von 2018. Dabei werden die wesentlichen Regelungspunkte des Modellgesetzes analysiert. Die Arbeit knüpft an das UNCITRAL-Modellgesetz über die Schlichtung von 2002 an und geht besonders auf die neuen Bestimmungen des Modellgesetzes von 2018 ein. Gemeint ist damit der neue dritte Abschnitt[26] des Modellgesetzes, welcher die internationale Anerkennung und Vollstreckung von Mediationsvergleichen behandelt. Im Hinblick auf die Anerkennung soll besonders untersucht werden, welche Wirkung die Anerkennung von Mediationsvergleichen entfaltet und welchen Unterschied die Anerkennung von Mediationsvergleichen

---

23 Gesetz zur Förderung der Mediation und anderer Verfahren der außergerichtlichen Konfliktbeilegung vom 21. Juli 2012, BGBl. I S. 1577.

24 Ferner wird untersucht, ob das Modellgesetz von 2018 für den europäischen Gesetzgeber eine Umsetzungsempfehlung begründen kann.

25 Eines dieser Aspekte könnte das auf den Mediationsvergleich anwendbare Recht sein, vgl. das Kapitel „Das auf den Mediationsvergleich anwendbare Recht".

26 Im englischen Original: „Section".

und die Anerkennung von Schiedssprüchen aufzeigen. Neben dem dritten Abschnitt werden auch der erste und zweite Abschnitt des Modellgesetzes von 2018 behandelt, sodass sich die vorliegende Arbeit auch auf die aus dem Modellgesetz von 2002 übernommenen Vorschriften bezieht. Zudem wird das Modellgesetz von 2018 im Zusammenhang mit anderen Regelwerken von UNCITRAL im Bereich der Mediation analysiert.

Des Weiteren wird ein europäischer Kontext hergestellt, indem vergleichend zum Modellgesetz von 2018 europäische und nationale Rechtsgrundlagen herangezogen werden. In diesem Zusammenhang soll aus dem Vergleich untersucht werden, ob für das Modellgesetz von 2018 ein möglicher Weiterentwicklungsbedarf besteht.

Zum Schluss werden die Untersuchungsergebnisse zusammengefasst sowie mögliche Entwicklungsperspektiven für die internationale Mediation skizziert.

III. Methodische Überlegungen

1. Ausarbeitung der Ausführungen und methodische Aspekte der Analyse

Den Schwerpunkt der nachfolgenden Untersuchung bildet das UNCITRAL-Modellgesetz über die Mediation von 2018. Insofern spielt die Heranziehung und Auswertung der UN-Dokumente[27] eine wichtige Rolle, welche die Vorarbeiten und Diskussionen zu dem neuen UNCITRAL-Modellgesetz aufzeigt, sodass die Entwicklung des Entwurfs des Modellgesetzes von 2018 unmittelbar verfolgt werden kann.

Neben UN-Dokumenten stellen die an die Kommission gerichteten Fragen und Kommentare von unterschiedlichen Staaten hinsichtlich des neuen UNCITRAL-Modellgesetzes eine weitere wichtige Grundlage dar. Diese wurden von der *Working Group II* zur Vorbereitung ihrer Sitzungen herangezogen, die zum Teil in der Arbeit wiedergegeben und erläutert werden.[28]

27 Die UN-Dokumente beinhalten Konventionen, Modellgesetze, UNCITRAL-Rules, begleitende Dokumente sowie Zusammenfassungen und Ergebnisse der Sitzungen der *Working Group II*.

28 Siehe UN-Doc. A/CN.9/WG.II/WP.188, UN-Doc. A/CN.9/WG.II/WP.190, UN-Doc. A/CN.9/846.

Ferner wird hinsichtlich der Außenwirkung der Mediation die von UNCITRAL geführte Datenbank CLOUT herangezogen, die eine gerichtliche Entscheidung des *Supreme Court of New South Wales*[29] aufzeigt.[30]

Des Weiteren wird das UNCITRAL-Modellgesetz von 2018 im Kontext der bisherigen und überarbeiteten Regelwerke von UNCITRAL im Bereich der Mediation untersucht.[31] Dies soll in zeitlicher Abfolge geschehen, indem mit dem ältesten Regelwerk begonnen und jeweils darauffolgend die aktualisierte Überarbeitung vorgestellt wird.

Zum Vergleich wird ein kurzer Überblick über die europäische Mediationsrichtlinie sowie das deutsche Mediationsgesetz gegeben, aus dem eine mögliche Empfehlung zur Weiterentwicklung des UNCITRAL-Modellgesetzes von 2018 hergeleitet werden kann.

Die englischsprachigen Originalfassungen der Rechtsvorschriften sind dieser Arbeit grundsätzlich als Anhänge beigefügt. Einige kurzgefasste Vorschriften sind jedoch auch im Text wiederzufinden.

2. Vergleichende Methode

a) *Umsetzung des UNCITRAL-Modellgesetzes über die Mediation von 2018 am Beispiel von Georgien*

Zum aktuellen Status des UNCITRAL-Modellgesetzes von 2018 wird ein Überblick über dessen Umsetzung in Georgien gegeben. Georgien hat am 18. September 2019 ein neues Gesetz über die Mediation erlassen, welches auf dem Wortlaut des UNCITRAL-Modellgesetzes von 2018 basiert.[32] In diesem Zusammenhang sollen aus dem Vergleich mit diesem Gesetz Unterschiede zum UNCITRAL-Modellgesetz aufgezeigt werden. Zudem wird an diesem Länderbeispiel veranschaulicht, wie eine Umsetzung des Modellgesetzes von 2018 in nationales Recht aussehen kann.

29 Vgl. Case 1847 in UN-Doc. A/CN.9/SER.C/ABSTRACTS/202.

30 Siehe den Abschnitt „Außenwirkung der Mediation im Hinblick auf die Tätigkeiten des Mediators in anderen Verfahren“ im Teil D, II, 4 d).

31 Gemeint sind die UNCITRAL Conciliation Rules (1980), die UNCITRAL Mediation Rules (2020), das UNCITRAL-Modellgesetz über die Schlichtung (2002) sowie die Singapore Convention (2018).

32 Das georgische Gesetz über die Mediation ((Nr. 4954-I) kann auf der Internetseite des Amtsblattes Georgiens abgerufen werden, https://matsne.gov.ge/en/document/view/4646868?publication=0 (zuletzt aufgerufen am 21.05.21).

b) Heranziehung des europäischen und deutschen Mediationsrechts

Damit nicht nur die globale Seite der Entwicklung der Mediation aufgezeigt wird, sollen auch Regelungen des europäischen Rechts und des deutschen Rechts[33] vergleichend dargelegt werden. Neben einer kurzen Darstellung der jeweiligen Kernregelungen sollen insbesondere die unterschiedlichen Mediationsbegriffe des deutschen und europäischen Mediationsrechts mit dem Mediationsbegriff des UNCITRAL-Modellgesetzes[34] verglichen werden.

In diesem Zusammenhang sollen aus dem deutschen und europäischen Mediationsrecht Zusammenhänge und Folgerungen gebildet werden, die auch für die Untersuchung des UNCITRAL-Modellgesetzes relevant sein können. Insbesondere sollen aus der vergleichenden Untersuchung Erkenntnisse hinsichtlich eines möglichen Weiterentwicklungsbedarfs für das UNCITRAL-Modellgesetz von 2018 gewonnen werden.

33 Durch Art. 1 des Mediationsförderungsgesetzes vom 21. Juli 2012 (BGBl. I S. 1577) ist das Mediationsgesetz erlassen worden.

34 Bei der Angabe „UNCITRAL-Modellgesetz" ohne jeglichen Zusatz handelt es sich um das neue UNCITRAL-Modellgesetz über die Mediation von 2018.

B. Mediation als außergerichtliche Streitbeilegungsmethode

I. Begriffsbestimmung der Mediation

1. Der Mediationsbegriff des UNCITRAL-Modellgesetzes von 2018

Art. 1 Abs. 3 des UNCITRAL-Modellgesetzes von 2018 definiert Mediation wie folgt:

> For the purposes of this Law, mediation means a *process*[35], whether referred to by the expression mediation, conciliation or an expression of similar import, whereby *parties* request a *third person or persons* (the mediator) to *assist* them in their attempt to reach an *amicable settlement* of their dispute arising out of or relating to a contractual or other legal relationship. The *mediator* does *not have the authority* to impose upon the *parties* a solution to the dispute.

Danach bezeichnet Mediation ein Verfahren, in dem die Parteien einen Dritten ersuchen, sie bei dem Versuch einer außergerichtlichen Beilegung ihrer Streitigkeit zu unterstützen, unabhängig davon, ob das Verfahren *Mediation, Conciliation* oder mit einem Begriff ähnlicher Bedeutung bezeichnet wird.

Ein wesentliches Merkmal des Mediationsbegriffs im Sinne des UNCITRAL-Modellgesetzes stellt eine dritte Person *("the mediator")* dar, die in unterstützender Form auftritt *("to assist")* und den Parteien auf unabhängige und unparteiische Weise zur gütlichen Beilegung des Streits *("amicable settlement")* zur Seite steht.[36] So unterstützt der Mediator die Parteien bei der Aushandlung einer Lösung, die den Bedürfnissen und Interessen der Streitparteien gerecht wird. Damit ist nach dieser Definition die Mediation ein einvernehmliches Verfahren, bei dem die streitenden Parteien mit Hilfe einer neutralen dritten Partei bestimmen, wie der Streit zu lösen ist. Dabei ist der Mediator nicht berechtigt ("does *not have the authority*"), den Parteien eine Lösung des Streitfalls aufzuerlegen.

Anhand des Definitionsmerkmals „whether referred to by the expression mediation, conciliation or an expression of similar import“ wird deutlich, dass das Modellgesetz ein weites Verständnis des Begriffs Mediation zum Ausdruck

---

35 Jegliche Hervorhebungen erfolgen durch die Autorin.

36 Vgl. auch Draft Guide to Enactment (2018), para. 33; UN-Doc. A/CN.9/487, para. 102; UN-Doc. A/CN.9/506, para. 29.

bringt. Gemeint sind verschiedene mediationsrechtliche Methoden, die verwendet werden, um Streitigkeiten zu lösen, die als Alternativen zur traditionelleren gerichtlichen Streitbeilegung angesehen werden können. Mit dem Ausdruck Mediation sollen alle derartigen Verfahren erfasst sein, sodass hier von einem weiten Mediationsbegriff ausgegangen werden kann.[37]

Der letzte Satz der Definition ("The *mediator* does *not have the authority* to impose upon the *parties* a solution to the dispute") verdeutlicht die Abgrenzung zum Gerichts- und Schiedsverfahren.[38]

2. Zum Vergleich: Der Mediationsbegriff des deutschen Mediationsgesetzes und der europäischen Mediationsrichtlinie

Zum Vergleich sollen die Mediationsbegriffe des deutschen Mediationsgesetzes sowie der europäischen Mediationsrichtlinie aufgezeigt werden:

§ 1 Abs. 1 MediationsG

> Mediation ist ein vertrauliches[39] und strukturiertes Verfahren, bei dem Parteien mithilfe eines oder mehrerer Mediatoren freiwillig und eigenverantwortlich eine einvernehmliche Beilegung ihres Konflikts anstreben.

Dabei bezeichnet der Mediationsbegriff des deutschen Mediationsgesetzes die Mediation als ein *strukturiertes Verfahren*. Damit will der deutsche Gesetzgeber verdeutlichen, dass die Mediation bestimmten Regeln folgt, die je nach der Art der Mediation variieren können.[40] Dazu zählen besonders die Regeln über das Verfahren sowie die Aufgaben und Pflichten des Mediators, die in §§ 2 ff. MediationsG festgehalten werden.[41] Im Gegensatz zum UNCITRAL-Modellgesetz enthält die Definition des deutschen Mediationsgesetzes konkrete Merkmale hinsichtlich des Mediationsverfahrens. Der Mediationsbegriff des UNCITRAL-Modellgesetzes dagegen behält sich die Frage vor, was genau unter dem Merkmal „process" zu verstehen ist. Anhaltspunkte hierfür lassen sich in den *Draft UNCITRAL Notes* finden, in denen einige Hinweise hinsichtlich des

---

37 Draft Guide to Enactment (2018), para. 32.

38 Vgl. UN-Doc. A/CN.9/861, para. 22.

39 Hervorhebungen erfolgen durch die Autorin.

40 Gesetzentwurf der Bundesregierung für das Mediationsförderungsgesetz, BT-Drs. 17/5335, S. 13.

41 Gesetzentwurf der Bundesregierung für das Mediationsförderungsgesetz, BT-Drs. 17/5335, S. 13–14.

Mediationsverfahrens enthalten sind.[42] Die *Draft UNCITRAL Notes* beinhalten kurze Erläuterungen über den Ablauf sowie bestimmte Aspekte des Mediationsverfahrens, die auf den Wortlaut des Modellgesetzes von 2018 beruhen, jedoch für die Parteien und den Mediator keine rechtlich verbindlichen Regelungen darstellen.[43] Dort wird das Mediationsverfahren als ein formelles und flexibles Verfahren bezeichnet.[44] Dennoch enthalten die *Draft UNCITRAL Notes* einen Überblick über die verschiedenen Verfahrensabläufe, sodass auch nach dem Verständnis des UNCITRAL-Modellgesetzes von einem strukturierten Verfahren ausgegangen werden kann.[45]

Weiterhin setzt der deutsche Mediationsbegriff wie auch der Mediationsbegriff des UNCITRAL-Modellgesetzes neben einem Verfahren das Vorhandensein von *Parteien* und mindestens einen *Mediator* voraus. Der deutsche Gesetzgeber bezeichnet die *Parteien* als die an der Mediation teilnehmenden Personen.[46] Dem *Mediator* zeichnet der Gesetzgeber insbesondere Neutralität zu.[47] Danach ist er insbesondere zu einer unparteilichen Verhandlungsführung und zur Gleichbehandlung der *Parteien* verpflichtet.[48] Auch das UNCITRAL-Modellgesetz geht von einer neutralen Unterstützungsfunktion des Mediators aus. Danach hat der Mediator eine neutrale und unterstützende Funktion für eine effektive Verhandlung vorzunehmen.[49]

Der Unterschied zum staatlichen Richter liegt darin, dass dem *Mediator* keine Entscheidungsbefugnis zusteht.[50] Dies bedeutet, dass die *Parteien* selbst

42 Vgl. UN-Doc. A/CN.9/1027, II., paras. 1–3.

43 Vgl. UN-Doc. A/CN.9/1027, II., paras. 1–3.

44 UN-Doc. CN.9/1027, paras. 6–9.

45 Es werden folgende Verfahrensabläufe genannt: Vorvertragliche Verhandlungen, Aufforderung zur Aufnahme der Mediation, Vertrag der Parteien mit Mediator, Einleitung der Mediation, Durchführung der Mediation, Ggf. Vereinbarung über Ergebnis der Mediation, Erfüllung des Vergleichs, vgl. UN-Doc. A/CN.9/1027, para. 11.

46 Gesetzentwurf der Bundesregierung für das Mediationsförderungsgesetz, BT-Drs. 17/5335, S. 13.

47 Gesetzentwurf der Bundesregierung für das Mediationsförderungsgesetz, BT-Drs. 17/5335, S. 13.

48 Gesetzentwurf der Bundesregierung für das Mediationsförderungsgesetz, BT-Drs. 17/5335, S. 13.

49 UN-Doc. A/CN.9/1027, para. 55.

50 *Cimmino*, Das UNCITRAL-Modellgesetz über internationale ADR-Verfahren in Wirtschaftsstreitigkeiten, S. 19; *Sievers*, Mediation als alternative Konfliktlösungsmöglichkeit auch in Deutschland, S. 30; Greger/Unberath-*Tögel*, Die Zukunft der Mediation in Deutschland, S. 31–32.

bestimmen können, wie das Verfahren ausgeht. Für den *Mediator* steht vielmehr die Unterstützung der *Parteien* auf dem Weg zur *eigenverantwortlichen* sowie *freiwilligen* Entscheidungsfindung im Vordergrund.[51] Dennoch schließt das Merkmal der Eigenverantwortlichkeit nicht per se aus, dass der Mediator keinen Vorschlag für eine Lösung der Streitigkeit unternehmen darf. Denn vor dem Hintergrund der Bedeutung des § 1 Abs. 2 MediationsG steht eine interessengerechte Lösung des Konflikts im Vordergrund. Das Merkmal der Eigenverantwortlichkeit hebt vielmehr die Bedeutung der Gestaltungsmöglichkeiten der Parteien hervor.[52] Entsprechendes lässt sich auch für das UNCITRAL-Modellgesetz festhalten, indem der Mediationsbegriff in zwei Sätzen definiert wird und die eigenverantwortliche Entscheidungsfindung der Parteien durch die unterstützende Funktion des Mediators im ersten Satz genannt wird und somit auch im Vordergrund steht.[53]

Anders als der Mediationsbegriff des UNCITRAL-Modellgesetzes enthält der deutsche Mediationsbegriff das Merkmal der Vertraulichkeit der Mediation. Der deutsche Gesetzgeber stuft das Kriterium der Vertraulichkeit als entscheidende Voraussetzung für den Erfolg eines Mediationsverfahrens ein.[54] Nichtdestotrotz zählt die Vertraulichkeit nicht als notwendige Voraussetzung für das Vorliegen einer Mediation. Die Folge würde also nicht sein, dass keine Mediation im Sinne des Mediationsgesetzes vorläge, sondern möglicherweise eine fehlerhafte Mediation anzunehmen ist.[55] Auch im Sinne des UNCITRAL-Modellgesetzes handelt es sich bei der Mediation um ein vertrauliches Verfahren. Erkennbar wird dies insbesondere an den Aufgaben und Pflichten des Mediators.[56]

Nach Art. 1 lit. a Abs. 1 der Mediationsrichtlinie bezeichnet Mediation „ein *strukturiertes Verfahren*[57] unabhängig von seiner Bezeichnung, in dem zwei oder mehr *Streitparteien mit Hilfe eines Mediators auf freiwilliger Basis* selbst versuchen, eine Vereinbarung über die Beilegung ihrer Streitigkeiten zu erzielen.

---

51 *Cimmino*, Das UNCITRAL-Modellgesetz über internationale ADR-Verfahren in Wirtschaftsstreitigkeiten, S. 19.

52 Gesetzentwurf der Bundesregierung für das Mediationsförderungsgesetz, BT-Drs. 17/5335, S. 14.

53 Vgl. Art. 1 Abs. 3 S. 1 des Modellgesetzes von 2018.

54 Gesetzentwurf der Bundesregierung für das Mediationsförderungsgesetz, BT-Drs. 17/5335, S. 13.

55 So auch *Risse*, SchiedsVZ 2012, 244 (245 f.).

56 Vgl. Art. 10 des Modellgesetzes von 2018.

57 Hervorhebungen erfolgen durch die Autorin.

Dieses Verfahren kann von den *Parteien* eingeleitet oder von einem Gericht vorgeschlagen oder angeordnet werden oder nach dem Recht eines Mitgliedstaats vorgeschrieben sein".

Prägende Definitionsmerkmale sind auch hier die Unterstützung eines Mediators sowie die Freiwilligkeit der Mediation. Die Freiwilligkeit der Mediation ist dahingehend zu verstehen, dass die Parteien selbst für das Verfahren verantwortlich sind und dieses eigenständig organisieren und jederzeit beenden können.[58]

Nach dieser Definition fallen grundsätzlich auch andere Verfahren als die Mediation unter den Anwendungsbereich der Mediationsrichtlinie. Dies wird anhand des ausdrücklichen Kriteriums „unabhängig von seiner Bezeichnung" deutlich, sodass der Ausdruck der Mediation hier weit gefasst ist. Dennoch liegt der Fokus der Mediationsrichtlinie auf das Mediationsverfahren.

Des Weiteren schließt die Definition ausdrücklich die gerichtsinterne Mediation ein und erfasst neben den Verfahren, die von den Parteien eingeleitet oder von den Gerichten vorgeschlagen oder angeordnet werden, auch Verfahren, die vom nationalen Gesetzgeber „vorgeschrieben" sind. Dagegen werden vorvertragliche Verhandlungen und schiedsrichterliche Verfahren vom Anwendungsbereich ausgeschlossen.[59] Im Gegensatz zum Mediationsbegriff der Mediationsrichtlinie ist es hinsichtlich des Mediationsbegriffs des Modellgesetzes über die Mediation nicht erkennbar, ob auch die gerichtsinterne Mediation erfasst ist. Eine allgemeine Regelung enthält das Modellgesetz hierzu nicht. Möglicherweise können dem Modellgesetz lediglich Anhaltspunkte entnommen werden, die auf eine Einbeziehung gerichtsinterner Mediation hindeuten können. Sowohl im zweiten als auch im dritten Abschnitt des Modellgesetzes sind Regelungen enthalten, die bestimmen, wann der jeweilige Abschnitt keine Anwendung findet. Hierzu sind Art. 3 Abs. 7 für den zweiten Abschnitt des Modellgesetzes sowie Art. 16 Abs. 3 für den dritten Abschnitt des Modellgesetzes heranzuziehen. Nach Art. 3 Abs. 7 des Modellgesetzes findet der zweite Abschnitt des Modellgesetzes hinsichtlich des Mediationsverfahrens keine Anwendung auf Fälle, in denen ein Richter oder ein Schiedsrichter im Rahmen eines gerichtlichen oder schiedsgerichtlichen Verfahrens versucht, einen Vergleich zu erzielen. Hier nimmt das Modellgesetz lediglich auf Gerichts- und Schiedsverfahren Bezug. Ähnlich verhält es sich bei Art. 16 Abs. 3 des Modellgesetzes hinsichtlich Mediationsvergleiche. Danach findet der dritte Abschnitt unter anderem keine Anwendung auf Vergleiche, die von einem Gericht anerkannt oder im Rahmen eines Verfahrens

58 Erwägungsgrund Nr. 13 der Mediationsrichtlinie.
59 Erwägungsgrund Nr. 11 der Mediationsrichtlinie.

vor einem Gericht geschlossen wurden. Es wird deutlich, dass das Modellgesetz über die Mediation gerichtliche Vergleiche ausdrücklich vom Anwendungsbereich des Modellgesetzes ausschließt. Nicht eindeutig ist jedoch weiterhin, ob die gerichtsinterne Mediation ebenfalls vom Anwendungsbereich ausgeschlossen wird. Dagegen spricht jedoch, dass das Modellgesetz dies nicht ausdrücklich festhält und vor dem Hintergrund der ausdrücklichen Regelungen in Art. 3 Abs. 7 und Art. 16 Abs. 3 des Modellgesetzes, die sich auf das Gerichts- und Schiedsverfahren beziehen, davon ausgegangen werden kann, dass das gerichtsinterne Mediationsverfahren vom Modellgesetz erfasst werden soll. Ein weiterer Grund gegen den Ausschluss der gerichtsinternen Mediation kann aus einem Vergleich mit dem Modellgesetz von 2002 gezogen werden. Bereits in Art. 1 Abs. 9 heißt es dort, dass das Modellgesetz nicht auf Fälle anwendbar ist, in denen ein Richter oder ein Schiedsrichter im Rahmen eines Gerichts- oder Schiedsverfahrens versucht, einen Vergleich zu erzielen. Demnach hat das neue Modellgesetz über die Mediation an dieser Regelung festgehalten und ebenfalls gerichtliche Vergleiche vom Anwendungsbereich des Modellgesetzes ausgeschlossen. Bei der Ausarbeitung des Modellgesetzes von 2018 hätte die Möglichkeit bestanden, dies zu ändern und die gerichtsinterne Mediation ausdrücklich von der Anwendung des Modellgesetzes auszuschließen. Dies ist hier jedoch nicht der Fall, sodass davon ausgegangen werden kann, dass die gerichtsinterne Mediation auch nicht von der Anwendung des neuen Modellgesetzes von 2018 ausgeschlossen werden soll. Hinweise hierzu lassen sich ebenfalls in den *UNCITRAL Mediation Rules (2021)* finden. Dort heißt es in Art. 10 Abs. 1, dass die Mediation auf Grundlage der *UNCITRAL Mediation Rules* jederzeit stattfinden kann, unabhängig davon, ob bereits ein schiedsrichterliches, gerichtliches oder sonstiges Streitbeilegungsverfahren eingeleitet wurde. Daraus folgt, dass das Modellgesetz über die Mediation auch die gerichtsinterne Mediation umfassen soll.

Hinsichtlich des Merkmals der Vertraulichkeit des Mediationsverfahrens benutzt die Mediationsrichtlinie in ihrer Mediationsdefinition ähnlich wie das Modellgesetz nicht ausdrücklich den Begriff Vertraulichkeit.[60] Allerdings nimmt

---

60 Dennoch wird das Merkmal der Vertraulichkeit auch von der Mediationsrichtlinie gewahrt, siehe neben Art. 7 der Mediationsrichtlinie auch Erwägungsgrund Nr. 16 der Mediationsrichtlinie: *„Um das nötige gegenseitige Vertrauen in Bezug auf die Vertraulichkeit, die Wirkung auf Verjährungsfristen sowie die Anerkennung und Vollstreckung von im Mediationsverfahren erzielten Vereinbarungen sicherzustellen, sollten die Mitgliedstaaten die Aus- und Fortbildung von Mediatoren und die Einrichtung wirksamer Mechanismen zur Qualitätskontrolle in Bezug auf die Erbringung von Mediationsdiensten mit allen ihnen geeignet erscheinenden Mittel fördern.“*

die Vertraulichkeit des Mediationsverfahrens auch für den europäischen Gesetzgeber einen wichtigen Stellenwert ein, sodass ein Mindestmaß an Kompatibilität der zivilrechtlichen Verfahrensvorschriften betreffend die Vertraulichkeit der Mediation verlangt wird.[61]

3. Zusammenfassung

Zusammenfassend lässt sich feststellen, dass der Mediationsbegriff des UNCITRAL-Modellgesetzes weit gefasst ist. Im Vergleich zum Mediationsbegriff des deutschen Mediationsgesetzes wird deutlich, dass das UNCITRAL-Modellgesetz mit abstrakten Formulierungen den Begriff der Mediation definiert, um auf dieser Weise verschiedene Methoden alternativer Streitbeilegung zu umfassen, die der Mediation ähnlich sind. Vor dem Hintergrund der verschiedenen nationalen Vorschriften zum Mediationsverfahren ist das weite Verständnis des UNCITRAL-Modellgesetzes zum Mediationsbegriff von Vorteil.[62]

Aus dem Vergleich zum Mediationsbegriff der Mediationsrichtlinie zeigt sich hinsichtlich des Formulierungsstils eine Ähnlichkeit zum UNCITRAL-Modellgesetz. Hier enthält die Mediationsrichtlinie, wie auch das UNCITRAL-Modellgesetz, keine formalen Kriterien. Denn auch die Mediationsrichtlinie hat vor dem Hintergrund der unterschiedlichen Rechtsvorschriften der Mitgliedsstaaten ein weites Verständnis des Mediationsbegriffs bevorzugt.

Dennoch zeigen die verschiedenen Definitionen zur Mediation einen gemeinsamen Kern auf: Danach ist Mediation ein auf *Freiwilligkeit der Parteien*[63] beruhendes Verfahren, bei dem ein *Vermittler ohne Entscheidungsgewalt* die Kommunikation zwischen den Parteien systematisch mit dem Ziel fördert, eine *von den Parteien selbst verantwortete Lösung* ihres Konfliktes zu ermöglichen.[64]

---

61 Erwägungsgrund Nr. 23 der Mediationsrichtlinie.

62 Draft Guide to Enactment and Use of the UNCITRAL Model Law on International Commercial Mediation and International Settlement Agreements Resulting from Mediation (2018), UN-Doc. A/CN.9/1025, para. 7.

63 Hervorhebungen erfolgen durch die Autorin.

64 Hopt/Steffek-*Hopt/Steffek*, Mediation, S. 12; Draft Guide to Enactment and Use of the UNCITRAL Model Law on International Commercial Mediation and International Settlement Agreements Resulting from Mediation (2018), UN-Doc. A/CN.9/1025, paras. 8–9.

II. Der Begriff „settlement agreement"

Bei dem bereits im Titel des Modellgesetzes gesondert aufgeführten Begriff „settlement agreement" ergibt sich das Problem, dass es an einer offiziellen Übersetzung ins Deutsche fehlt.[65] Der Begriff „settlement agreement" stellt die Einigung über das Ergebnis der Mediation dar.[66] Folgend soll eine deutsche Bezeichnung gefunden werden:

1. Verschiedene Möglichkeiten

In der Literatur lassen sich meistens zwei verschiedene Begriffe finden. Während *Cimmino*[67] den Begriff „Abschlussvereinbarung" verwendet, wählt *Alexander*[68] den Begriff „Mediationsvergleich". Fraglich ist, welcher der beiden Begriffe die Einigung über das Ergebnis der Mediation verständlicher zum Ausdruck bringt.

a) Mediationsabschlussvereinbarung

Für den Begriff Mediationsabschlussvereinbarung könnte sprechen, dass das deutsche Mediationsgesetz den Begriff „Abschlussvereinbarung" bereits verwendet.[69] Dagegen könnte jedoch vorgebracht werden, dass das Begriffsmerkmal „Abschluss" nicht notwendig das Ergebnis der Mediation indiziert. Jedenfalls kann jede Phase des Mediationsverfahrens „abgeschlossen" werden.[70] In diesem Zusammenhang ist auf das Begriffsmerkmal „Vereinbarung" einzugehen, welches dazu führen kann, dass eine Ähnlichkeit mit dem Begriff „Mediationsvereinbarung"[71] angenommen wird und eine Verwechslungsgefahr droht.

---

65 Die Amtssprachen der Vereinten Nationen sind Arabisch, Chinesisch, Englisch, Französisch, Russisch und Spanisch.

66 Vgl. Art. 16 Abs. 1 UNCITRAL-Modellgesetz von 2018.

67 *Cimmino,* Das UNCITRAL-Modellgesetz über internationale ADR-Verfahren in Wirtschaftsstreitigkeiten, S. 281 f.

68 *Alexander,* ZKM 2019, 160 (161 ff.).

69 Vgl. § 2 Abs. 6 MediationsG.

70 Vgl. *Eidenmüller*, Vertrags- und Verfahrensrecht der Wirtschaftsmediation, S. 43.

71 Die Mediationsvereinbarung wird zwischen den Medianten zur Durchführung der Mediation geschlossen, siehe *Hutner,* Das internationale Privat- und Verfahrensrecht der Wirtschaftsmediation, S. 11.

b) Mediationsvergleich

Das Begriffsmerkmal „Vergleich" dagegen entspricht der deutschen Übersetzung des englischen Begriffs „settlement". Danach ist hier von einem Vergleich auszugehen. Des Weiteren lässt der Begriff „Vergleich" auf ein Ergebnis hindeuten.[72] Es ist anzumerken, dass ein „Vergleich" kein Vergleich im deutschen Rechtssinne des § 779 Abs. 1 BGB sein muss.

2. Zusammenfassung

Zusammenfassend ist festzustellen, dass der Begriff Mediationsvergleich das Ergebnis der Einigung der Mediation am besten zum Ausdruck bringt sowie am ehesten mit der Übersetzung des Begriffs „settlement" übereinstimmt. Aus diesem Grund wird in der vorliegenden Arbeit der Begriff Mediationsvergleich für den englischen Begriff „settlement agreement" verwendet.

III. Andere Arten alternativer Streitbeilegung

Der Regelungsgegenstand des Modellgesetzes von 2018 wurde von *Conciliation* in *Mediation* umgeschrieben.[73] Im Folgenden sollen weitere alternative Streitbeilegungsmethoden kurz vorgestellt werden, um in methodischer Hinsicht eine Abgrenzung zur Mediation zu verdeutlichen, die nicht immer leichtfällt und zu Unsicherheiten führen kann.

1. Schlichtung

Die Abgrenzung der Schlichtung von der Mediation erweist sich zum Teil als kompliziert. Eine genaue Definition der Schlichtung existiert nicht.[74] Die Schlichtung wird häufig eng an die Mediation angelegt. Das Modellgesetz von 2002 verwendete den Begriff *Conciliation* (aus dem Englischen für Schlichtung)

---

72 Der Vergleich wird als ein gegenseitiger Vertrag, durch den der Streit oder die Ungewissheit der Parteien im Wege gegenseitigen Nachgebens beseitigt wird, bezeichnet, siehe *Creifelds*, Rechtswörterbuch, S. 1544.

73 Hinsichtlich der Änderung der Terminologie wird in der vorliegenden Arbeit auf den Abschnitt „Die Änderung des Begriffs und seine terminologische Bedeutung" im Teil D I 1. a) aa) (1) verwiesen.

74 *Cimmino*, Das UNCITRAL-Modellgesetz über internationale ADR-Verfahren in Wirtschaftsstreitigkeiten, S. 20; Greger/Unberath-*Unberath*, Mediationsgesetz, S. 318 Rn. 71.

gleichbedeutend mit dem Begriff *Mediation*.[75] In dem neuen Modellgesetz von 2018 dagegen ersetzt in Art. 1 Abs. 3 der Begriff *Mediation* den Begriff *Conciliation*. Welche Bedeutung die Änderung der Terminologie hat und welche Auswirkung das für die Umsetzung der Staaten haben kann, in denen vor allem eine Unterscheidung zwischen den Begriffen *Conciliation* und *Mediation* vorgenommen wird, soll in einem weiteren Kapitel ausführlich besprochen werden.[76]

Im Vergleich dazu bezeichnet der deutsche Gesetzgeber die Schlichtung als ein Verfahren der außergerichtlichen Konfliktbeilegung, bei dem eine dritte Person, der Schlichter, die Parteien in ihrer Lösungsfindung unterstützt und – in Abgrenzung zur Mediation – den Parteien eine bestimmte Konfliktlösung vorschlagen kann.[77] Damit steht, im Gegensatz zum Mediator, der lediglich als „Sprachrohr" zwischen den Parteien aktiv wird,[78] dem Schlichter eine weitere Gestaltungsbefugnis bei der Konfliktlösung zu. Dennoch verfügt auch nach dieser Auffassung der Schlichter über keine endgültige Entscheidungsbefugnis, diese obliegt letztendlich den Parteien selbst.[79] Es gilt somit zu beachten, dass der Begriff der Schlichtung hier nicht abschließend zu verstehen ist und die Abgrenzung zur Mediation nicht ganz eindeutig ausfällt. § 1 Abs. 2 MediationsG sieht zwar vor, dass dem Mediator keine Entscheidungsbefugnis zusteht, einen Hinweis darauf, dass dieser den Parteien keine Vorschläge zur Lösung unterbreiten darf, lässt sich der Norm jedoch nicht entnehmen.[80] Die Praxis zeigt, dass die Parteien zur Orientierung auf Vorschläge des Mediators meistens hohen Wert legen.[81] Auch die *Draft UNCITRAL Notes* veranschaulichen, dass der Mediator je nach den Umständen des Falles unterschiedliche Einflussmöglichkeiten haben kann.[82]

---

75 Guide to Enactment (2002), paras. 5–7.

76 Vgl. den Abschnitt „Die Änderung des Begriffs und seine terminologische Bedeutung" im Teil D I 1. a) aa) (1).

77 Vgl. Gesetzentwurf der Bundesregierung für das Mediationsförderungsgesetz, BT-Drs. 17/5335, S. 10.

78 *Kreissl*, SchiedsVZ 2012, S. 230 (234).

79 MünchKomm/*Prütting*, ZPO, § 278 Rn. 43; *Huber*, JuS 2002, 483 (486).

80 Hinsichtlich des Vorschlagsrechts des Mediators, siehe Schmidt/Lapp/Monßen-*Schmidt*, Mediation in der Praxis des Anwalts, Rn. 322: „Maßgeblich ist, dass es sich nur um Vorschläge handelt, die *in keiner Weise bindend* sind und die *keine Seite vor der anderen bevorzugen*."

81 Vgl. Schmidt/Lapp/Monßen-*Schmidt*, Mediation in der Praxis des Anwalts, Rn. 323.

82 Vgl. Draft UNCITRAL Notes, UN-Doc. A/CN.9/1027, para. 55.

2. Schiedsgerichtsverfahren

Die bisher meistbekannte Form der alternativen Streitbeilegung im Bereich des Wirtschaftsrechts stellt die Schiedsgerichtsbarkeit dar.[83] Nach Auffassung des Modellgesetzes von 2018, die auch bereits das bestehende Modellgesetz von 2002 verfolgte, ist die Mediation von der Schiedsgerichtsbarkeit streng abzugrenzen.[84]

Die Schiedsgerichtsbarkeit ist eine Form alternativer Streitbeilegung vor nichtstaatlichen Instanzen.[85] Der Grund, warum die Schiedsgerichtsbarkeit dem Verfahren vor den staatlichen Gerichten am nächsten steht, liegt nicht in der Terminologie des Begriffs „Schieds*gerichtsbarkeit*"[86], sondern in der Streitentscheidung, die durch justizähnliche Regeln getroffen wird.

Damit unterscheidet sich die Schiedsgerichtsbarkeit von der Mediation in der Rolle der dritten Person dahingehend, dass dieser im Rahmen des Schiedsverfahrens eine Entscheidungskompetenz auf der Sachebene zusteht.[87] Diese Kompetenz wird dem Schiedsrichter von den Parteien zugesprochen.[88] Das Schiedsverfahren zeichnet sich dadurch aus, dass es sowohl eine private Vereinbarung zwischen den Parteien gibt als auch das Ergebnis in Form eines staatlich anerkannten Schiedsspruchs.[89] Im Gegensatz zur Mediation nimmt der Schiedsrichter nicht lediglich eine unterstützende Funktion wahr, sondern ist dazu

83 Einige unterscheiden das Schiedsgerichtsverfahren von der alternativen Streitbeilegung mit der Begründung, dass die alternative Streitbeilegung eine einvernehmliche Beilegung anstrebt und das Schiedsgerichtsverfahren zu einer den Parteien auferlegten Entscheidung führen kann, siehe *Alexander*, International and Comparative Mediation – Legal Perspectives, S. 9 und 27 ff.

84 Vgl. Art. 1 Abs. 3 des Modellgesetzes von 2018.

85 *Ebbing*, Private Zivilgerichte, S. 29.

86 Hervorhebung erfolgt durch die Autorin und soll betonen, dass es sich hierbei nicht um Gerichte im klassischen Sinne handelt. Ein Schiedsgericht stellt kein staatliches Gericht dar.

87 *Kreissl*, SchiedsVZ 2012, 230 (233); UNCITRAL Notes on Organizing Arbitral Proceedings, para. 8, abzurufen unter https://uncitral.un.org/sites/uncitral.un.org/files/media-documents/uncitral/en/arb-notes-2016-e.pdf (zuletzt aufgerufen am 19.05.21).

88 *Kreissl*, SchiedsVZ 2012, 230 (233); UNCITRAL Notes on Organizing Arbitral Proceedings, para. 7, abzurufen unter https://uncitral.un.org/sites/uncitral.un.org/files/media-documents/uncitral/en/arb-notes-2016-e.pdf (zuletzt aufgerufen am 19.05.21).

89 *Cimmino*, Das UNCITRAL-Modellgesetz über internationale ADR-Verfahren in Wirtschaftsstreitigkeiten, S. 27.

befugt, eine Streitentscheidung in Form eines Schiedsspruchs zu fällen, welcher für vollstreckbar erklärt werden kann.[90]

IV. Entwicklung von Mediation

1. Die Entwicklung der internationalen Mediation durch UNCITRAL

In einer zunehmend wirtschaftlich voneinander abhängigen Welt wird die Bedeutung eines verbesserten Rechtsrahmens für die Erleichterung des internationalen Handels und der internationalen Investitionen immer größer. Die Kommission der Vereinten Nationen für internationales Handelsrecht (UNCITRAL), die von der Generalversammlung der Vereinten Nationen[91] durch die *Resolution 2205 (XXI) vom 17. Dezember 1966*[92] eingesetzt wurde, spielt eine wichtige Rolle bei der Entwicklung dieses Rahmens in Erfüllung ihres Ziels, die fortschreitende Harmonisierung und Modernisierung des Rechts des internationalen Handels voranzutreiben, indem sie die Anwendung und Annahme von legislativen und nichtlegislativen Instrumenten in einer Reihe von Schlüsselbereichen des Handelsrechts vorbereitet und fördert.[93] Die Harmonisierung der Rechtsvorschriften im Bereich des internationalen Handels soll den internationalen Handel erleichtern und fördern.[94] Bereits in der *Charta der Vereinten Nationen* (UN-Charta)[95]

---

90 *Cimmino*, Das UNCITRAL-Modellgesetz über internationale ADR-Verfahren in Wirtschaftsstreitigkeiten, S. 28.

91 Weitere Informationen betreffend die Generalversammlung der Vereinten Nationen, abzurufen unter https://www.un.org/en/about-us/main-bodies (zuletzt aufgerufen am 17.05.21).

92 General Assembly Resolution on the Establishment of the United Nations Commission on International Trade Law, UN-Doc. A/RES/2205 (1966).

93 Vgl. *Sanders*, The Work of UNCITRAL on Arbitration and Conciliation, S. 199 ff.; *Alexander/Chong*, The Singapore Convention on Mediation – A Commentary, p. 2, para. 0.06.

94 *Montineri*, The United Nations Commission on International Trade Law (UNCITRAL) and the Significance of the Singapore Convention on Mediation, in: Cardozo Journal of Conflict Resolution, 1023 (1023).

95 Die *UN-Charta* trat 1945 in Kraft und stellt den Gründungsvertrag der Vereinten Nationen dar, abrufbar unter https://unric.org/de/charta/ (zuletzt aufgerufen am 28.01.21).

wurde der internationale Handel als ein wesentliches Merkmal der Beständigkeit für die Beziehungen zwischen den verschiedenen Nationen bestimmt.[96]

Für die verschiedenen Arbeiten in den einzelnen Gebieten hat UNCITRAL verschiedene *Working Groups*[97] eingesetzt, wobei vorliegend die *Working Group II* von Bedeutung ist. Die *Working Group II* hat im Bereich der außergerichtlichen Streitbeilegung mit der Ausarbeitung des *UNCITRAL-Modellgesetzes über die internationale Handelsschiedsgerichtsbarkeit* von 1985[98] (im Folgenden: UNCITRAL-Modellgesetz über die Schiedsgerichtsbarkeit), welches 2006 um einige Vorschriften ergänzt wurde[99], eine große Reichweite erreicht.[100] Neben dem besonderen Einfluss von UNCITRAL im Bereich der Schiedsgerichtsbarkeit zielte UNCITRAL darauf ab, auch den Bekanntheitsgrad der Schlichtung zu erweitern, nachdem UNCITRAL am 23. Juli 1980 die *UNCITRAL Conciliation Rules*[101] verabschiedete.[102] Diese werden aktuell von der *Working Group II* überarbeitet und sollen durch die *UNCITRAL Mediation Rules (2020)*[103] ersetzt

---

96 *Montineri*, The United Nations Commission on International Trade Law (UNCITRAL) and the Significance of the Singapore Convention on Mediation, in: Cardozo Journal of Conflict Resolution, 1023 (1023); Vgl. auch die Präambel der UN-Charta.

97 *Working Groups* sind Arbeitsgruppen innerhalb von UNCITRAL, die sich mit bestimmten Themen wie Mediation befassen. Insgesamt hat UNCITRAL sechs *Working Groups* eingesetzt: *Working Group I – Micro, Small and Medium-sized Enterprises, Working Group II – Arbitration and Conciliation / Dispute Settlement, Working Group III – Investor-State Dispute Settlement Reform, Working Group IV – Electronic Commerce, Working Group V – Insolvency Law, Working Group VI – Judicial Sale of Ships.*

98 Die Fassung des UNCITRAL-Modellgesetzes über die Schiedsgerichtsbarkeit von 1985, abzurufen unter https://uncitral.un.org/sites/uncitral.un.org/files/media-documents/uncitral/en/06-54671_ebook.pdf (zuletzt aufzurufen am 18.05.21).

99 Das UNCITRAL-Modellgesetz über die Schiedsgerichtsbarkeit mit Ergänzungen von 2006, abzurufen unter https://uncitral.un.org/sites/uncitral.un.org/files/media-documents/uncitral/en/19-09955_e_ebook.pdf (zuletzt aufgerufen am 18.05.21).

100 Vgl. den Status des *UNCITRAL-Modellgesetzes über die internationale Handelsschiedsgerichtsbarkeit*, abzurufen unter https://uncitral.un.org/en/texts/arbitration/model law/commercial_arbitration/status (zuletzt aufgerufen am 18.05.21).

101 UN-Doc. A/RES/35/52.

102 Die *UNCITRAL Conciliation Rules (1980)* werden in der vorliegenden Arbeit im Kapitel „Das UNCITRAL-Modellgesetz über die Mediation von 2018 im Kontext der anderen Regelungen von UNCITRAL im Bereich der Mediation“ behandelt.

103 UN-Doc. A/CN.9/1026.

werden.[104] Um die Anwendung von Schlichtung zu fördern, nahm UNCITRAL auf ihrer 35. Sitzung im Juni 2002 das *Modellgesetz über die Schlichtung von 2002*[105] an.[106] Nach heutigem Stand wurde es von 33 Ländern in ihren Rechtsordnungen übernommen oder diente durch die ihm zugrundeliegenden Prinzipien als Vorlage für ein Modellgesetz im Bereich der Schlichtung, welches nun durch das *UNCITRAL-Modellgesetz über die Mediation von 2018* ersetzt wird.[107] Parallel zum UNCITRAL-Modellgesetz von 2018 hat UNCITRAL an dem Entwurf eines Übereinkommens über die internationale Anerkennung und Vollstreckung von Mediationsvergleichen gearbeitet.[108] Am 20. Dezember 2018 stimmte die Generalversammlung der Vereinten Nationen für die Verabschiedung der *United Nations Convention on International Settlement Agreements Resulting from Mediation*[109] (im Folgenden: Singapore Convention), die stark an die *Convention on the Recognition and Enforcement of Foreign Arbitral Awards (1958)*[110] (im Folgenden: New York Convention) angelehnt ist.[111]

---

104 Die *Draft UNCITRAL Mediation Rules (2020)* werden ebenfalls im Kapitel „Das UNCITRAL-Modellgesetz über die Mediation von 2018 im Kontext der anderen Regelungen von UNCITRAL im Bereich der Mediation" thematisiert.

105 UN-Doc. A/57/17, Annex I.

106 Das *UNCITRAL-Modellgesetz von 2002* wird im Kapitel „Das UNCITRAL-Modellgesetz über die Mediation von 2018 im Kontext der anderen Regelungen von UNCITRAL im Bereich der Mediation" untersucht.

107 Georgien verfügt seit September 2019 über ein neues Gesetz über die Mediation, welches auf den Wortlaut des UNCITRAL-Modellgesetzes von 2018 basiert. Des Weiteren wird hierzu auf das Kapitel „Der aktuelle Status des UNCITRAL-Modellgesetzes von 2018" vermerkt.

108 Hinsichtlich der Bedeutung der Singapore Convention sowie des Zusammenhangs zum UNCITRAL-Modellgesetz von 2018 wird in der vorliegenden Arbeit auf den Abschnitt „Der rechtspolitische Hintergrund der Singapore Convention" im Teil C, IV, 3 hingewiesen.

109 UN-Doc. A/RES/73/198.

110 Die *New York Convention* ist abzurufen unter https://uncitral.un.org/sites/uncitral.un.org/files/media-documents/uncitral/en/new-york-convention-e.pdf (zuletzt aufgerufen am 12.02.2021).

111 Die *Singapore Convention* wird im Kapitel „Das UNCITRAL-Modellgesetz über die Mediation von 2018 im Kontext der anderen Regelungen von UNCITRAL im Bereich der Mediation" behandelt.

2. Der aktuelle Status des UNCITRAL-Modellgesetzes von 2018

a) *Der aktuelle Stand*

Bevor auf den aktuellen Stand des Modellgesetzes eingegangen wird, ist darauf hinzuweisen, dass die nationalen Gesetze, die auf der Grundlage des Modellgesetzes erlassen werden, die Möglichkeit haben, vom Text abzuweichen und somit der aktuelle Status des Modellgesetzes von 2018 lediglich einen unverbindlichen Hinweis auf die dem UNCITRAL-Sekretariat bekannt gewordenen Erlasse darstellt.[112] Dem UNCITRAL-Sekretariat ist 2021 bekannt geworden, dass Georgien ein neues Mediationsgesetz auf Grundlage des Modellgesetzes von 2018 verabschiedete. Am 18. September 2019 erließ Georgien ein neues *Gesetz über die Mediation (Nr. 4954-I)*[113], welches auf dem Wortlaut des Modellgesetzes von 2018 basiert. Welche Länder sich dem anschließen werden und wie sich der Status des Modellgesetzes von 2018 entwickeln wird, bleibt weiterhin abzuwarten.

b) *Umsetzung des UNCITRAL-Modellgesetzes von 2018 am Beispiel von Georgien*

Hinsichtlich des Aufbaus des georgischen Gesetzes über die Mediation ist anzumerken, dass dieser – wie auch das UNCITRAL-Modellgesetz von 2018 – in Abschnitte eingeteilt ist. Allerdings unterscheidet sich der Aufbau darin, dass der dritte Abschnitt des georgischen Gesetzes (Art. 14–17) im Gegensatz zum UNCITRAL-Modellgesetz nicht Regelungen zur Anerkennung und Vollstreckbarkeit von Mediationsvergleichen enthält, sondern Angaben zur georgischen Mediatorenvereinigung umfasst.[114]

---

112 Der aktuelle Status des UNCITRAL-Modellgesetzes von 2018 ist abzurufen unter https://uncitral.un.org/en/texts/arbitration/modellaw/commercial_conciliation/sta tus (zuletzt aufgerufen am 19.05.21).

113 Das neue Gesetz über die Mediation (Nr. 4954-I) ist auf der Internetseite des Amtsblattes Georgiens abzurufen unter https://matsne.gov.ge/en/document/view/4646 868?publication=0 (zuletzt aufgerufen am 19.05.21).

114 Vgl. den dritten Abschnitt des georgischen Gesetzes über die Mediation mit dem Titel „The Georgian Association of Mediators" (stellt die offizielle englische Übersetzung dar).

aa) Allgemeine Vorschriften des georgischen Mediationsgesetzes

(1) Anwendungsbereich

Mit der Einführung des georgischen Gesetzes über die Mediation besteht erstmals eine gesetzliche Regelung, welche ausschließlich auf die außergerichtliche und gerichtliche Mediation anwendbar ist. Hierzu enthält Art. 1 Abs. 2 des georgischen Gesetzes über die Mediation folgenden Wortlaut:

> This Law shall apply to the *mediation conducted on the basis of a mediation agreement*[115] and to the *judicial mediation* conducted in accordance with Chapter XXI1 of the Civil Procedure Code of Georgia, taking into consideration the peculiarities of the Civil Procedure Code of Georgia.

(2) Unterschiede zum UNCITRAL-Modellgesetz von 2018

Im Unterschied zum Wortlaut des UNCITRAL-Modellgesetzes von 2018 fällt auf, dass der Wortlaut des georgischen Gesetzes zum Anwendungsbereich präziser verfasst ist.[116] Hier wird ausdrücklich erwähnt, dass das georgische Gesetz auf die außergerichtliche und gerichtliche Mediation anwendbar sowie gem. Art. 1 Abs. 3 die Notarmediation vom Anwendungsbereich des georgischen Gesetzes über die Mediation ausgeschlossen ist.

bb) Das Mediationsverfahren und die Wirkung der Mediation nach dem georgischen Mediationsgesetz, Art. 4–13 des georgischen Mediationsgesetzes angelehnt an Art. 4–15, 16–20 des Modellgesetzes von 2018

(1) Regelungen zum Mediator

(a) Das georgische Gesetz über die Mediation enthält in seinem zweiten Abschnitt vier ausführliche Vorschriften betreffend die Auswahl des Mediators, Umstände, die bei der Auswahl des Mediators zu beachten sind sowie die Tätigkeit des Mediators.[117] Es wird deutlich, dass die ausführlichen und umfassenden Angaben zum Mediator eine wichtige Grundlage des zweiten Abschnitts bilden und somit auch an den Anfang des Abschnitts erfolgen.

---

115 Jegliche Hervorhebungen erfolgen durch die Autorin.

116 Wie bereits in der vorliegenden Untersuchung im Abschnitt „Begriffsbestimmung der Mediation" im Teil B, I, festgestellt wurde, befinden sich Angaben zur Anwendbarkeit des UNCITRAL-Modellgesetzes von 2018 auf die gerichtliche Mediation in den Draft UNCITRAL Notes on Mediation, UN-Doc. A/CN.9/1027, paras. 16–18.

117 S. Art. 4, Art. 5, Art. 6 und Art. 11 des georgischen Gesetzes über die Mediation.

Art. 4 des georgischen Gesetzes unterscheidet hinsichtlich der Auswahl des Mediators zwischen der gerichtlichen und außergerichtlichen Mediation.[118] Art. 5 des georgischen Gesetzes enthält wie Art. 13 des UNCITRAL-Modellgesetzes von 2018 Angaben zur beschränkten Tätigkeit des Mediators.

(b) Unterschied zum UNCITRAL-Modellgesetz von 2018

Im Vergleich zum UNCITRAL-Modellgesetz wird deutlich, dass das georgische Gesetz einen Schwerpunkt auf die Anforderungen an den Mediator legt. Dies ist nicht zuletzt auch daran erkennbar, dass der dritte Abschnitt des georgischen Gesetzes nur Regelungen zur Mediatorenvereinigung enthält.

(2) Hemmung der Verjährungsfrist

(a) Art. 12 des georgischen Gesetzes legt die Hemmung der Verjährungsfrist fest:

1. The period of limitation of a claim, determined by the Civil Code of Georgia, shall be suspended from the moment of initiation of private mediation.
2. The period of limitation of a claim shall be considered suspended *until the completion of private mediation, but until not more than two years after the initiation of private mediation.* If private mediation is unsuccessful, the time, during which the period of limitation of a claim has been suspended, shall not be included in that period.

Danach bewirkt die Durchführung der Mediation die Hemmung der Verjährungsfrist. Des Weiteren legt Art. 12 Abs. 2 fest, dass die Hemmung der Verjährung nicht länger als zwei Jahre nach Einleitung der außergerichtlichen Mediation gilt.

(b) Unterschied zum UNCITRAL-Modellgesetz von 2018

In diesem Zusammenhang ist die Auslegungshilfe anhand der Fußnote zu Art. 5 des UNCITRAL-Modellgesetzes von 2018 heranzuziehen, die den erlassenden Staaten bei der Umsetzung des Modellgesetzes für die Regelung der

118 Bei der gerichtlichen Mediation wählen die Parteien einen Mediator aus der Kandidatenliste der Mediatoren aus, die das Gericht auf Grundlage des „Unified Register of Mediators" vorbereitet und den Parteien vorgeschlagen hat, vgl. Art. 4 Abs. 3. Bei der außergerichtlichen Mediation wählen die Parteien den Mediator aus dem „Unified Register of Mediators" aus, der verpflichtet ist, das Mediationsverfahren in Übereinstimmung mit den im georgischen Gesetz festgelegten Grundsätzen und Regeln durchzuführen, vgl. Art. 4 Abs. 4.

Verjährungshemmung eine Mustervorlage zur Verfügung stellt.[119] Diesem Vorschlag ist der georgische Gesetzgeber nachgekommen und entwarf nach der Vorlage des UNCITRAL-Modellgesetzes mit anderem Wortlaut Vorschriften zur Hemmung der Verjährung.

(3) Vollstreckbarkeit des Mediationsvergleichs

(a) Art. 13 des georgischen Gesetzes legt die Vollstreckbarkeit fest:

1. Upon the agreement between the parties, an agreement resulting from mediation *may be enforced by a court.*
2. One or both of the parties may apply to a court with the request to enforce an agreement resulting from mediation.
3. A court shall review the issue of enforcement of an agreement resulting from mediation according to the procedures established *by this Law and the Civil Procedure Code of Georgia.*

Danach kann die im Mediationsverfahren erzielte Vereinbarung gerichtlich durchgesetzt werden. Hierzu haben die Parteien beim Gericht einen Antrag zu stellen. Das Gericht hat gem. Art. 13 Abs. 3 den Antrag auf Vollstreckbarkeit auf Grundlage der georgischen Zivilprozessordnung zu prüfen. Zwar wird gem. Art. 13 Abs. 3 hinsichtlich der Vollstreckbarkeit auch auf das georgische Gesetz über die Mediation verwiesen, jedoch sind hierzu keine Vollstreckungsregelungen enthalten.

(b) Unterschied zum UNCITRAL-Modellgesetz von 2018

Anders als das georgische Gesetz enthält das UNCITRAL-Modellgesetz von 2018 einen eigenen Abschnitt betreffend die Verbindlichkeit und Vollstreckbarkeit von Mediationsvergleichen (Art. 16–20 des dritten Abschnitts). Das georgische Gesetz hat den dritten Abschnitt des UNCITRAL-Modellgesetzes nicht übernommen und verweist stattdessen auf seine Zivilprozessordnung. In diesem Zusammenhang ist anzumerken, dass Georgien die Singapore Convention unterzeichnete, welche die internationale Anerkennung und Vollstreckung von Mediationsvergleichen zum Gegenstand hat und mit Art. 16–20 des Modellgesetzes weitgehend übereinstimmt.[120]

---

119 Das UNCITRAL-Modellgesetz von 2018 selbst enthält keine allgemeine Regelung zur Hemmung der Verjährungsfrist, vgl. hierzu in der vorliegenden Arbeit das Kapitel „Einleitung des Mediationsverfahrens“.

120 Vgl. den Status der Singapore Convention, abzurufen unter https://uncitral.un.org/en/texts/mediation/conventions/international_settlement_agreements/status (zuletzt aufgerufen am 20.05.21).

cc) *Zusammenfassung*

Zusammenfassend ist festzustellen, dass der Wortlaut des georgischen Gesetzes über die Mediation über den Wortlaut des UNCITRAL-Modellgesetzes von 2018 hinausführt. Einige Regelungen, betreffend der Umstände, die bei der Auswahl des Mediators zu beachten sind und der Kosten des Mediationsverfahrens, die im georgischen Gesetz enthalten sind, werden im UNCITRAL-Modellgesetz von 2018 nicht berücksichtigt. Die genannten Aspekte sind jedoch in den *Draft UNCITRAL Notes on Mediation* enthalten.[121]

Des Weiteren ist anzumerken, dass das georgische Gesetz im Gegensatz zum UNCITRAL-Modellgesetz seinen Schwerpunkt nicht auf die Anerkennung und Vollstreckung von Mediationsvergleichen, sondern überwiegend auf Regelungsvorschriften betreffend die Stellung und Tätigkeit des Mediators legt. Vor dem Hintergrund der Unterzeichnung der Singapore Convention ist zu erkennen, dass für den georgischen Gesetzgeber der Entwurf des Modellgesetzes über die Vorschriften über die Anerkennung und Vollstreckung internationaler Mediationsvergleiche in dem georgischen Gesetz über die Mediation nicht maßgeblich ist. Vielmehr wird der Schwerpunkt auf das Mediationsverfahren und der Tätigkeit des Mediators gelegt.

---

121 Vgl. UN-Doc. A/CN.9/1027, paras. 29–56.

C. Das UNCITRAL-Modellgesetz über die Mediation von 2018 im Kontext der anderen Regelungen von UNCITRAL im Bereich der Mediation

Mit dem Modellgesetz von 2002 hat UNCITRAL Grundlagen zu verfahrensrechtlichen Aspekten der *Schlichtung*[122] bereitgestellt, ohne jedoch einheitliche Rahmenregelungen zur Anerkennung und Vollstreckung der im Verfahren erzielten Vereinbarungen vorzusehen. Auf der 47. Sitzung im Jahr 2014 lag der Kommission ein Vorschlag für die künftige Bearbeitung der Vorschriften betreffend die Anerkennung und Vollstreckung von internationalen Mediationsvergleichen vor.[123] Hintergrund war die international mühsame und zeitaufwendige Durchsetzung der aus der Schlichtung erzielten Vereinbarungen nach dem Modellgesetz von 2002.[124] In diesem Zusammenhang nahm die *Working Group II* ihre Arbeiten an einem Regelungsrahmen für die Anerkennung und Vollstreckung von Mediationsvergleichen auf.[125] Schließlich hat die Kommission auf ihrer 51. Sitzung am 25. Juni 2018 das neue Modellgesetz über die Mediation von 2018 verabschiedet.[126]

Das Modellgesetz von 2018 soll besonders Staaten, die über keine allgemeinen Regelungen über die Mediation verfügen, bei der Ausarbeitung von Rechtsvorschriften für das Mediationsverfahren unterstützen.[127] Hierbei tendierte die Kommission für ein weites Verständnis des Mediationsbegriffs.[128] Zudem können die erlassenden Staaten in Erwägung ziehen, das Modellgesetz auch auf

---

122 Auf die Terminologie wird in der vorliegenden Arbeit im Abschnitt „Die Änderung des Begriffs und seine terminologische Bedeutung“ im Teil D I 1. a) aa) (1) eingegangen.

123 Vgl. *Report of UNCITRAL on the work of its forty-seventh session*, UN-Doc. A/69/17, paras. 123–125.

124 *Report of UNCITRAL on the work of its forty-seventh session*, UN-Doc. A/69/17, para. 123.

125 Vgl. hierzu UN-Doc. A/CN.9/822.

126 Vgl. *Report of the United Nations Commission on International Trade Law*, Fifty-first session, UN-Doc. A/73/17, para. 68 und Annex II.

127 Draft Guide to Enactment (2018), para. 3; *Alexander*, ZKM 2019, 160 (164).

128 Auch hier wird auf den Abschnitt „Die Änderung des Begriffs und seine terminologische Bedeutung“ im Teil D I 1. a) aa) (1) hingewiesen.

nicht internationale Handelsstreitigkeiten auszuweiten.[129] Bei der Ausarbeitung des Modellgesetzes zog die *Working Group II* das UNCITRAL-Modellgesetz über die Schiedsgerichtsbarkeit von 2006 als international bewährtes Vorbild heran.[130] Ob dem Modellgesetz der gleiche Erfolg beschieden sein wird, bleibt abzuwarten.[131]

Auch wenn das Modellgesetz von 2018 aus dem Modellgesetz von 2002 übernommene Vorschriften zum Mediationsverfahren enthält, sollen auch diese neben den Vorschriften über Mediationsvergleiche untersucht werden. Der Aufbau des Modellgesetzes von 2018 folgt drei Abschnitten[132]. Dabei stellen die ersten beiden Abschnitte wörtlich übernommene Vorschriften aus dem Modellgesetz von 2002 dar. Der erste Abschnitt enthält die allgemeinen Bestimmungen des Modellgesetzes. Dazu zählen der Anwendungsbereich, Definitionen sowie die Auslegung des Modellgesetzes. Der zweite Abschnitt behandelt verfahrensrechtliche Aspekte der Mediation. Des Weiteren sind dort Regelungen im Zusammenhang mit dem Mediator enthalten. Der dritte Abschnitt enthält neue Erweiterungen zum Modellgesetz von 2002 und befasst sich mit Mediationsvergleichen. Dazu bestimmt der dritte Abschnitt seinen eigenen Anwendungsbereich.[133] Der Anwendungsbereich des dritten Abschnitts des Modellgesetzes findet nur Anwendung auf internationale Mediationsvergleiche, die von den Parteien eines Mediationsverfahrens zur Beilegung eines Handelsstreits getroffen werden.

---

129 Hinsichtlich der Anwendung des Modellgesetzes von 2018 auf inländische Handelsstreitigkeiten wird in der vorliegenden Arbeit auf den Abschnitt „Der sachliche Anwendungsbereich" im Teil D, I, 1 a) verwiesen.

130 Einige Gemeinsamkeiten und Unterschiede zum UNCITRAL-Modellgesetz über die Schiedsgerichtsbarkeit werden in der Untersuchung des Modellgesetzes von 2018 im Kapitel „Das UNCITRAL-Modellgesetz über die Mediation (2018)" veranschaulicht.

131 Eine Einschätzung hierzu erfolgt in der vorliegenden Arbeit besonders im Abschnitt „Entwicklungsperspektiven für die Mediation" im Teil F, II.

132 Im englischen Original: „Section".

133 Dies führt dazu, dass Staaten, die nur das Mediationsverfahren gesetzlich regeln wollen, ohne einheitliche Regeln für die Mediationsvergleiche vorzusehen, Gesetze auf Grundlage der Abschnitte 1 und 2 des Modellgesetzes erlassen können. Genauso gilt dies auch für Staaten, die auf Grundlage von Abschnitt 1 und 3 des Modellgesetzes nur einheitliche Regeln für Mediationsvergleiche erlassen möchten, ohne Vorschriften für das Mediationsverfahren vorzusehen, vgl. Draft Guide to Enactment (2018), para. 25; *Binder,* International Commercial Arbitration and Mediation in UNCITRAL Model Law Jurisdictions, p. 632.

Parallel zum Modellgesetz von 2018 hat UNCITRAL die Singapore Convention ausgearbeitet, welche neben der Anerkennung und Vollstreckung von Mediationsvergleichen auch die Geltendmachung des Mediationsvergleichs als Einrede zum Gegenstand hat.[134] Ziel des Übereinkommens ist es, die Anwendung von Mediation in internationalen Handelsstreitigkeiten zu fördern.[135] Auch hier stellt UNCITRAL den Bezug zur Schiedsgerichtsbarkeit her und verfolgt mit dem Singapur Übereinkommen einen ähnlichen Rechtsrahmen wie das New Yorker Übereinkommen über die Anerkennung und Vollstreckung ausländischer Schiedssprüche.[136]

Bevor das neue Modellgesetz von 2018 im Einzelnen analysiert wird, sollen folgend in zeitlicher Abfolge die unterschiedlichen Regelungen von UNCITRAL mit ihren neueren Entwicklungen im Bereich der Mediation vorgestellt werden.

I. UNCITRAL Conciliation Rules (1980)[137]

1. Allgemeines

Die UNCITRAL Conciliation Rules wurden am 23. Juli 1980 verabschiedet und stellen das erste Regelwerk von UNCITRAL im Bereich der Schlichtung[138] dar.[139] Bisher

---

134 Hinsichtlich des parallelen Entwurfs der Singapore Convention merkt die UN-Generalversammlung in ihrer Resolution A/RES/73/199 folgendes an: „*Noting that the decision of the Commission to concurrently prepare a convention on international settlement agreements resulting from mediation and an amendment to the Model Law on International Commercial Conciliation was intended to accommodate the different levels of experience with mediation in different jurisdictions and to provide States with consistent standards on the cross-border enforcement of international settlement agreements resulting from mediation, without creating any expectation that interested States may adopt either instrument*“.

135 Vgl. auch *Alexander*, ZKM 2019, 160 (161).

136 Das New Yorker Übereinkommen ist in der vorliegenden Arbeit in der Liste der UN-Dokumente aufgezählt.

137 Die englische Fassung der UNCITRAL *Conciliation* Rules ist im Anhang E abgedruckt.

138 *Conciliation* aus dem englischsprachigen Raum gleichbedeutend mit dem Begriff Schlichtung. Hinsichtlich der terminologischen Bedeutung der Begriffe *Conciliation/ Mediation* wird auf das Kapitel „Die Änderung des Begriffs und seine terminologische Bedeutung“ hingewiesen.

139 Vgl. *Report of the United Nations Commission on International Trade Law on the work of its thirteenth session*, UN-Doc. A/35/17.

hat[140] UNCITRAL an der Überarbeitung der Conciliation Rules von 1980 gearbeitet, um eine Übereinstimmung mit dem UNCITRAL-Modellgesetz von 2018 sowie der Singapore Convention von 2018 sicherzustellen.[141] Folglich ersetzen die UNCITRAL Mediation Rules (2021)[142] die Conciliation Rules von 1980.

Mit den UNCITRAL Conciliation Rules von 1980 hat UNCITRAL zur Entwicklung der alternativen Streitbeilegung durch das Auferlegen von Ergebnissen durch die Schiedsgerichte zu einer Streitbeilegung durch einvernehmliche Verhandlungslösung beigetragen.[143] Dennoch wurden zunächst hinsichtlich des Entwurfs der Conciliation Rules Zweifel hervorgerufen.[144] Es wurden Bedenken an der praktischen Relevanz geäußert.[145] Denn zu einer Zeit, in der die UNCITRAL Arbitration Rules von 1976[146] von den Parteien eines Schiedsverfahrens angenommen wurden, war es schwer vorstellbar, dass den UNCITRAL Conciliation Rules der gleiche Erfolg beschieden sein wird. Jedoch zeigte sich das Interesse an einer Schlichtung besonders bei Staaten, die das UNCITRAL-Modellgesetz über die Schiedsgerichtsbarkeit übernommen und gleichzeitig Vorschriften über die Schlichtung eingefügt haben.[147]

2. Rechtsnatur

Die UNCITRAL Conciliation Rules stellen Verfahrensregeln für die Durchführung von Schlichtungsverfahren dar.[148] Diese fallen wie das UNCITRAL-

---

140 Stand: Aktuell steht der Kommission der Entwurf UN-Doc. A/CN.9/1026 zur Verfügung, der auf der 73. Sitzung der Working Group II vom 22. bis 26. März 2021 in New York zur weiteren Diskussion bereitsteht.

141 Vgl. UN-Doc. A/CN.9/1026, para. 1.

142 UN-Doc. A/76/17.

143 *Anderson/Beaumont/Verbist,* The United Nations Convention on International Settlement Agreements Resulting from Mediation: Its Genesis, Negotiation and Future, in: International Mediation, S. 40.

144 UN-Doc. A/34/17, paras. 84–85; Zur Entstehungsgeschichte der UNCITRAL Conciliation Rules, siehe *Hermann,* Commentary on the UNCITRAL Conciliation Rules, in: Yearbook Commercial Arbitration, vol. VI-1981, S. 170–190.

145 UN-Doc. A/34/17, para. 85.

146 UN-Doc. A/RES/31/98; UN-Doc. A/67/17, para. 64 ff.

147 Vgl. hierzu *Sanders,* The Work of UNCITRAL on Arbitration and Conciliation, S. 199: *"[...] Some States produced an 'Arbitration and Conciliation Act' and, in doing so, provided a complete regulation of conciliation. Other States only inserted some provisions on conciliation."*; UN-Doc. A/34/17, para. 85.

148 UN-Doc. A/34/17, para. 82.

Modellgesetz in den Bereich des *Soft Law*, welches zur Folge hat, dass die Conciliation Rules nicht verbindlich sind.[149] Im Gegensatz zum UNCITRAL-Modellgesetz handelt es sich bei UNCITRAL Conciliation Rules jedoch nicht um Rechtsvorschriften, die sich an die erlassenden Staaten richten, sondern für eine Anwendbarkeit von den Parteien durch eine Schlichtungsklausel vereinbart werden müssen, die die Vorschriften der UNCITRAL Conciliation Rules für anwendbar erklärt.[150] Das bedeutet, dass die Conciliation Rules auf einer Vereinbarung beruhen, die vertraglicher Natur ist.[151]

Neben der vertraglichen Vereinbarung der UNCITRAL Conciliation Rules durch die Parteien können die UNCITRAL Rules auch von den Institutionen für alternative Streitbeilegung als Teil ihrer empfohlenen Verfahrensregeln für Streitbeilegungsverfahren übernommen werden.[152]

3. Inhalt

Die vorformulierten Rahmenbedingungen betreffen unterschiedliche Aspekte des Verfahrens wie die Einleitung des Verfahrens, die Durchführung des Verfahrens, die Bestellung eines neuralen Dritten sowie den Abschluss des Verfahrens.[153]

Nach Art. 1 Abs. 1 der Conciliation Rules erstreckt sich der Anwendungsbereich auf die Streitbeilegung von Streitigkeiten, die sich aus einer vertraglichen oder anderen rechtlichen Beziehung, in der die Parteien, die eine gütliche Beilegung ihrer Streitigkeit anstreben, vereinbart haben und somit nur anwendbar sind, wenn sich die Parteien den Conciliation Rules unterstellen. Die Parteien

---

149 Zur Unterscheidung zwischen *Hard Law* und *Soft Law*, vgl. *Shaffer/Pollack*, Hard vs. Soft Law: Alternatives, Complements and Antagonists in International Governance, abzurufen unter https://www.researchgate.net/publication/228160047_Hard_vs_Soft_Law_Alternatives_Complements_and_Antagonists_in_International_Governance (zuletzt aufgerufen am 16.02.21).

150 Ein Muster für eine Schlichtungsklausel, enthalten in *Rauh*, Die Schieds- und Schlichtungsordnungen der UNCITRAL, S. 215.

151 *Griffith/Mitchell*, Contractual Dispute Resolution in International Trade: The UNCITRAL Arbitration Rules (1976) and the UNCITRAL Conciliation Rules (1980), in: Melbourne Journal of International Law, 184 (185).

152 *Alexander*, International and Comparative Mediation, S. 339.

153 Jedoch sind nicht alle Aspekte des Schlichtungsverfahrens in den UNCITRAL Conciliation Rules enthalten. Zum einen sind es Vorschriften betreffend die Vollstreckung der aus der Schlichtung erzielten Vereinbarungen.

können jederzeit den Ausschluss der Conciliation Rules festlegen oder andere Vereinbarungen treffen.[154]

4. Ziel

Ziel der UNCITRAL Conciliation Rules war es, durch ihre formalen Rahmenbedingungen für das Schlichtungsverfahren die internationalen Wirtschaftsbeziehungen der verschiedenen Staaten mit unterschiedlichen Rechts-, Sozial – und Wirtschaftssystemen zu fördern.[155] Das Bereitstellen von Verfahrensvorschriften sollte die Parteien bei der Durchführung des Schlichtungsverfahrens unterstützen. UNCITRAL sah besonders in den Staaten, in denen die Schlichtung bekannt und angewendet wurde, das Potential der Schlichtung, durch seine flexible Art eine Alternative zur Schiedsgerichtsbarkeit zu entfalten.[156]

II. UNCITRAL Mediation Rules (2021)[157]

1. Allgemeines

Der Kommission lag auf ihrer 52. Sitzung vom 8. bis 19. Juli 2019 der erste Entwurf der UNCITRAL Mediation Rules von 2020[158] vor, der auf ihrer 54. Sitzung vom 28. Juni bis 16. Juli verabschiedet wurde und folglich die *UNCITRAL Mediation Rules (2021)*[159] darstellen.[160] Während der Entwurf der Mediation Rules auf der Sitzung der Kommission großen Zuspruch fand, wurden auch Bedenken geäußert. Einige Staaten beschwerten sich, dass ihnen nicht genügend Zeit zur Untersuchung des Entwurfs der Mediation Rules zur Verfügung stehe.[161] Dies führte dazu, dass der Entwurf durch das UN-Sekretariat auf Grundlage der eingegangenen Kommentare von Staaten[162] überarbeitet

---

154 Vgl. Art. 1 Abs. 2 der Conciliation Rules.

155 UN-Doc. A/35/17, paras. 105–106.

156 UN-Doc. A/35/17, paras. 105–106; UN-Doc. A/34/17, para. 86; *Hermann*, ZZP 1984, 445 (450).

157 Die englische Fassung der UNCITRAL Mediation Rules (2021) (UN-Doc. A/76/17) ist im Anhang F abgedruckt.

158 Siehe UN-Doc. A/CN.9/1026.

159 UN-Doc. A/76/17.

160 Vgl. UN-Doc. A/CN.9/1074.

161 UN-Doc. A/74/17, para. 120.

162 Folgende Länder haben den Entwurf der UNCITRAL Mediation Rules von 2020 kommentiert: Italien, Polen, Thailand, Irak und China, siehe UN-Doc. A/CN.9/1031 und UN-Doc. A/CN.9/1031/Add.1.

wurde.[163] Einige Kommentare der Staaten, die auf der Sitzung diskutiert wurden, sollen folgend im Zusammenhang mit dem Inhalt des Entwurfs der Mediation Rules von 2020 aufgegriffen werden.

2. Inhalt

Der Entwurf der UNCITRAL Mediation Rules beinhaltet neben dem Anwendungsbereich und den Rahmenbedingungen zu verfahrensrechtlichen Aspekten der Mediation auch Regelungen zum Mediationsvergleich.

a) Anwendungsbereich

aa) Nach Art. 1 Abs. 1 der Draft UNCITRAL Mediation Rules erstreckt sich der Anwendungsbereich auf die Durchführung von Mediationsverfahren, wenn die Parteien die Anwendung der Mediation Rules vereinbart haben. Entscheidendes Merkmal ist auch hier die vertragliche Vereinbarung der Anwendung der Mediation Rules durch die Parteien. Dafür können die Mediation Rules, unabhängig auf welcher Grundlage die Mediation durchgeführt wird, angewendet werden.[164] Das bedeutet, dass sowohl die außergerichtliche als auch gerichtliche Mediation vom Anwendungsbereich der Draft UNCITRAL Mediation Rules umfasst ist.[165]

Der Mediationsbegriff in Art. 1 Abs. 2 des Entwurfs der Mediation Rules entspricht der Definition aus dem Modellgesetz von 2018.

Art. 1 Abs. 3 des Entwurfs der Mediation Rules stellt einen Bezug zu den UNCITRAL Conciliation Rules von 1980 dar und befasst sich mit einer Übergangsregelung betreffend die Anwendbarkeit. Danach ist maßgeblich, welche Rahmenbedingungen zum Zeitpunkt des Mediationsverfahrens in Kraft sind.

bb) Kommentare der Länder betreffend den Anwendungsbereich

Hinsichtlich des Anwendungsbereichs der Draft UNCITRAL Mediation Rules von 2020 wurde auf die Entwicklung der Online-Streitbeilegung hingewiesen.[166] Es wurde angemerkt, dass die Mediation Rules einen Bezug zur Online-Mediation herstellen sollte.[167]

---

163 UN-Doc. A/CN.9/1026, para. 2.

164 Vgl. Art. 1 Abs. 1 S. 2 Draft UNCITRAL Mediation Rules (2020).

165 Vgl. hierzu UN-Doc. A/CN.9/1026, para. 7.

166 UN-Doc. A/CN.9/1031/Add.1, para. 1.

167 Hintergrund sind zudem die *UNCITRAL Notes on Mediation*, die auf die Online-Mediation eingehen sowie die *Working Group IV*, welche den Bereich Electronic Commerce behandelt, UN-Doc. A/CN.9/1031/Add.1, para. 1.

Im Hinblick auf Art. 1 Abs. 1 S. 2 des Entwurfs der Mediation Rules, nach der unabhängig von der Grundlage, auf der die Mediation durchgeführt wird, der Anwendungsbereich der Mediation Rules eröffnet sei, äußerte man das Bedürfnis, die Grundlage zu konkretisieren.[168] Es wurde vorgeschlagen, eine Konkretisierung der Grundlage der Mediation in Verbindung mit der Regelungsbestimmung des Beginns des Mediationsverfahrens vorzunehmen.[169]

b) Verfahrensrechtliche Aspekte der Mediation

aa) Der Entwurf der Mediation Rules enthält einige verfahrensrechtliche Aspekte der Mediation. Dazu zählen der Beginn des Mediationsverfahrens, die Auswahl des Mediators, Zeugnis- und Aussageverweigerungsrechte, die Beendigung des Mediationsverfahrens, Kosten des Mediationsverfahrens, Haftungsausschluss sowie Angaben zum Mediationsvergleich.

Folgend sollen nur einige der genannten Aspekte vorgestellt werden: Hinsichtlich der Auswahl des Mediators enthält der Entwurf der Mediation Rules im Gegensatz zum UNCITRAL Modellgesetz von 2018 einen erweiterten Wortlaut. Hinsichtlich der Angabe, dass es einen Mediator geben soll, wenn nicht anderes vereinbart wird, fügt der Entwurf der Mediation Rules in Art. 3 Abs. 1 hinzu, dass im Falle von mehreren Mediatoren eine Zusammenarbeit[170] erforderlich ist. Des Weiteren sieht Art. 3 Abs. 3 lit. b des Entwurfs der Mediation Rules im Gegensatz zum UNCITRAL Modellgesetz von 2018 für den Fall, dass die Parteien vereinbaren, in dem die ausgewählte Mediationsinstitution den Mediator auszuwählen hat, ferner vor, dass die Parteien in diesem Fall anschließend den ausgewählten Mediator zu bestätigen[171] haben.[172]

Hinsichtlich der Beendigung des Mediationsverfahrens gibt es Ähnlichkeiten zu Art. 12 des UNCITRAL-Modellgesetzes, der ebenfalls die Beendigung des Mediationsverfahrens behandelt.

Der Haftungsausschluss der Mediatoren ist in Art. 13 des Entwurfs der Mediation Rules enthalten.

bb) Kommentare der Länder betreffend verfahrensrechtliche Aspekte der Mediation

168 UN-Doc. A/CN.9/1031/Add.1, para. 3.

169 Vgl. Regelungsvorschlag in UN-Doc. A/CN.9/1031/Add.1, para. 3.

170 Im englischen Original: „act jointly".

171 Im englischen Original: „appoint".

172 Vgl. Art. 3 Abs. 3 lit. b 2. Hs. Draft UNCITRAL Mediation Rules (2020).

Kritisiert wurde im Hinblick auf die Auswahl des Mediators der Fall, in dem die Parteien vereinbaren, dass die ausgewählte Mediationsinstitution den Mediator auswählt und die Parteien anschließend den ausgewählten Mediator zu bestätigen haben.[173] Begründet wurde dies mit der Unvereinbarkeit von Regeln einiger Schiedsinstitutionen.[174]

Betreffend die Zusammenarbeit im Falle von mehreren Mediatoren nach Art. 3 Abs. 1 S. 2 des Entwurfs der Mediation Rules wird die Genauigkeit des Begriffs „jointly" gewünscht.[175]

c) *Mediationsvergleich*

aa) Art. 8 des Entwurfs der Mediation Rules enthält einige Angaben zum Mediationsvergleich. Danach wird den Parteien die Ausarbeitung und Unterzeichnung eines Mediationsvergleichs empfohlen.[176] Dazu kann der Mediator auf Wunsch der Parteien diese bei der Ausarbeitung des Mediationsvergleichs unterstützen.[177] Des Weiteren betont Art. 8 Abs. 2 des Entwurfs der Mediation Rules, dass aus der Unterzeichnung des Mediationsvergleichs hervorgeht, dass dieser aus der Mediation resultiert und für die Geltendmachung von Ansprüchen herangezogen werden kann.[178]

bb) Kommentare der Länder zum Mediationsvergleich

Hinsichtlich des Begriffs „settlement agreement" wurde angemerkt, dass dieser mit der Definition aus dem UNCITRAL-Modellgesetz von 2018 sowie Singapur Übereinkommen zu übereinstimmen hat.[179] Hintergrund ist das

---

173 UN-Doc. A/CN.9/1031/Add.1, para. 4.

174 Zur Veranschaulichung werden von China einige Beispiele genannt: Die Mediationsregeln der *China International Economic and Trade Arbitration Commission (CIETAC)*, des *Mediation Center of the China Council for the Promotion of International Trade (CCPIT)* und des *Singapore International Mediation Centre (SIMC)* sehen vor, dass, wenn sich die Parteien nicht innerhalb der vorgeschriebenen oder vereinbarten Frist auf den Mediator einigen (oder wenn sie nicht gemeinsam eine Mediationsinstitution mit der Ernennung des Mediators vertraut machen), der Mediator direkt von der Mediationsinstitution ernannt wird und keine Bestätigung durch die Parteien erforderlich ist, UN-Doc. A/CN.9/1031/Add.1, para. 4.

175 UN-Doc. A/CN.9/1031, p. 2.

176 Vgl. Art. 8 Abs. 1 S. 1 Draft UNCITRAL Mediation Rules (2020).

177 Vgl. Art. 8 Abs. 1 S. 2 Draft UNCITRAL Mediation Rules (2020).

178 Vgl. hierzu UN-Doc. A/CN.9/1026, para. 26.

179 UN-Doc. A/CN.9/1031/Add.1, para. 2.

unterschiedliche Verständnis in den einzelnen Ländern.[180] Des Weiteren wird ein näherer Bezug zu Art. 4 Abs. 2 des Singapur Übereinkommens angestrebt.[181]

d) Zusammenfassung

Folglich ist festzustellen, dass die Länder den überarbeiteten Entwurf der Mediation Rules von 2020 grundsätzlich begrüßen, dennoch die Möglichkeit für Diskussionen und Anregungen in Erwägung ziehen. Es wird deutlich, dass das UN-Sekretariat bei der Überarbeitung des Entwurfs der Mediation Rules von 2020 darauf abzielte, die Entwicklungen des Mediationsverfahrens im Zusammenhang mit dem neuen UNCITRAL-Modellgesetz sowie dem Singapur Übereinkommen zu berücksichtigen. Im Hinblick auf die einzelnen Vorschriften des Entwurfs der Mediation Rules ist jedoch erkennbar, dass der Wortlaut nicht an allen Stellen mit dem Modellgesetz von 2018 übereinstimmt. Teilweise führt der Wortlaut des Entwurfs der Mediation Rules über den Text des Modellgesetzes von 2018 hinaus.

3. Unterschied zu UNCITRAL Conciliation Rules von 1980

Im Unterschied zu den UNCITRAL Conciliation Rules von 1980 enthält der Entwurf der Mediation Rules von 2020 hinsichtlich des Anwendungsbereichs einen erweiterten Wortlaut. Der Anwendungsbereich ist nach beiden Vorschriften eröffnet, wenn die Parteien für die Durchführung des Verfahrens vereinbart haben, dass die UNCITRAL-Verfahrensvorschriften gelten sollen. Der Wortlaut des Art. 1 Abs. 1 des Entwurfs der Mediation Rules führt hinaus und bestimmt, dass die Mediation Rules unabhängig von der Grundlage, auf der die Mediation durchgeführt wird, angewendet werden können.

Der Begriff der Mediation ist in dem Entwurf der Mediation Rules, anders als in den Conciliation Rules, in Art. 1 Abs. 2 und somit nicht in einer gesonderten Vorschrift enthalten.

Hinsichtlich des „settlement agreement“ bestimmt Art. 13 Abs. 1 der UNCITRAL Conciliation Rules, dass der Schlichter die Bedingungen des „settlement agreement“ festlegt und diese den Parteien zur Stellungnahme vorlegt. Im Gegensatz hierzu stehen nach Art. 8 Abs. 1 des Entwurfs der Mediation Rules die Gestaltungsmöglichkeiten der Parteien im Vordergrund, und diese haben

180 China unterscheidet zwischen den Begriffen „settlement“ und „mediation“, UN-Doc. A/CN.9/1031/Add.1, para. 2.

181 UN-Doc. A/CN.9/1031, p. 3.

einen Mediationsvergleich auszuarbeiten und zu unterzeichnen, sobald sie sich hinsichtlich der Bedingungen des Mediationsvergleichs geeinigt haben.

Art. 8 Abs. 2 des Entwurfs der Mediation Rules ist im Gegensatz zu Art. 13 Abs. 3 der Conciliation Rules dahingehend weiter gefasst, dass die Parteien sich mit der Unterzeichnung des Mediationsvergleichs nicht nur einverstanden erklären und an die Vereinbarung gebunden sind, sondern auch, dass der Mediationsvergleich aus der Mediation hervorgeht und für die Geltendmachung von Ansprüchen nach dem geltenden Rechtsrahmen herangezogen werden kann.[182]

Im Gegensatz zu den UNCITRAL Conciliation Rules enthält der Entwurf der Mediation Rules einen Haftungsausschluss für Mediatoren.

Des Weiteren beschränkt sich der Entwurf der Mediation Rules im Gegensatz zu den Conciliation Rules nicht ausschließlich auf eine Muster-Klausel. Vielmehr stellt der Entwurf der Mediation Rules mehrere Muster-Mediations-Klauseln zur Verfügung.[183]

III. Das UNCITRAL-Modellgesetz über die Schlichtung (2002)[184]

1. Allgemeines

Das Modellgesetz über die Schlichtung von 2002, welches nun durch das Modellgesetz über die Mediation von 2018 ersetzt wird, zeichnet sich neben dem UNCITRAL-Modellgesetz über die Schiedsgerichtsbarkeit von 1985 als wichtiger Wegbereiter für die Entwicklung der außergerichtlichen Streitbeilegung durch UNCITRAL aus. Das Modellgesetz von 2002 wurde im Zusammenhang mit der zunehmenden Anwendung der Schlichtung, besonders durch die UNCITRAL Conciliation Rules von 1980, entwickelt, um zur Förderung der Schlichtung beizutragen. Dieser Zusammenhang spiegelt sich auch in den Vorschriften des Modellgesetzes von 2002 wider, die an die Rahmenbedingungen der Conciliation Rules von 1980 angelehnt sind.[185] Hintergrund für den Entwurf des Modellgesetzes von 2002 war zudem die zunehmende Anwendung der

182 Hier kommentiert Italien, dass hierdurch eine stärkere Übereinstimmung mit Art. 4 Abs. 2 der Singapore Convention sichergestellt werden soll, vgl. UN-Doc. A/CN.9/1031, p. 3.

183 „*Mediation clause*" und „*multi-tiered clause*", vgl. UN-Doc. A/CN.9/1026, Annex.

184 Die englische Fassung des UNCITRAL-Modellgesetzes von 2002 ist im Anhang C abgedruckt.

185 Vgl. auch *Sanders,* The Work of UNCITRAL on Arbitration and Conciliation, S. 199.

Schlichtung im Zusammenhang mit dem Erlass des Modellgesetzes über die Schiedsgerichtsbarkeit in einigen Ländern, die zugleich einige Vorschriften zum Schlichtungsverfahren einfügten.[186]

2. Rechtsnatur

UNCITRAL-Modellgesetze fallen wie UNCITRAL Rules in den Bereich des *Soft Law*, werden jedoch von UNCITRAL direkt verabschiedet.[187] Das Modellgesetz stellt einen nichtverbindlichen Regelungsrahmen dar und weist einen flexiblen Charakter auf, sodass die Staaten bei der Übernahme des Modellgesetzes die Möglichkeit haben, die Bestimmungen des Modellgesetzes mit oder ohne Änderungen anzunehmen.[188] Gründe für die Änderung eines Teils des Modellgesetzes könnten Anpassungen an die nationalen materiell- und verfahrensrechtlichen Voraussetzungen sein.[189] Damit verpflichtet das Modellgesetz den Staat nicht, seine Bestimmungen vollständig einheitlich zu übernehmen. Vielmehr kann ein erlassender Staat nach eigenem Ermessen festlegen, inwieweit die Umsetzung des Modellgesetzes in seine Rechtsordnung vorzunehmen ist.

Um dennoch einen zufriedenstellenden Grad an Harmonisierung und Vereinheitlichung zu erreichen, sind die Staaten angehalten, bei Vornahme von Änderungen des Modellgesetzes die Grundprinzipien des Modellgesetzes zu wahren und so wenige Änderungen wie möglich an den Bestimmungen vorzunehmen.[190] Somit haben die Staaten maßgebliche Grundsätze des Modellgesetzes zu beachten, die entscheidend sind und nicht wegfallen dürfen.[191] Es gilt, das

---

186 *Sanders* unterscheidet hier zwischen Ländern, die vollständige Regelungen zur Schlichtung aufgenommen haben, und ihr neues Gesetz dementsprechend als Gesetz über das Schlichtungs- und Schiedsverfahren betitelt haben und jene Staaten, die nur eine Schlichtungserklärung oder eine kurze Regelung zur Schlichtung aufgenommen haben, siehe *Sanders*, Quo Vadis Arbitration?, S. 358–372.

187 Es handelt sich hierbei um Regelungsrahmen, die durch eine Resolution der UN-Generalversammlung als Muster für Staaten zur Übernahme in ihre nationale Gesetzgebung verabschiedet werden können, *Alexander/Chong*, The Singapore Convention on Mediation – A Commentary, p. 3, para. 0.08.

188 Guide to Enactment (2002), para. 14; *Girsberger/Peter*, Aussergerichtliche Konfliktlösung, S. 210 Rn. 813.

189 *Alexander/Chong*, The Singapore Convention – A Commentary, p. 3, para. 0.08.

190 Guide to Enactment (2002) para. 14; *Friedrich*, Das UNCITRAL-Modellgesetz über die internationale Handelsschlichtung, S. 41; *Alexander/Chong*, The Singapore Convention on Mediation – A Commentary, p. 3, para. 0.08.

191 *Alexander* führt hierzu aus, dass anzunehmen ist, dass nationale Gesetze in verschiedenen Rechtsordnungen einheitlich ausgelegt werden, wenn ähnliche Begriffe

nationale Recht so einheitlich und transparent wie möglich zu gestalten, um ausländischen Parteien eine vertraute Teilnahme im errichtenden Staat zu ermöglichen und eine einheitliche Auslegung der nationalen Gesetze zu ermöglichen.[192]

3. Inhalt

Das UNCITRAL-Modellgesetz von 2002 besteht aus insgesamt 14 Vorschriften. Diese lassen sich in drei Teile einordnen: Der erste Teil, bestehend aus Art. 1 bis Art. 3, bestimmt den Anwendungsbereich des Modellgesetzes. Des Weiteren sind Definitionen sowie bestimmte Grundsätze des Schlichtungsverfahrens darin enthalten. Art. 3 legt den Großteil des Modellgesetzes als Standardbestimmungen und nicht als zwingende Bestimmungen fest und mit Ausnahme für Art. 2 und Art. 6 Abs. 3 des Modellgesetzes durch Vereinbarung der Parteien geändert werden können.

Der zweite Teil des Modellgesetzes besteht aus Art. 4 bis Art. 11 und behandelt verfahrensrechtliche Aspekte der Schlichtung. Dazu zählen der Beginn und die Beendigung des Schlichtungsverfahrens, die Auswahl des Schlichters, die Kommunikation sowie Vertraulichkeit für das Schlichtungsverfahren.

Der dritte und damit letzte Teil des Modellgesetzes, bestehend aus Art. 12 bis Art. 14, behandelt bestimmte Aspekte, die nach Abschluss des Verfahrens relevant sein können. Solche können die Durchführung eines Schieds- oder Gerichtsverfahrens (Art. 13) oder die Vollstreckung der aus der Schlichtung erzielten Vereinbarung sein (Art. 14), die im neuen dritten Abschnitt des Modellgesetzes von 2018 konkretisiert ist.

4. Guide to Enactment and Use of the UNCITRAL Model Law on International Commercial Conciliation (2002) (im Folgenden: Guide to Enactment (2002))

Parallel zum Entwurf des Modellgesetzes von 2002 wurde der Guide to Enactment (2002) vorbereitet. Der Guide to Enactment basiert im Wesentlichen auf die *travaux préparatoires*[193] des Modellgesetzes von 2002 und stellt einen sog.

---

verwendet werden, siehe *Alexander/Chong*, The Singapore Convention on Mediation – A Commentary, p. 3, para. 0.08.

192 Guide to Enactment (2002) para. 14; *Alexander/Chong*, The Singapore Convention on Mediation – A Commentary, p. 3, para. 0.08.

193 Hinsichtlich der Bedeutung der *travaux préparatoires* siehe Titi/Fach Gómez-*Abramson*, Mediation in International Commercial and Investment Disputes, S. 368; Hierbei handelt es sich um einen französischen Begriff, der übersetzt ins deutsche

„Leitfaden“[194] dar, der die Umsetzung des Modellgesetzes erleichtern soll. Dazu richtet sich der Guide to Enactment an die erlassenden Staaten, um sie bei ihren Diskussionen und Überlegungen zur Einführung des Modellgesetzes in ihrer jeweiligen Rechtsordnung zu unterstützen.[195] Der Guide to Enactment enthält Hintergrundinformationen zu den Vorschriften des Modellgesetzes von 2002 und enthält neben der Erläuterung der einzelnen Vorschriften auch Angaben zu der Terminologie und den Begrifflichkeiten des Modellgesetzes.[196] Während des Entwurfs des Modellgesetzes von 2002 ging die Kommission davon aus, dass ein erläuterndes Material die Vorschriften des Modellgesetzes ergänzen würde.[197] Damit sind einige Aspekte nicht in dem Modellgesetz, jedoch im Guide to Enactment zu finden, sodass den Staaten eine Auslegungshilfe geboten wird, die das Modellgesetz begleiten soll.[198]

5. Ziel des Modellgesetzes von 2002

Das Modellgesetz von 2002 zielt darauf ab, die Staaten bei der Reform und Modernisierung ihrer Gesetze betreffend das Schlichtungsverfahren zu unterstützen. Es enthält einen einheitlichen Regelungsrahmen für das Schlichtungsverfahren und zielt darauf ab, die Anwendung der Schlichtung zu fördern und Rechtssicherheit sowie Rechtsklarheit bei ihrer Anwendung zu gewährleisten.[199] Das Modellgesetz dient zudem vor allem der Harmonisierung und Vereinheitlichung der grenzüberschreitenden Schlichtung.[200]

Es ist zu hinterfragen, warum das Modellgesetz überhaupt eine Harmonisierung und Vereinheitlichung im Bereich des Schlichtungs- und Mediationsverfahrens anstrebt. Fraglich ist, ob es förderlich sei, wenn Regelungen in diesem

---

„vorbereitende Arbeiten“ bedeutet. Die *travaux préparatoires* spiegelt die Beratungen und Entscheidungen der Kommission während der Sitzungen, auf denen das Modellgesetz von 2002 verabschiedet wurde und die Überlegungen der *Working Group II*, die die vorbereitenden Arbeiten durchgeführt hat, wider. Diese sind in den 32., 33., 34. und 35. Sitzungen der *Working Group II* sowie in den 32., 33., 34. und 35. Sitzungen der Kommission enthalten, abzurufen unter https://uncitral.un.org/en/texts/arbitration/modellaw/commercial_conciliation/travaux (zuletzt aufgerufen am 07.06.21).

194 *Friedrich,* SchiedsVZ 2004, 297 (297).

195 Guide to Enactment (2002), para. 1.

196 Guide to Enactment (2002), para. 2.

197 Guide to Enactment (2002), para. 2.

198 Guide to Enactment (2002), para. 2.

199 Guide to Enactment (2002), para. 7.

200 Guide to Enactment (2002), paras. 13–14.

Bereich vereinheitlicht werden. Grundsätzlich können Harmonisierungsbestrebungen dann geboten sein, wenn zu einem bestimmten Bereich divergierende nationale Regelungen bestehen und eine grenzübergreifende Anwendung und Durchführung durch die verschiedenen Regelungsrahmen als unmöglich erscheint und dies einem internationalen Nutzen im Wege stehen könnte. Die stark zunehmende Globalisierung im Bereich der Wirtschaft hat immer mehr Konflikte mit internationaler Ausrichtung zur Folge, sodass der Trend einer schnellen und interessengerechten Lösung unaufhaltsam scheint. Dies könnte jedoch schwierig werden, sobald in den Ländern der Konfliktparteien unterschiedliche nationale Regelungsvorschriften im Bereich der alternativen Konfliktlösung herrschen und damit eine Lösungsfindung aufgrund der Divergenzen zwischen den nationalen Vorschriften erschweren. Durch eine Harmonisierung können Regelungen zur alternativen Konfliktlösung auf verschiedene Länder überleitet und der Zugang zum Recht über die alternative Konfliktlösung erleichtert werden. Dennoch ist anzumerken, dass eine Harmonisierung und Standardisierung des Schlichtungs- und Mediationsverfahrens nicht alle Schwierigkeiten, die bei einem solchen Verfahren auftreten können, beseitigen kann. Solange es nämlich unterschiedliche Rahmenbedingungen hinsichtlich einiger Aspekte des Schlichtungs- und Mediationsverfahrens gibt, für die UNCITRAL den erlassenden Staaten ein Ermessen einräumt, könnte die Durchführung eines reibungslosen Ablaufs schwierig werden. Auch unterschiedliche wirtschaftliche Rahmenbedingungen können dazu beitragen. Zudem ist zu berücksichtigen, dass das Mediationsverfahren selbst flexibel und nur begrenzt geregelt ist, sodass weiterhin die Problematik bestehen bleibt, solange man den flexiblen Charakter der Mediation beibehalten möchte, um eine Alternative zum Gerichtsverfahren bereitzustellen.

6. Kritik am Modellgesetz von 2002

Das UNCITRAL-Modellgesetz von 2002 hat zur Entwicklung der alternativen Streitbeilegung im Bereich der Schlichtung beigetragen und hat dazu geführt, dass der einheitliche Regelungsrahmen über das Schlichtungsverfahren von mehreren nationalen Gesetzgebern übernommen wurde.[201] Dennoch stieß das Modellgesetz von 2002 im Schrifttum auf Kritik an:

201 Vgl. den Status des Modellgesetzes von 2002, abzurufen unter https://uncitral.un.org/en/texts/arbitration/modellaw/commercial_conciliation/status (zuletzt aufgerufen am 07.06.21).

Insbesondere *Van Ginkel* setzte sich in seinem Beitrag „The UNCITRAL Model Law on International Commercial Conciliation: A Critical Appraisal" mit dem Modellgesetz von 2002 kritisch auseinander.[202] Dazu bewertet er kritisch die Bedeutung der Gestaltungsmöglichkeiten der Parteien sowie die starke Orientierung an den UNCITRAL Conciliation Rules von 1980.[203] Der Hauptkritikpunkt ist, dass das Modellgesetz von 2002 den Gestaltungsmöglichkeiten der Parteien eine wichtige Rolle verleihe. Zwar seien Gestaltungsmöglichkeiten der Parteien aufgrund des flexiblen Charakters des Schlichtungsverfahrens von wichtiger Bedeutung, dennoch führt *Van Ginkel* aus, dass das Modellgesetz von 2002 als bindende Gesetzgebung wünschenswerter gewesen wäre.[204] Dies wird dahingehend begründet, dass durch eine bindende Gesetzgebung des Modellgesetzes eine Partei nicht in der Lage sein würde, einer anderen Partei die Aufhebung des Modellgesetzes aufzuzwingen.[205] Einer der wichtigsten Grundsätze sei die Freiwilligkeit der Parteien, die nicht ausgenutzt werden dürfe. Auch *Alexander* führt in ihrem Beitrag aus, dass das Modellgesetz von 2002 daran scheitere, eine Differenzierung zwischen den Gestaltungsmöglichkeiten der Parteien auf der einen Seite und dem flexiblen Charakter des Schlichtungsverfahrens auf der anderen Seite vorzunehmen.[206]

Des Weiteren beurteilt *Van Ginkel* die Anlehnung des Wortlauts des Modellgesetzes von 2002 an den Wortlaut der UNCITRAL Conciliation Rules von 1980 wie folgt:

„failed to grasp the difference between ... creating a framework for the proper functioning of a conciliation proceeding which should be governed by rules such as the [UNCITRAL Conciliation Rules] ... and drafting a legislative framework that for its main purpose should regulate the interaction between the conciliation proceeding and the legal system outside of it".[207]

---

202 *Van Ginkel,* The UNCITRAL Model Law on International Commercial Conciliatio: A Critical Appraisal, 1–65.

203 *Van Ginkel,* The UNCITRAL Model Law on International Commercial Conciliatio: A Critical Appraisal, 1(7–10).

204 *Van Ginkel,* The UNCITRAL Model Law on International Commercial Conciliation: A Critical Appraisal, 1(7–8).

205 *Van Ginkel,* The UNCITRAL Model Law on International Commercial Conciliation: A Critical Appraisal, 1(7).

206 Vgl. *Alexander,* International and Comparative Mediation – Legal Perspectives, S. 347.

207 *Van Ginkel,* The UNCITRAL Model Law on International Commercial Conciliation: A Critical Appraisal, 1(8).

Hier befürchtet *Van Ginkel*, dass der Unterschied zwischen einem Regelungsrahmen für den ordnungsgemäßen Ablauf eines Schlichtungsverfahrens und einem Rechtsrahmen, dessen Zweck darin besteht, das Zusammenwirken zwischen dem Schlichtungsverfahren und dem Rechtssystem außerhalb dieses Verfahrens zu regeln, nicht erkannt wird. Zudem ist anzumerken, dass die UNCITRAL Conciliation Rules von 1980 über 20 Jahren vor dem Modellgesetz von 2002 entworfen worden sind und somit das Modellgesetz von 2002 an einem Wortlaut angelehnt ist, der vor einem anderen Hintergrund entstanden ist.[208]

Des Weiteren ist ein Blick auf die kurzgefasste Vorschrift des Art. 14 des Modellgesetzes von 2002 zu werfen:

> Article 14
>
> If the parties conclude an agreement settling a dispute, that settlement agreement is binding and enforceable [*the enacting State may insert a description of the method of enforcing settlement agreements or refer to provisions governing such enforcement*].

Hier wird deutlich, dass die Vorschrift keine ausführlichen Regelungen hinsichtlich der Form, des Inhalts sowie der Wirksamkeit von „settlement agreements" bietet[209], sondern lediglich Kernaussagen hinsichtlich der Wirkung der aus der Schlichtung erzielten Vereinbarung trifft.[210] Statt einer Regelung einer einheitlichen Lösung betreffend die Anerkennung und Vollstreckung räumt das Modellgesetz nach Art. 14 den Staaten ein Ermessen hinsichtlich der Umsetzung ein. Problematisch könnte eine divergierende Vorgehensweise sein, in der einerseits das Modellgesetz ein zufriedenstellendes Maß an Harmonisierung und Rechtsklarheit anstrebt und andererseits bestimmte Aspekte des Verfahrens, wie hier die Anerkennung und Vollstreckung der aus der Schlichtung erzielten Vereinbarung, dem innerstaatlichen Recht überträgt. Die Kommission kommentierte zudem, dass die Staaten erwägen sollten, bei der Übernahme des Modellgesetzes in ihre Rechtsordnung so wenig Änderungen wie möglich vorzunehmen und möglichst die Grundprinzipien des Modellgesetzes einzubehalten.[211] Hinsichtlich der Wirkungen der aus der Schlichtung erzielten Vereinbarungen sind nach

---

208 Die UNCITRAL Conciliation Rules von 1980 waren zunächst für die Verwendung innerhalb eines auf die Schiedsgerichtsbarkeit ausgerichteten Rahmens vorgesehen, vgl. auch *Alexander*, International and Comparative Mediation – Legal Perspectives, S. 349.

209 So auch *Binder*, International Commercial Arbitration and Conciliation in UNCITRAL Model Law Jurisdictions, para. 10-098.

210 Guide to Enactment (2002) para. 88.

211 Guide to Enactment (2002), para. 14.

Art. 14 des UNCITRAL-Modellgesetzes lediglich Grundgedanken zu erkennen, sodass hier fraglich bleibt, inwiefern eine Harmonisierung hinsichtlich der Verbindlichkeit und Vollstreckbarkeit von Mediationsvergleichen erreicht wird und Anwendungsdefizite für die Staaten zur Folge haben könnte. Ferne bleibt hier auch fraglich, welche Wirkung die Anerkennung entfaltet. Dies ist deshalb von Bedeutung, da die Anerkennung und Vollstreckung ein erhöhtes Vertrauen der Parteien in die alternative Konfliktlösung bewirken kann und damit von Vorteil wäre, wenn bestimmte Vorgaben das Verfahren für dessen gemeinschaftsbezogene Ausgestaltung bestimmen würden.

Gleichwohl ist zu berücksichtigen, dass die *Working Group II* aus mehreren Experten und Praktikern aus den verschiedensten Ländern besteht und bei der Ausarbeitung des Modellgesetzes unterschiedliche Sichtweisen diskutiert und erläutert hat.[212] Dennoch brachte die UN-Generalversammlung in ihrer *Resolution 73/199*[213] vom 20. Dezember 2018 ihre Überzeugung betreffend eine Überarbeitung des UNCITRAL-Modellgesetzes von 2002 wie folgt zum Ausdruck:

„*... the amendments to the Model Law on International Commercial Conciliation will significantly assist States in enhancing their legislation governing the use of modern mediation techniques and in formulating such legislation where none currently exists*".

Bevor das neue Modellgesetz von 2018 untersucht wird, soll ein Überblick über die Singapore Convention gegeben werden, die parallel neben der Überarbeitung des Modellgesetzes entworfen wurde. In diesem Zusammenhang ist die Frage zu behandeln, warum aus Sicht von UNCITRAL neben dem Modellgesetz von 2018 auch eine Konvention erforderlich war. Dazu ist es notwendig, die Systematik der Konvention zu untersuchen, um daraus den Hintergrund zu erfahren, den UNCITRAL dazu bewegt hat, eine Konvention zur Anerkennung und Vollstreckung von Mediationsvergleichen zu entwerfen.

212 *Binder*, International Commercial Arbitration and Conciliation in UNCITRAL Model Law Jurisdictions, para. 10-006.

213 UN-Doc. A/RES/73/199.

214 Die englische Fassung des Singapur-Übereinkommens ist im Anhang D abgedruckt.

IV. Singapore Convention (2018)[214]

1. Systematik der Regelung

Besonders vor dem Hintergrund, dass aus Sicht von UNCITRAL neben dem Modellgesetz von 2018 die Ausarbeitung einer Konvention für erforderlich gehalten wurde, dessen Gründe später hervorgehoben werden sollen, ist zunächst die Systematik der Regelung zu untersuchen.

Parallel zum Modellgesetz über die Mediation wurde der Entwurf der Singapore Convention realisiert und von der UN-Generalversammlung am 20. Dezember 2018[215] verabschiedet und am 7. August 2019 in Singapur zur Unterzeichnung des Übereinkommens den Vertragsstaaten bereitgestellt.[216] Systematisch ist das Übereinkommen als ein völkerrechtliches Abkommen einzuordnen, welches für Staaten verbindlich ist, die sich entscheiden, diesem Übereinkommen beizutreten.[217] In diesem Punkt unterscheidet sich das Übereinkommen von einem Modellgesetz, welches dagegen lediglich eine Empfehlung an die Staaten darstellt, das Modellgesetz zu übernehmen. Es ist darauf hinzuweisen, dass mit der Unterzeichnung des Übereinkommens die Staaten jedoch nicht unmittelbar an dieses gebunden sind. Hierzu sind weitere Handlungen vorzunehmen, wie die Ratifikation[218] sowie der Beitritt.[219] Hinsichtlich

---

215 UN-Doc. A/RES/73/198.

216 Status: Folgende Staaten haben am 7. August unterzeichnet: Afghanistan, Belarus, Benin, Brunei Darussalam, Chile, China, Kolumbien, Kongo, Demokratische Republik Kongo, Swasiland, Fidschi, Georgien, Grenada, Haiti, Honduras, Indien, Iran, Israel, Jamaika, Jordan, Kasachstan, Laos, Malaysia, Malediven, Mauritius, Montenegro, Nigeria, Nordmazedonien, Palau, Paraguay, Philippinen, Katar, Südkorea, Samoa, Saudi Arabien, Serbien, Sierra Leone, Singapur, Sri Lanka, Osttimor, Türkei, Uganda, Ukraine, USA, Uruguay, Venezuela. Der aktuelle Status des Übereinkommens, abrufbar unter https://uncitral.un.org/en/texts/mediation/conventions/international_settlement_agreements/status (zuletzt aufgerufen am 28.01.21).

217 *Alexander/Chong,* The Singapore Convention on Mediation – A Commentary, p. 5, para. 0.13.

218 Die Ratifikation stellt die Erklärung dar, dass der völkerrechtliche Vertrag als verbindlich anzusehen ist, siehe *Creifelds,* Rechtswörterbuch, S. 1149.

219 *Alexander/Chong,* The Singapore Convention on Mediation – A Commentary, p. 5, para. 0.15; Die Singapore Convention wurde von folgenden Ländern bereits ratifiziert: Ecuador, Fiji, Katar, Saudi-Arabien und Singapur, vgl. den aktuellen Status der Singapore Convention, abzurufen unter https://uncitral.un.org/en/texts/mediation/conventions/international_settlement_agreements/status (zuletzt aufgerufen am 08.06.21).

der Verbindlichkeit eins völkerrechtlichen Abkommens ist zudem anzumerken, dass Abweichungen nur dann zulässig sind, wenn das Übereinkommen Vorbehalte zu seinen Bestimmungen zulässt.[220]

Während die Singapore Convention Bestimmungen zum Mediationsvergleich enthält und im Grunde wortgleich dem neuen dritten Abschnitt des Modellgesetzes entspricht, enthält das Modellgesetz auch allgemeine Regelungen zum Mediationsverfahren.[221] Beide Instrumente zielen darauf ab, die Mediation als Streitbeilegungsmethode für internationale Handelsstreitigkeiten zu fördern.[222] Jedes Instrument versucht dies durch seine eigene Funktion zu erzielen. Während das Modellgesetz daran ansetzt, die jeweiligen Staaten zu unterstützen, die noch über keine allgemeinen Regelungen zum Mediationsverfahren verfügen, strebt die Singapore Convention an, den Einsatz von Mediation als Streitbeilegungsmethode zur Beilegung von internationalen Handelsstreitigkeiten zu fördern, wobei inhaltlich die New Yorker Konvention über die Anerkennung und Vollstreckung ausländischer Schiedssprüche als Vorbild dient.[223]

Doch warum hielt UNCITRAL die Überarbeitung des Modellgesetzes von 2002 für nicht ausreichend und somit neben dem neuen Modellgesetz von 2018 die Ausarbeitung einer Konvention für erforderlich? Damit im Zusammenhang steht die Kritik, die gegenüber dem Modellgesetz von 2002 bereits in dieser Untersuchung ausgeübt wurde.[224] Besonders kritisiert wurde Art. 14 des Modellgesetzes von 2002, welcher die Verbindlichkeit und Vollstreckbarkeit von Mediationsvergleichen allgemein vorsah, jedoch keine näherregelnde Bestimmung enthielt und zu Anwendungsdefiziten führte. Diese Lücke sah auch UNCITRAL und setzte hieran durch die Ausarbeitung einer Konvention neben der Überarbeitung des Modellgesetzes an:

220 Kurze Antwort von UNCITRAL hinsichtlich des Unterschieds zwischen einem Modellgesetz und einer Convention, abzurufen unter https://uncitral.un.org/en/about/faq/texts#model (zuletzt aufgerufen am 22.01.21).

221 Vgl. den ersten und zweiten Abschnitt des Modellgesetzes von 2018.

222 Vgl. die Präambel der Singapore Convention sowie des Modellgesetzes von 2018.

223 Vgl. auch *Alexander*, ZKM 2019, 160 (161, 164).

224 Siehe den Abschnitt „Kritik am Modellgesetz von 2002“ im Teil C, III., 6.

2. Inhalt

a) *Anwendungsbereich*

Nach Art. 1 der Singapore Convention zeigt das Übereinkommen einen engen Anwendungsbereich auf und beschränkt sich auf internationale Mediationsvergleiche. Dazu heißt es in Art. 1 Abs. 1 der Singapore Convention:

> This Convention applies to an *agreement resulting from mediation*[225] and concluded *in writing* by parties to resolve a commercial dispute ("settlement agreement") which, at the time of its conclusion, is *international* [...].

Der Anwendungsbereich der Singapore Convention ist auf Mediationsvergleiche beschränkt, die einen internationalen Charakter aufzeigen. Wann dies der Fall ist, legt Art. 1 Abs. 2 der Singapore Convention fest und entspricht Art. 3 Abs. 2 des Modellgesetzes von 2018. Danach liegt ein internationaler Mediationsvergleich vor, wenn mindestens zwei Parteien zum Zeitpunkt des Abschlusses des Mediationsvergleichs ihre Niederlassungen in verschiedenen Staaten haben.[226] Ein internationaler Mediationsvergleich ist auch dann anzunehmen, wenn zum Zeitpunkt ihres Abschlusses die Niederlassung, von der aus die Verpflichtung aus dem Mediationsvergleich erfüllt werden soll oder zu denen der Streitgegenstand die engste Verbindung aufweist, sich in einem anderen Land befindet.[227] Diesen Ansatz hat das Modellgesetz über die Mediation hinsichtlich der Wirkungen von internationalen Mediationsvergleichen übernommen.[228]

Im Vergleich zur Singapore Convention verwendet die New York Convention hinsichtlich internationaler Schiedssprüche den Begriff „foreign"[229]. Zudem verlangt die New York Convention, dass der Schiedsspruch in einem anderen Staat erlassen wird, als der Staat, in dem die Anerkennung und Vollstreckung solcher Schiedssprüche geltend gemacht wird.[230] Die Folge ist, dass hier ein Sitz des Schiedsgerichts verlangt wird. Ein solcher Sitz wird in der Singapore

225 Hervorhebungen erfolgen durch die Autorin.
226 Vgl. Art. 1 Abs. 1 lit. a Singapore Convention.
227 Vgl. Art. 1 Abs. 1 lit. b Singapore Convention.
228 Vgl. Art. 16 Abs. 4 und Abs. 5 des Modellgesetzes über die Mediation.
229 Der Begriff „foreign" lässt sich grundsätzlich mit „ausländisch" übersetzen; Vgl. hierzu *Herisi*, Aftermath of the Singapore Convention: A comparative Analysis between the Singapore Convention and the New York Convention, in: American Journal of Mediation, 154 (158) und Wolff-*Ehle*, New York Convention, Article I, Rn. 11.
230 Vgl. den Titel der New York Convention sowie Art. I Abs. 1 New York Convention.

Convention für die Mediation nicht vorausgesetzt.[231] D.h., dass die Singapore Convention den Ort, an dem der Mediationsvergleich zustande gekommen ist, verlagert und eine Durchsetzung des Mediationsvergleichs der Gestaltungsfreiheit der durchsetzenden Partei zuspricht.[232] Dies bedeutet gleichzeitig, dass die direkte Vollstreckung nicht unbedingt an dem Ort, an dem der Mediationsvergleich geschlossen wurde, zu erfolgen hat.[233] Eine solche Delokalisierung hat zur Folge, dass kein räumlicher Zusammenhang zwischen der Mediation und einem bestimmten Land hergestellt wird. Ob dies für das internationale Mediationsverfahren angemessen ist, soll in der vorliegenden Arbeit im Abschnitt zum neuen Modellgesetz von 2018 vertieft werden.[234]

Wie auch das Modellgesetz von 2018, aber auch wie bereits das Modellgesetz von 2002, beschränkt sich die Singapore Convention auf die Beilegung von Streitigkeiten in Handelssachen. Im Gegensatz zum Modellgesetz von 2018 führt die Singapore Convention hinsichtlich des Begriffs „commercial" keine Auslegungshilfe durch eine Fußnote ein.[235] Vielmehr zielt das Übereinkommen seinen Anwendungsbereich enger als das Modellgesetz.[236] Hierzu enthält Art. 1 Abs. 2 einige Ausgliederungen aus dem Anwendungsbereich des Übereinkommens. Danach findet das Übereinkommen keine Anwendung auf Sachverhalte, die keine Handelssachen sind, wie Familien-, Erb-, Verbraucher- oder Arbeitssachen. Des Weiteren ist ein Mediationsvergleich, der als Urteil oder Schiedsspruch vollstreckbar ist, ebenfalls vom Anwendungsbereich des Übereinkommens ausgeschlossen.[237] Dadurch werden mögliche Überschneidungen mit der New York Convention vermieden.[238] Besonderen

---

231 Die Problematik eines Orts des Mediationsverfahrens wird ferner im Abschnitt „Der örtliche Anwendungsbereich" im Teil D, I, 1 b) behandelt.

232 *Alexander/Chong,* The Singapore Convention on Mediation – A Commentary, p. 26.

233 Vgl. auch *Alexander,* ZKM 2019, 160 (161).

234 Siehe Teil D, I, 1 b).

235 Vgl. Fußnote 1 zu Art. 1 Abs. 1 des Modellgesetzes von 2018.

236 So auch *Deason,* What's in a Name: The Terms Commercial and Mediation in the Singapore Convention on Mediation, in: Cardozo Journal of Conflict Resolution, 1149 (1153).

237 Vgl. Art. 1 Abs. 3 Singapore Convention.

238 UN-Doc. A/CN.9/942, para. 9: Die Kommission verweist hier zudem auf das Haager Übereinkommen über Gerichtsstandsvereinbarungen (2005) und den Entwurf einer Haager Judgments Convention von 2016 (preliminary draft convention on judgments, under preparation by the Hague Conference on Private International Law, UN-Doc. A/CN.9/896, para. 49).

Einfluss übte die Stellungnahme von Deutschland aus, die in dem *Note by the Secretariat*[239] zusammengefasst ist:[240]

„*The basis of any such instrument is full party autonomy both for the agreement to mediate and for the mediated agreement, including where relevant choice of the applicable law. Consequently, the scope must be limited to commercial agreements between businesses only; […] Otherwise, serious conflicts will arise out of the need to take account of mandatory laws aimed at protecting the interests of weaker parties. If those problems had to be tackled (and it is unclear whether any solution would be possible), the instrument might become overly complex and difficult to use.*“[241]

b) Mediationsbegriff

Mediation wird in Art. 2 Abs. 3 der Singapore Convention wie folgt definiert:

> "Mediation" means a process, irrespective of the expression used or the basis upon which the process is carried out[242], whereby parties attempt to reach an amicable settlement of their dispute with the assistance of a third person or persons ("the mediator") lacking the authority to impose a solution upon the parties to the dispute.

Mediation umfasst demnach jedes Verfahren, in dem die Parteien versuchen, mit Hilfe eines Dritten, dem es an der Befugnis fehlt, den Parteien eine Lösung aufzuzwingen, eine Einigung zu erzielen.[243] Mediation wird in Art. 2 Abs. 3 der Singapore Convention wie auch in Art. 1 Abs. 3 des Modellgesetzes von 2018 weit definiert.[244] Dennoch zeigen beide Definitionen einen unterschiedlichen Wortlaut auf, obwohl die Singapore Convention parallel zur Überarbeitung des Modellgesetzes von 2018 erarbeitet wurde. Während es in Art. 2 Abs. 3 der Singapore Convention heißt „[…] *irrespective of the expression used […]*“, heißt es in Art. 1 Abs. 3 des Modellgesetzes von 2018 „*whether referred to by the expression conciliation, mediation or an expression of similar import*“. Es wird deutlich,

239 UN-Doc. A/CN.9/WG.II/WP.188.

240 Vgl. auch *Deason*, What's in a Name: The Terms Commercial and Mediation in the Singapore Convention on Mediation, in: Cardozo Journal of Conflict Resolution, 1149 (1154–1155).

241 UN-Doc. A/CN.9/WG.II/WP.188, p. 3.

242 Hervorhebungen durch die Autorin.

243 Siehe hierzu auch *Alexander*, ZKM 2019, 160 (162).

244 Siehe den Mediationsbegriff des UNCITRAL-Modellgesetzes von 2018 im Kapitel „Begriffsbestimmung der Mediation“; Vgl. auch *Alexander*, ZKM 2019, 160 (162).

dass das Modellgesetz in Art. 1 Abs. 3 eine präzisere Formulierung wählt. Der Wortlaut in Art. 2 Abs. 3 der Singapore Convention dagegen ist allgemein ausgeführt. Der Grund für den unterschiedlichen Wortlaut könnte in der Rechtsnatur der beiden Regelwerke liegen.[245] Die Singapore Convention als verbindliches Abkommen wählt hier einen allgemeinen und weiten Wortlaut, um den Anforderungen der unterschiedlichen Rechtsordnungen gerecht zu werden. Das Modellgesetz als nichtverbindlicher Regelungsrahmen enthält einen genauen Wortlaut, um den erlassenden Staaten bei der Umsetzung des Modellgesetzes eine Auslegungshilfe zu geben.[246]

Fraglich könnte sein, welche Folgen die begriffliche Abweichung der Mediationsbegriffe haben kann. Dazu ist anzumerken, dass der Mediationsbegriff in Art. 1 Abs. 3 des Modellgesetzes von 2018 auf alle drei Abschnitte des Modellgesetzes anwendbar ist.[247] Anders könnte es sich verhalten, wenn der zweite Abschnitt als alleinstehende Rechtsgrundlage ohne den dritten Abschnitt übernommen wird. Schwierig könnte es dann werden, wenn eine Partei versucht, die begriffliche Abweichung der Mediationsbegriffe gegen die Durchsetzung des Mediationsvergleichs auszunutzen.[248] Dennoch ist darauf hinzuweisen, dass zugunsten der Durchsetzung von Mediationsvergleichen eine wohlwollende Auslegung geboten ist.[249]

---

245 Siehe auch *Alexander/Chong,* The Singapore Convention on Mediation – A Commentary, p. 57, para. 2.21.

246 Auch *Alexander* führt aus, dass die erlassenden Staaten bei der Umsetzung des Modellgesetzes aufgrund seiner flexiblen Rechtsnatur die Möglichkeit haben, vom Wortlaut des Modellgesetzes abzuweichen, vgl. *Alexander/Chong,* The Singapore Convention on Mediation – A Commentary, p. 57, para. 2.21.

247 Art. 1 Abs. 3 UNCITRAL-Modellgesetz über die Mediation (*"For the purposes of this Law, […]"*).

248 *Deason,* What's in a Name: The Terms Conciliation and Mediation in the Singapore Convention on Mediation, in: Cardozo Journal of Conflict Resolution, 1149 (1163–1164).

249 Auch wenn der Mediationsbegriff nach dem Übereinkommen keine Angaben zur dritten Person und damit zur Person des Mediators enthält und dadurch die Abgrenzung zu anderen Verfahren der alternativen Streitbeilegung erschweren könnte, sollte es nicht dem Mediationsbegriff des Modellgesetzes gegenübergestellt werden, da der Mediationsbegriff des Übereinkommens weit verstanden wird und somit auch den Mediationsbegriff des Modellgesetzes von 2018 mit umfassen könnte.

c) Allgemeine Grundsätze

Art. 3 der Singapore Convention entspricht wortgleich dem Art. 17 des Modellgesetzes von 2018 und legt allgemeine Grundsätze fest. Art. 3 Abs. 1 der Singapore Convention verlangt, dass die Vertragsstaaten des Übereinkommens einen Mediationsvergleich in Übereinstimmung mit ihren Verfahrensvorschriften und unter den in der Singapore Convention festgelegten Regelungsbedingungen nicht nur vollstrecken, sondern auch anerkennen. Interessant ist an dieser Stelle, dass UNCITRAL ursprünglich im Hinblick auf Art. 14 des Modellgesetzes von 2002, wo die Verbindlichkeit und Vollstreckbarkeit von Mediationsvergleichen in allgemeiner Form festgelegt war, aufgrund der verschiedenen Rechtsordnungen Anwendungsdefizite fürchtete. Durch Art. 3 Abs. 1 der Singapore Convention wird jedoch deutlich, dass für die Anerkennung und Vollstreckung von Mediationsvergleichen gerade das Zusammenspiel zwischen innerstaatlichem Recht und den in der Singapore Convention enthaltenen Regelungsbedingungen von Bedeutung ist. Einen ähnlichen Ansatz verfolgt die New York Convention, das die Anerkennung und Vollstreckung von Schiedssprüchen den Verfahrensvorschriften des betreffenden Staates unterstellt.[250]

Art. 3 Abs. 2 der Singapore Convention bringt die Rechtswirkung eines Mediationsvergleichs zum Ausdruck. Danach kann der Mediationsvergleich als Einrede in Erkenntnisverfahren geltend gemacht werden. Hierdurch wird gerade deutlich, dass die Singapore Convention nicht ausschließlich die Vollstreckung von Mediationsvergleichen zum Gegenstand hat. Ähnlich verhält es sich bei Art. II Abs. 3 der New York Convention, der die Einrede des Schiedsvertrages festlegt.[251]

Eine vertiefte Auseinandersetzung mit der Vollstreckbarkeit von Mediationsvergleichen und die Geltendmachung als Einrede erfolgt im Abschnitt zu Art. 17 des Modellgesetzes von 2018.[252]

---

250 Vgl. Art. III der New York Convention.

251 Vgl. Art. II Abs. 3 der New York Convention:
The court of a Contracting State, when seized of an action in a matter in respect of which the parties have made an agreement within the meaning of this article, shall, *at the request of one of the parties*, refer the parties to arbitration, *unless it finds that the said agreement is null and void, inoperative or incapable of being performed*; Für eine ausführliche Kommentierung der Vorschrift, vgl. Wolff-*Wilske/Fox*, New York Convention, Article II, Rn. 189 ff.

252 Siehe den Abschnitt „Allgemeine Grundsätze" im Teil D, III, 7 b).

d) *Ablehnungsgründe*

Ferner enthält Art. 5 der Singapore Convention einige Gründe für die Versagung der Anerkennung und Vollstreckung von Mediationsvergleichen.[253] Eine Ähnlichkeit besteht auch hier zur New York Convention, die ebenfalls Gründe für die Versagung der Vollstreckung von Schiedsvereinbarungen festlegt.[254] Demnach ist von der Partei, die gegen die Anerkennung und Vollstreckung des Mediationsvergleichs vorgeht, der Beweis dafür zu erbringen, dass die Gründe für die Versagung der Anerkennung und Vollstreckung vorliegen.[255] Insgesamt lassen sich die Ablehnungsgründe in drei Bereiche einteilen: Versagungsgründe hinsichtlich des Mediationsvergleichs, Versagungsgründe in Bezug auf den Mediator sowie Versagungsgründe betreffend die öffentliche Ordnung und den Streitgegenstand.[256]

Demnach ist nach beiden Vorschriften die Anerkennung und Vollstreckung zu verweigern, wenn eine der Parteien geschäftsunfähig war. Keine Anerkennung und Vollstreckung des Mediationsvergleichs soll es nach Art. 5 Abs. 1 lit. b der Singapore Convention ferner geben, wenn diese unter dem Recht, dem die Parteien es unterstellt haben, nichtig und unwirksam ist, sodass hier die Rechtswahlfreiheit der Parteien befestigt wird. Des Weiteren soll die Anerkennung und Vollstreckung eines Mediationsvergleichs versagt werden, wenn die Verpflichtungen aus dem Mediationsvergleich erfüllt worden sind oder diese nicht klar oder nachvollziehbar[257] waren.[258] Hier werden vertragsrechtliche Eigenschaften genannt, die für die verfahrensrechtliche Seite als ungewöhnlich erscheinen.

Wirft man einen genaueren Blick hin, wird deutlich, dass die Ablehnungsgründe der Singapore Convention im Gegensatz zu den Versagungsgründen der New York Convention ausführlicher ausformuliert sind, die für die Annahme

---

253 Da der Schwerpunkt der vorliegenden Arbeit auf der Untersuchung des Modellgesetzes von 2018 liegt, wird für eine ausführliche Analyse der in Art. 5 der Singapore Convention enthaltenen Ablehnungsgründe für die Anerkennung und Vollstreckung von Mediationsvergleichen auf *Campbell*, International Mediation, S. 51 ff. verwiesen. Dennoch wird darauf hingewiesen, dass das Modellgesetz von 2018 eine ähnliche Vorschrift zu Art. 5 der Singapore Convention enthält, sodass bei der Analyse des Modellgesetzes von 2018 auf die Ablehnungsgründe ausführlich eingegangen wird.

254 Vgl. Art. V der New York Convention.

255 Vgl. Art. 5 Abs. 1 der Singapore Convention.

256 Vgl. auch *Alexander*, ZKM 2019, 160 (163).

257 Im englischen Original: „clear or comprehensible".

258 Vgl. Art. 5 Abs. 1 lit. c Singapore Convention.

von Verfahrensfehlern ungewöhnlich sind.[259] Des Weiteren ist auf Art. 5 Abs. 1 lit. d der Singapore Convention sowie Art. V Abs. 1 lit. d der New York Convention einzugehen, die zwischen der Anerkennung und Vollstreckbarkeit und dem Inhalt des Mediationsvergleichs bzw. der Schiedsvereinbarung einen Zusammenhang herstellen.

Zusammenfassend lässt sich festhalten, dass die Singapore Convention an die New York Convention teilweise inhaltlich angenähert ist, dennoch sich in mancher Hinsicht unterscheidet und nicht alle Elemente der New York Convention enthält. Im Hinblick auf die sprachlichen Differenzierungen zwischen der Singapore Convention und der New York Convention wird deutlich, dass die Singapore Convention hier nicht umfassende Anpassungen vornimmt und den Unterschied zur New York Convention herstellt, die für Schiedssprüche und damit ein justizähnliches Verfahren gedacht ist. Welche Bedeutung jedoch die Singapore Convention neben dem Modellgesetz von 2018 darstellt, soll im Folgenden erläutert werden.

3. Der rechtspolitische Hintergrund der Singapore Convention

Fraglich ist, welchen Zusammenhang die Singapore Convention und das Modellgesetz von 2018 herstellen. Es ist zu untersuchen, warum aus Sicht von UNCITRAL neben der Überarbeitung des Modellgesetzes auch die Ausarbeitung der Singapore Convention erforderlich war. Die Arbeiten an dem Entwurf der Singapore Convention wurden parallel zur Ausarbeitung des Modellgesetzes von 2018 herangezogen.[260] Zum ersten Mal hat die *Working Group II* parallel an zwei verschiedenen Regelungswerken gearbeitet. Es stellt sich die Frage, ob die Ausarbeitung eines völkerrechtlichen Abkommens neben der Überarbeitung des bestehenden Modellgesetzes von 2002, welches in das Modellgesetz von 2018 revidiert wurde, notwendig war.

Um diese Frage beantworten zu können, ist es notwendig, den Hintergrund näher zu betrachten, der die Kommission angeregt hat, das Übereinkommen über die Vollstreckung von Mediationsvergleichen zu entwerfen. Dazu ist ein Blick auf die bisherigen Arbeiten von UNCITRAL im Bereich der außergerichtlichen Streitbeilegung zu werfen. Hier sind besonders die UNCITRAL Conciliation Rules von 1980 und das Modellgesetz von 2002 gemeint, die in der vorliegenden Arbeit bereits vorgestellt wurden. Mit beiden Werken strebte UNCITRAL

259 Gemeint ist etwa Art. 5 Abs. 1 (c) der Singapore Convention.

260 Vgl. UN-Doc. A/73/17, para. 18 ff.

die Harmonisierung und Modernisierung des internationalen Handelsrechts an. UNCITRAL sah mit der zunehmenden Entwicklung des Welthandels die Notwendigkeit von einheitlichen Regelungen für den internationalen Handel. Fraglich ist, was genau unter Einheitlichkeit zu verstehen ist. Bereits bekannt sind im Bereich des Europarechts einige europaweit einheitliche Regelungen, die zur Förderung des Binnenmarkts beitragen.[261] Durch einheitliche Regelungen sollen die gleichen Standards in den unterschiedlichen Rechtsordnungen gesichert werden. Dennoch gibt es Fälle, in denen einheitliche Regelungen einige Aspekte vom Regelungszweck nicht erfassen und damit offenlassen.

UNCITRAL sah aufgrund der Divergenzen in den Gesetzgebungen verschiedener Staaten die Notwendigkeit von „einheitlichen" Regelungen, zweifelte jedoch bereits beim Entwurf der Conciliation Rules von 1980 und des Modellgesetzes von 2002 an einer Regelung betreffend die Anerkennung und Vollstreckbarkeit von Mediationsvergleichen. Dazu wurde in Art. 14 des Modellgesetzes von 2002, der heutige Art. 15 des Modellgesetzes von 2018, die Bestimmung aufgenommen, dass die aus der Schlichtung erzielten Vereinbarungen bindend und vollstreckbar seien. Eine konkrete Regelung, wie eine solche Verbindlichkeit und Vollstreckbarkeit auszusehen haben, ließ sich diesem jedoch nicht entnehmen. Stattdessen wurde den erlassenden Staaten die Regelung eines Durchsetzungsverfahrens überlassen und als Auslegungshilfe zu Art. 14 vorgeschlagen, dass der errichtende Staat die Möglichkeit in Betracht ziehen könnte, das Verfahren zwingend vorzuschreiben.[262] Zwar hat die Anwendung der außergerichtlichen Streitbeilegungsmethode seither zugenommen und mehr Zuspruch gefunden als zuvor.[263] Dennoch wurden für eine umfassende Anwendung der Schlichtung Anwendungsdefizite befürchtet. Es fehlte an einer einfachen und schnellen Durchsetzung.

Das Problem sahen auch die Verfasser.[264] Man entschied sich, die Anerkennung und Vollstreckung internationaler Mediationsvergleiche gleichermaßen zu fördern, wie das New Yorker Übereinkommen die Entwicklung der internationalen Schiedsgerichtsbarkeit erleichtert hat.[265] Umstritten war lange Zeit,

261 Hinzuweisen ist besonders auf die europäischen Richtlinien, wie z.B. die Richtlinie 2011/83/EU des Europäischen Parlaments und des Rates vom 25. Oktober 2011 über die Rechte der Verbraucher.

262 Vgl. die Fußnote zu Art. 14 des Modellgesetzes über die Schlichtung.

263 UN-Doc. A/CN.9/822, para. 4.

264 UN-Doc. A/CN.9/822, para. 6.

265 UN-Doc. A/CN.9/822, para. 6.

in welcher Form eine Förderung der Vollstreckung von Mediationsvergleichen gestaltet werden sollte. Es wurde zwischen der Ausarbeitung von modellgesetzlichen Vorschriften, eines sog. Leitfadens sowie eines Übereinkommens differenziert.[266] Den meisten Zuspruch fand letztlich die dritte Variante in Form eines Übereinkommens, welches sich an dem New Yorker Übereinkommen orientieren sollte.[267]

Der rechtspolitische Hintergrund der Singapore Convention bestand also darin, dem damaligen Art. 14 des Modellgesetzes von 2002 (jetzt Art. 15 des Modellgesetzes von 2018) entgegenzuwirken und die Lücke, die darin bestand, dass Art. 14 des Modellgesetzes von 2002 die Verbindlichkeit und Vollstreckbarkeit von Mediationsvergleichen nur in allgemeiner Form festlegte und zu Anwendungsdefiziten führte, zu schließen.

a) Die Erforderlichkeit einer Konvention neben dem Modellgesetz von 2018

Um die bereits genannte Lücke aus Art. 14 des Modellgesetzes von 2002 zu schließen, hielt UNCITRAL neben der Überarbeitung des Modellgesetzes von 2002 auch die Ausarbeitung einer Konvention für erforderlich. Gründe hierfür können in der unterschiedlichen Funktionsweise der Instrumente liegen.

Es wurde vorgeschlagen, dass das Übereinkommen einen Regelungsrahmen für die Durchsetzung internationaler Mediationsvergleiche bilden sollte, welcher nicht das innerstaatliche Verfahrensrecht verletzt, sondern lediglich Regelungsbedingungen für ein internationales Durchsetzungsverfahren für Mediationsvergleiche zum Gegenstand haben sollte.[268] Doch neben der internationalen Anerkennung und Vollstreckung sollte aus Sicht von UNCITRAL auch die Geltendmachung eines Mediationsvergleichs als Einrede behandelt werden.[269] Denn das Modellgesetz von 2002 habe bereits deutlich gemacht, dass die Ausarbeitung einheitlicher Regelungen für die internationale Anerkennung und Vollstreckung aufgrund unterschiedlicher Gesetzgebungen in den einzelnen Rechtssystemen problematisch sein würde.[270] Aus diesem Grund war die

266 UN-Doc. A/CN.9/WG.II/WP.195, para. 58.
267 UN-Doc. A/CN.9/WG.II/WP.195, para. 59.
268 UN-Doc. A/CN.9/832, para. 22; UN-Doc. A/CN.9/WG.II/WP.195, para. 59.
269 Vgl. UN-Doc. A/CN.9/832, para. 33 ff.
270 UN-Doc. A/CN.9/822, para. 14.

Kommission der Ansicht, dass es umso mehr erforderlich ist, außer die Vollstreckung auch andere Aspekte des Mediationsvergleichs zu behandeln.[271]

In diesem Zusammenhang wäre zu prüfen, welchen Zusammenhang der Inhalt eines Mediationsvergleichs und dessen Anerkennung und Vollstreckung herstellen. Genauer: Fraglich ist, wie es sich auf die Anerkennung und Vollstreckung auswirkt, wenn die Vereinbarung nach materiellem Recht ungültig ist.[272] Hier war man sich jedoch einig, dass von einem Staat nicht verlangt werden kann, einen Mediationsvergleich für vollstreckbar zu erklären, das nach innerstaatlichem Recht verstoßen würde.[273] Dies führte dazu, dass Ablehnungsgründe[274] entworfen wurden, die sowohl den Inhalt von Mediationsvergleichen betreffen können als auch das Recht, dem die Parteien es unterstellen würden.[275]

Die Kommission machte jedoch deutlich, dass die Konvention die Gestaltungsmöglichkeiten der Parteien wahren sollte.[276] Man stellte sich die Frage, ob die Anwendung des Übereinkommens von der Zustimmung der Parteien bedingt sein sollte.[277] Eine Ansicht ging davon aus, dass die Anwendbarkeit des Übereinkommens an die zu erfüllenden Voraussetzungen gebunden sein sollte, ohne jegliche Gestaltungsmöglichkeiten durch die Parteien.[278] Eine andere Ansicht begrüßte die Einbeziehung der Parteien und bewertete es durchaus positiv, dass den Parteien eine solche Wahlmöglichkeit zustehen sollte.[279] In diesem Zusammenhang wurden der *Opt-in-Ansatz*[280] (der die Zustimmung der Parteien für die Anwendung des Übereinkommens erfordern würde) und der *Opt-out-Ansatz*[281] (der es den Parteien ermöglichen würde, die Anwendung des Übereinkommens auszuschließen) erörtert.[282] Die Verfasser machten hinsichtlich des *Opt-in-Ansatzes* den Vorschlag, dass die Frage, ob für die Anwendung

---

271 UN-Doc. A/CN.9/832, para. 15.

272 UN-Doc. A/CN.9/WG.II/WP.188.

273 UN-Doc. A/CN.9/WG.II/WP.188.

274 Vgl. Art. 5 der Singapore Convention.

275 Siehe den Abschnitt „Ablehnungsgründe" im Teil C, IV, 2 d).

276 UN-Doc. A/CN.9/WG.II/WP.190, para. 52.

277 UN-Doc. A/CN.9/896, para. 126.

278 UN-Doc. A/CN.9/896, para. 127; UN-Doc. A/CN.9/901, para. 36; UN-Doc. A/CN.9/WG.II/WP.200, para. 9.

279 UN-Doc. A/CN.9/896, para. 128; UN-Doc. A/CN.9/901, para. 37; UN-Doc. A/CN.9/WG.II/WP.200, para. 9.

280 Vgl. *Alexander/Chong*, The Singapore Convention on Mediation – A Commentary, p. 16, para. 0.46.

281 Vgl. *Alexander/Chong*, The Singapore Convention on Mediation – A Commentary, p. 16, para. 0.46.

282 UN-Doc. A/CN.9/896, para. 128.

des Übereinkommens die Zustimmung der Parteien erforderlich ist, von jedem Staat selbst zu beantworten sei.[283] Danach könne dies in der Form vorgenommen werden, dass die Staaten das Übereinkommen nur insoweit anwenden würden, wie die Parteien des Mediationsvergleichs ihrer Anwendung zugestimmt haben.[284] Dagegen wurde jedoch vorgebracht, dass es für die Parteien schwierig sein könnte, die rechtlichen Folgen und die Bedeutung ihres Handelns im Wege des *Opt-in-Ansatzes* zu beurteilen, sodass dies dem Zweck einer breiten Förderung der Anwendung der internationalen Mediation entgegen stehen würde.[285] Hinsichtlich des *Opt-out-Ansatzes* wurde auf Art. 6 des Übereinkommens der Vereinten Nationen über Verträge über den internationalen Warenkauf[286] (im Folgenden: CISG) verwiesen, welcher den Parteien eines internationalen Kaufvertrags die Möglichkeit einräumt, die Anwendung des Übereinkommens auszuschließen.[287] Die Kommission empfand es als schwierig, die Parteiautonomie in dem Übereinkommen so angemessen wie möglich einzubauen.[288] Dennoch wollte man diese Angelegenheit nicht außer Betracht lassen und zog es vor, die *Opt-in-* sowie *Opt-out-Ansätze* in dem Übereinkommen aufzunehmen und den Staaten das Ermessen einzuräumen, davon abweichen zu können.[289]

Dieser Ansatz entspricht auch der Ansicht der Europäischen Union, wie *Rosner* als Mitglied der EU-Delegation während der Unterzeichnungszeremonie in Singapur deutlich gemacht hat.[290] Dabei habe die EU zunächst ein sog. „Soft-Law Instrument"[291] bevorzugt.[292] Im weiteren Verlauf der Verhandlungen habe sich die EU jedoch für die zweiseitige Variante, also den Entwurf eines Übereinkommens sowie eine Überarbeitung des Modellgesetzes von 2002, einigen können. Zudem liegt die

283 UN-Doc. A/CN.9/896, para. 130; UN-Doc. A/CN.9/901, para. 39; UN-Doc. A/CN.9/WG.II/WP.202, paras. 55–57.

284 UN-Doc. A/CN.9/901, para. 39; UN-Doc. A/CN.9/896, para. 196.

285 UN-Doc. A/CN.9/896, para. 131.

286 United Nations Convention on Contracts for the International Sale of Goods (Vienna, 1980) (CISG), abzurufen unter https://uncitral.un.org/sites/uncitral.un.org/files/media-documents/uncitral/en/19-09951_e_ebook.pdf (zuletzt aufgerufen am 01.03.21).

287 UN-Doc. A/CN.9/896, para. 132.

288 UN-Doc. A/CN.9/896, para. 197.

289 UN-Doc. A/CN.9/896, para. 197.

290 *Rosner* teilte seine Sicht für die Position der EU während der Verhandlungen mit, abzurufen unter https://www.singaporeconvention.org/pdf/2-Report-Lunch-time-Panel.pdf (zuletzt aufgerufen am 09.12.20).

291 Modellgesetzliche Vorschriften fallen in den Bereich des Soft Law.

292 Eine kurze Zusammenfassung der Rede von *Rosner* von der EU-Delegation, abrufbar unter https://www.singaporeconvention.org/pdf/2-Report-Lunch-time-Panel.pdf (zuletzt aufgerufen am 09.12.20).

Opt-in Variante auch im Interesse der EU, indem das Übereinkommen nur dann eingreifen soll, wenn die Parteien seiner Anwendung zugestimmt haben.[293]

Grundsätzlich ist zu berücksichtigen, dass für ein erfolgreiches Mediationsverfahren nicht die Notwendigkeit eines Mediationsvergleichs besteht.[294] D.h., dass der in einem Mediationsverfahren erzielte Vergleich nicht den Erfolg per se indiziert. Es kann immer wieder Fälle geben, in denen die Parteien von dem Inhalt des Mediationsvergleichs abweichen. Das bedeutet aber auch, dass ein erfolgreiches Mediationsverfahren ohne den Abschluss eines formellen Vergleichs enden kann. In diesem Zusammenhang ist anzumerken, dass in der Regel die Verpflichtungen des in der Mediation erzielten Vergleichs von den Parteien freiwillig eingehalten werden und somit keine Vollstreckung notwendig ist.[295] Dennoch könnte die Möglichkeit eines vollstreckbaren Titels das Mediationsverfahren attraktiver gestalten.[296]

Vor diesem Hintergrund schlugen die Vereinigten Staaten auf der Sitzung der Kommission[297] vor, ein Übereinkommen auf staatsvertraglicher Ebene auszuarbeiten, dass nicht nur die Vollstreckung, sondern auch die Geltendmachung eines Mediationsvergleichs als Einrede behandelt.[298] Dies führte nicht nur dazu, dass zunächst die Notwendigkeit eines Übereinkommens in Frage gestellt, sondern auch diskutiert wurde, inwiefern die Anerkennung und Vollstreckung von Mediationsvergleichen das Interesse an der Mediation fördern würde.[299]

In diesem Zusammenhang erging eine Umfrage der *University of Missouri School of Law*[300] über die Anwendung der internationalen Mediation in

---

293 Für eine weitere Orientierung, abzurufen unter https://www.singaporeconvention.org/pdf/2-Report-Lunch-time-Panel.pdf (zuletzt aufgerufen am 09.12.20).

294 Vgl. *Sujecki*, EuZW 2010, 7 (9).

295 *Härtling*, Der Einfluss des Mediationsverfahrens auf Wirksamkeit und Vollstreckbarkeit der Abschlussvereinbarung, S. 59.

296 So auch *Härtling*, Der Einfluss des Mediationsverfahrens auf Wirksamkeit und Vollstreckbarkeit der Abschlussvereinbarung, S. 60.

297 47. Sitzung der Kommission vom 7.–18. Juli 2014 in New York, UN-Doc. A/CN.9/822.

298 UN-Doc. A/CN.9/822.

299 Dazu hat bereits der Guide to Enactment (2002) Stellung bezogen, para. 87: „*Many practitioners have put forward the view that the attractiveness of conciliation would be increased if a settlement reached during a conciliation would enjoy a regime of expedited enforcement or would, for the purposes of enforcement, be treated as or similarly to an arbitral award.*“

300 S.I. Strong, Use and Perception of International Commercial Mediation and Conciliation: A Preliminary Report on Issues Relating to the Proposed UNCITRAL Convention on International Commercial Mediation and Conciliation, abrufbar unter

Handelssachen, die die Kommission bei der Prüfung des Vorschlags unterstützen sollte. An der Umfrage teilgenommen haben praktizierende Mediatoren, Unternehmensanwälte sowie Richter mit der Fachkompetenz in nationalen und internationalen Verfahren. Die Umfrage ergab, dass die Mehrheit der Befragten der Meinung sei, eine Konvention über die Anerkennung und Vollstreckung von Mediationsvergleichen fördere die Anwendung der Mediation.[301] Auf die Frage, wie die Zukunft der internationalen Mediation in Handelssachen aussehe, kam die Mehrheit zum Ergebnis, dass auf Grundlage der Erkenntnis, dass die meisten internationalen Mediationsverfahren durch vertragliche Vereinbarungen vor dem Streitfall veranlasst werden, mit einer Zunahme der internationalen Mediation in Handelssachen zu rechnen sei.[302] Dennoch wird die Durchsetzung von Mediationsvergleichen im internationalen Kontext immer noch als problematisch angesehen. Ein Übereinkommen würde einen einheitlichen Rahmen schaffen und die Durchsetzung von Mediationsvergleichen erleichtern, als wenn sie eine vertragliche Vereinbarung blieben.[303] Hinsichtlich der Notwendigkeit eines Übereinkommens gab die Mehrheit an, dass ein Übereinkommen die Anwendung der Mediation fördern würde, wenn die Länder ein Übereinkommen über die Durchsetzung von Vereinbarungen zur vermittelten Beilegung ratifizieren und damit den Zugang zur Mediation erleichtern würden.[304]

Eine etwas zurückhaltende Sicht äußerte *Prof. Kaufmann-Kohler* während der Unterzeichnungszeremonie der Singapore Convention an, indem sie anmerkte,

---

http://papers.ssrn.com/sol3/papers.cfm?abstract_id=2526302 (zuletzt aufgerufen am 08.12.20).

301 S.I. Strong, Use and Perception of International Commercial Mediation and Conciliation: A Preliminary Report on Issues Relating to the Proposed UNCITRAL Convention on International Commercial Mediation and Conciliation, p. 45, abrufbar unter http://papers.ssrn.com/sol3/papers.cfm?abstract_id=2526302 (zuletzt aufgerufen am 08.12.20).

302 S.I. Strong, Use and Perception of International Commercial Mediation and Conciliation: A Preliminary Report on Issues Relating to the Proposed UNCITRAL Convention on International Commercial Mediation and Conciliation, p. 36, abrufbar unter http://papers.ssrn.com/sol3/papers.cfm?abstract_id=2526302 (zuletzt aufgerufen am 08.12.20).

303 UN-Doc. A/CN.9/WG.II/WP.188.

304 S.I. Strong, Use and Perception of International Commercial Mediation and Conciliation: A Preliminary Report on Issues Relating to the Proposed UNCITRAL Convention on International Commercial Mediation and Conciliation, p. 45, abrufbar unter http://papers.ssrn.com/sol3/papers.cfm?abstract_id=2526302 (zuletzt aufgerufen am 08.12.20).

dass die Schiedsgerichtsbarkeit so komplex und reguliert entwickelt sei, dass sie nun Gerichtsverfahren ähnele. In diesem Zusammenhang betonte sie, wie wichtig es sei, darauf zu achten, dass die internationale Mediation sich nicht auch in die Richtung eines justizähnlichen Verfahrens entwickelt.[305]

Neben der Umfrage der *University of Missouri School of Law* haben die Staaten die Möglichkeit bekommen, hinsichtlich der Schaffung eines Übereinkommens Stellung zu beziehen.[306] Die Stellungnahmen wurden in einer *Note by the Secretariat*[307] zusammengefasst und zeigen im Grunde auf, dass es hinsichtlich der internationalen Vollstreckung von Mediationsvergleichen auf nationaler Ebene weiterhin Differenzen gibt.[308] In einigen Staaten, in denen keine spezifischen Regelungen bestehen, wird auf das allgemeine Vertragsrecht zurückgegriffen.[309] In anderen Staaten wiederum werden Mediationsvergleiche auf unterschiedlicher Weise von einem Gericht für vollstreckbar erklärt.[310] Zudem gibt es Rechtsordnungen, die die Behandlung eines Schiedsspruchs vorsehen und die Anknüpfung an ein Schiedsgerichtsverfahren ermöglichen.[311]

b) Zusammenfassung

Zusammenfassend ist festzustellen, dass aus Sicht von UNCITRAL besonders aus rechtspolitischem Hintergrund neben der Überarbeitung des Modellgesetzes von 2002 auch die Ausarbeitung einer Konvention als erforderlich gesehen wurde, wobei inhaltlich die New Yorker Konvention über die Anerkennung und Vollstreckung ausländischer Schiedssprüche als Vorbild diente. UNCITRAL erhoffte sich denselben Erfolg für die internationale Mediation, wie das New Yorker Übereinkommen für die internationale Schiedsgerichtsbarkeit bereitete. Gleichzeitig wollte man jedoch nicht auf die Ausarbeitung und Ergänzung eines Modellgesetzes verzichten, sodass die Kommission den Kompromiss einging,

---

305 Eine kurze Zusammenfassung der Rede von *Prof. Kaufmann-Kohler*, abrufbar unter https://www.singaporeconvention.org/pdf/3-Report-Panel-2.pdf (zuletzt aufgerufen am 10.12.20).

306 Zu den Stellungnahmen der USA, von Kanada sowie Deutschland, vgl. UN-Doc. A/CN.9/WG.II/WP.188.

307 UN-Doc. A/CN.9/WG.II/WP.187.

308 UN-Doc. A/CN.9/WG.II/WP.187, para. 20.

309 UN-Doc. A/CN.9/WG.II/WP.187, para. 21.

310 UN-Doc. A/CN.9/WG.II/WP.187, paras. 22–25.

311 UN-Doc. A/CN.9/WG.II/WP.187, para. 26; Für einen weiteren Überblick über die verschiedenen Herangehensweisen hinsichtlich der Vollstreckung in den unterschiedlichen Staaten, wird auf die ausführlichen UN-Dokumente verwiesen.

sowohl ein Übereinkommen als auch modellgesetzliche Vorschriften auszuarbeiten, um für die Staaten die Möglichkeit zu schaffen, das Modellgesetz in ihr innerstaatliches Recht zu übernehmen und dem Übereinkommen beizutreten.[312] Hieran wird deutlich, dass die Konvention neben dem Modellgesetz von 2018 dabei verhelfen sollte, den Bekanntheitsgrad der Mediation zu erweitern und zu einer politischen Sichtbarkeit zu verhelfen.

Hinsichtlich der Ausarbeitung eines Übereinkommens sowie der Überarbeitung des Modellgesetzes von 2002 nahm die Generalversammlung in ihrer Resolution 73/199[313] wie folgt Stellung:

„*... the decision of the Commission to concurrently prepare a convention on international settlement agreements resulting from mediation and an amendment to the Model Law on International Commercial Conciliation was intended to accommodate the different levels of experience with mediation in different jurisdictions and to provide States with consistent standards on the cross-border enforcement of international settlement agreements resulting from mediation, without creating any expectation that interested States may adopt either instrument*".

312 UN-Doc. A/CN.9/901, para. 92; Vgl. auch *Deason*, What's in a Name: The Terms Conciliation and Mediation in the Singapore Convention on Mediation, in: Cardozo Journal of Conflict Resolution, 1149 (1161): *Deason* kommentiert wie folgt: „*If the instrument were a convention, then a change in its terminology to 'mediation' would conflict with the language used in the 2002 Conciliation Model Law, which argued a change.*"

313 UN-Doc. A/RES/73/199.

D. Das UNCITRAL-Modellgesetz über die Mediation (2018)[314]

I. Allgemeine Vorschriften

Im Folgenden werden zunächst die allgemeinen Vorschriften des Modellgesetzes von 2018 vorgestellt, die im Wesentlichen Vorschriften des Modellgesetzes von 2002 enthalten.[315] Dazu werden der Anwendungsbereich des Modellgesetzes von 2018 bestimmt, einige grundlegende Begriffe untersucht sowie die Auslegung des Modellgesetzes veranschaulicht.

1. Der Anwendungsbereich des Modellgesetzes

a) Der sachliche Anwendungsbereich

Art. 1 Abs. 1 im ersten Abschnitt des Modellgesetzes von 2018 legt den Anwendungsbereich fest. Danach erstreckt sich der Anwendungsbereich sowohl auf internationale Mediationsverfahren in Handelssachen als auch auf internationale Mediationsvergleiche. Damit bezieht sich das Modellgesetz von 2018, wie auch schon das Modellgesetz von 2002, auf die Beilegung von Streitigkeiten in internationalen Handelssachen. Dass sich das Modellgesetz von 2018 weiterhin auf die Streitbeilegung in internationalen Handelssachen beschränkt und keinen erweiterten Anwendungsbereich aufzeigt, kann mehrere Gründe haben. Eines der Gründe kann der Tätigkeitsschwerpunkt von UNCITRAL darstellen, die sich üblicherweise mit Angelegenheiten in Handelssachen beschäftigen.[316] Ein weiterer Grund könnte darin liegen, dass die Erweiterung des Anwendungsbereichs auf andere Angelegenheiten die Gefahr mit sich bringen könnte, dass es mit anderen Rechtsgrundlagen zu Überschneidungen kommen könnte oder die Divergenzen in dem jeweiligen Gebiet so unterschiedlich in den

---

314 Die englische Fassung des UNCITRAL-Modellgesetzes sowie die dazugehörige Resolution der Generalversammlung der Vereinten Nationen sind im Anhang A und B abgedruckt.

315 Eine Kurzcharakteristik zum Modellgesetz von 2018 ist vorliegend bereits am Anfang des Kapitels „Das UNCITRAL-Modellgesetz über die Mediation von 2018 im Kontext der anderen Regelungen von UNCITRAL im Bereich der Mediation“ erfolgt.

316 Vgl. auch *Alexander/Chong*, The Singapore Convention on Mediation – A Commentary, p. 27.

Rechtsordnungen eingegliedert sind, dass sich die Bereitstellung von Regelungsbedingungen durch ein Modellgesetz als nicht fördernd erweist. Ein Beispiel hierfür stellt der Bereich für Familiensachen dar, welcher aufgrund der verschiedenen rechtskulturellen Unterschiede unterschiedlich in den Rechtsordnungen behandelt wird und ein Modellgesetz in diesem Bereich den verschiedenen nationalen Gegebenheiten nicht gerecht werden könnte.[317]

aa) Der Begriff der Mediation *nach dem Modellgesetz von 2018*

Der Begriff *Mediation* ersetzt den im UNCITRAL-Modellgesetz von 2002 verwendeten Begriff *Conciliation*.[318] Da der Begriff *Mediation* nach Art. 1 Abs. 3 des Modellgesetzes von 2018 bereits zu Beginn der vorliegenden Arbeit[319] erläutert wurde, soll folgend zum Vergleich der Begriff *Conciliation* nach dem Verständnis des Modellgesetzes von 2002 beleuchtet werden:

> Art. 1 Abs. 3 UNCITRAL-Modellgesetz (2002)
>
> For the purposes of this Law, "conciliation" means a process, whether referred to by the expression conciliation, mediation or an expression of similar import, whereby parties request a third person or persons ("the conciliator") to assist them in their attempt to reach an amicable settlement of their dispute arising out of or relating to a contractual or other legal relationship. The conciliator does not have the authority to impose upon the parties a solution to the dispute.

Der Begriff *Conciliation* in Art. 1 Abs. 3 des Modellgesetzes von 2002 kann wie auch der Begriff *Mediation* in Art. 1 Abs. 3 des Modellgesetzes von 2018 weit ausgelegt werden. Nach dem Verständnis des Modellgesetzes von 2002 sind mit dem Begriff *Conciliation* auch Mediationsverfahren gemeint.[320] Die Definitionsmerkmale des Begriffs *Conciliation* in Art. 1 Abs. 3 des Modellgesetzes von 2002 stimmen mit denen des Begriffs *Mediation* in Art. 1 Abs. 3 des Modellgesetzes von 2018 überein. Vor diesem Hintergrund werden in den einschlägigen UN-Dokumenten der Begriff *Conciliation* mit der Auffassung verwendet, dass dieser mit dem Begriff der *Mediation* austauschbar ist.[321]

---

317 Vgl. UN-Doc. A/CN.9/861, para. 42.

318 Die Begriffe *Mediation* und *Conciliation* werden als Synonyme verwendet, siehe auch Titi/Fach Gómez – *Fortún/Iglesia*, Mediation in International Commercial and Investment Disputes, S. 290.

319 S. den Abschnitt „Der Mediationsbegriff des UNCITRAL-Modellgesetzes von 2018" im Teil B I 1.

320 Guide to Enactment (2002) para. 7.

321 Vgl. Fußnote 2 zu Art. 1 Abs. 1 UNCITRAL-Modellgesetz (2018).

Wie sich anhand der Auslegungshilfe in Form der Fußnote 2 zu Art. 1 Abs. 1 des Modellgesetzes von 2018 entnehmen lässt, beschloss die Kommission bei der Ausarbeitung des Modellgesetzes, den Begriff *Mediation* zu verwenden, in dem Bemühen, sich an die tatsächliche und praktische Verwendung der Begriffe anzupassen sowie mit der Erwartung, dass diese Änderung die Förderung und Bekanntheit des Modellgesetzes von 2018 erleichtert.[322] Es wird klargestellt, dass die Änderung der Terminologie keine inhaltlichen oder begrifflichen Auswirkungen haben soll.[323] Der weite Charakter des Begriffs *Conciliation* deutet darauf hin, dass das Modellgesetz von 2002 nicht die Absicht hat, zwischen prozessualen Stilen oder Ansätzen der *Mediation* zu unterscheiden.[324]

(1) Die Änderung des Begriffs und seine terminologische Bedeutung

Zwar brachte die Änderung der Terminologie für UNCITRAL keine wesentlichen Hürden mit sich, jedoch stießen die Verfasser damit bei einigen Staaten auf Kritik. Grund hierfür sind die Begriffsbestimmungen in einigen Rechtsordnungen, in denen zwischen den Begriffen *Conciliation* und *Mediation* unterschieden wird oder andere stark abweichende Begriffe verwendet werden.[325]

---

322 Draft Guide to Enactment (2018), para. 8.

323 Vgl. Fußnote 2 zu Art. 1 Abs. 1 UNCITRAL-Modellgesetz (2018); Siehe auch *Sekolec*, Introduction to the UNCITRAL Model Law on International Commercial Conciliation, in: Yearbook Commercial Arbitration, Vol. XXVII (2002), 398 (398): „*In some cases, the different expressions seem to be more a matter of linguistic usage that the reflection of a particular procedural method.*"; Draft Guide to Enactment and Use of the UNCITRAL Model Law on International Commercial Mediation and International Settlement Agreements Resulting from Mediation (2018), para. 8.

324 Guide to Enactment (2002), para. 32.

325 UN-Doc. A/CN.9/846/Add.1, p. 17–18: Hier wird deutlich, dass die USA den Begriff *Conciliation* verwendet; UN-Doc. A/CN.9/846/Add.2, p. 5: Auch China wendet den Begriff *Conciliation* an; UN-Doc. A/CN.9/846, p. 4–5: Während Armenien den Begriff *Conciliation/Mediation* nutzt, verwendet Österreich den Begriff genau umgekehrt, nämlich *Mediation/Conciliation*; UN-Doc. A/CN.9/WG.II/WP.191: Nach dem indischen innerstaatlichen Recht werden die Begriffe Mediation und *Conciliation* nicht als Synonyme verwendet. Beide Begriffe haben ihre eigene Bedeutung. Danach bedeutet *Conciliation* ein Verfahren, durch das ein von den Parteien oder gegebenenfalls vom Gericht bestellter Schlichter die Streitigkeiten zwischen den Streitparteien unter Anwendung der Bestimmungen des Schiedsgerichts- und Schlichtungsgesetzes von 1996 (26/1996), soweit sie sich auf die Schlichtung beziehen, und insbesondere in Ausübung seiner Befugnisse nach den Abschnitten 67 und 73 dieses Gesetzes schlichtet, indem er Vorschläge zur Beilegung der Streitigkeit macht und die Bedingungen einer möglichen Schlichtung formuliert oder neu formuliert; er hat eine größere Rolle als

Vor diesem Hintergrund befasste sich die *Working Group II* mit der Frage, inwiefern der Begriff *Conciliation* durch den Begriff *Mediation* ersetzt werden soll. Es wurde argumentiert, dass der Begriff *Mediation* ein geläufigerer Begriff sei.[326] Um die Staaten bei der Auslegung der Begriffsbestimmungen zu unterstützen, wurde vorgeschlagen, eine nähere Erläuterung in Form einer Fußnote zum Modellgesetz von 2018 festzuhalten.[327] Dazu haben die Verfasser wie folgt erläutert:

„'Mediation' is a widely used term for a process where parties request a third person or persons to assist them in their attempt to reach an amicable settlement of their dispute arising out of, or relating to, a contractual or other legal relationship. In its previously adopted texts and relevant documents, UNCITRAL used the term 'conciliation' with the understanding that the terms 'conciliation' and 'mediation' were interchangeable. In preparing the amendment to the Model Law, the Commission decided to use the term 'mediation' instead in an effort to adapt to the actual and practical use of the terms and with the expectation that this change will facilitate the promotion and heighten the visibility of the Model Law. This change in terminology does not have any substantive or conceptual implications."[328]

Heute befindet sich in Fußnote 2 zu Art. 1 Abs. 1 des Modellgesetzes von 2018 folgende Beschreibung:

„In its previously adopted texts and relevant documents, UNCITRAL used the term 'conciliation' with the understanding that the terms 'conciliation' and

---

ein Mediator. Dagegen stellt *Mediation* ein Verfahren dar, durch das ein von den Parteien bzw. vom Gericht ernannter Mediator die Streitigkeit zwischen den Prozessparteien unter Anwendung der Bestimmungen der Mediationsordnung vermittelt, insbesondere durch Erleichterung der Diskussion zwischen den Parteien direkt oder durch Kommunikation miteinander durch den Mediator, durch Unterstützung der Parteien bei der Identifizierung von Fragen, Verringerung von Missverständnissen, Klärung von Prioritäten, Erkundung von Kompromissbereichen, Generierung von Optionen bei dem Versuch, die Streitigkeit zu lösen, und Betonung, dass es in der Eigenverantwortung der Parteien liegt, Entscheidungen zu treffen, die sie beeinflussen.

326 UN-Doc. A/CN.9/867, para. 120; UN-Doc. A/CN.9/WG.II/WP.205, para. 4; UN-Doc. A/CN.9/934, para. 16.

327 UN-Doc. A/CN.9/WG.II/WP.205, para. 5; Vgl. UN-Doc. A/CN.9/WG.II/WP.205/Add.1, para. 6, footnote 3.

328 UN-Doc. A/CN.9/WG.II/WP.205, para. 5; Vgl. UN-Doc. A/CN.9/WG.II/WP.205/Add.1, para. 6, footnote 3.

'mediation' were interchangeable. In preparing this Model Law, the Commission decided to use the term 'mediation' instead in an effort to adapt to the actual and practical use of the terms and with the expectation that this change will facilitate the promotion and heighten the visibility of the Model Law. This change in terminology does not have any substantive or conceptual implications."[329]

(2) Zusammenfassung

Abschließend lässt sich festhalten, dass die *Working Group II* keinen Grund für eine Unterscheidung der Begriffe *Conciliation* und *Mediation* sieht.[330] Aufgrund seiner formlosen Art hält die Kommission einen umfassenden Begriff für angemessen.[331]

Dazu im Vergleich soll die Herangehensweise der *International Chamber of Commerce*[332] (ICC) berücksichtigt werden. Grundsätzlich ordnet die ICC die Begriffe *Conciliation* und *Mediation* ebenfalls als Synonym und zur gleichen Verfahrensart ein, erließ jedoch früher unterschiedliche Verfahrensregeln.[333] Dies änderte sich mit der Neuregelung der Verfahrensregeln am 1. Januar 2001. Die *ICC Rules of Optional Conciliation*[334] wurden durch die *ICC ADR Rules*[335] ersetzt.[336] Diese wiederum wurden am 1. Januar 2014 aktualisiert und umbenannt in *ICC Mediation Rules*.[337] Auch die ICC entschied sich somit im Hinblick

329 Hier wird auf das oben Gesagte verwiesen.

330 Guide to Enactment (2002), para. 7; UN-Doc. A/73/17, para. 19; UN-Doc. A/CN.9/934, para. 16.

331 *Binder*, International Commercial Arbitration and Mediation in UNCITRAL Model Law Jurisdictions, p. 568.

332 Die ICC ist eine Wirtschaftsorganisation mit mehreren Vertretern in unterschiedlichen Ländern, welche der UN-Beobachterstatus verliehen wurde. Dieser ermöglicht den Vertretern ein Teilnahme- oder Rederecht an den Sitzungen der Vereinten Nationen, weitere Informationen sind abzurufen unter https://www.iccgermany.de/ueber-icc-germany/ziele-und-arbeitsweise/un-beobachterstatus/ (zuletzt aufgerufen am 18.06.21).

333 *Verbist*, The 2014 ICC Mediation Rules, in: Festschrift für Siegfried H. Elsing zum 65. Geburtstag, S. 599.

334 Die ICC Rules of Optional Conciliation sind am 1. Januar 1988 in Kraft getreten.

335 Die ICC ADR Rules traten am 1. Januar 2001 in Kraft.

336 Für einen historischen Überblick über die ICC ADR Rules, siehe *Verbist*, Historical Overview of Alternative Dispute Settlement Rules of the ICC, in: Festschrift für Siegfried H. Elsing zum 65. Geburtstag, S. 592 ff.

337 Ein Überblick über die aktuellen Verfahrensregeln der ICC für das Mediationsverfahren, abzurufen unter https://iccwbo.org/dispute-resolution-services/mediation/mediation-rules/ (zuletzt aufgerufen am 18.06.21).

auf die praktische Relevanz für den Begriff der *Mediation*. In den „Mediation Guidance Notes“[338] der ICC lässt sich betreffend die Begrifflichkeiten folgender Kommentar finden:

„Internationally, the terms 'conciliation' and 'mediation' are used sometimes to describe processes that are substantively the same and sometimes to describe processes that are similar but have some differences. Where there are substantive differences, there is no uniform understanding of what those differences are. Mediation as referred to in the ICC Mediation Rules and these Mediation Guidance Notes is a concept sufficiently broad to encompass both mediation and conciliation.“

Danach nimmt die ICC hier an, dass es zwischen den Begriffen *Conciliation* und *Mediation* gewisse Unterschiede geben kann, dennoch der Begriff *Mediation* derart weit gefasst ist, dass dieser auch die *Conciliation* umfasst.

bb) „International“

(1) „Internationalität“ für das Mediationsverfahren

Das Modellgesetz von 2018 setzt wie auch das Modellgesetz von 2002 eine „Internationalität“ der Mediation voraus. Die Voraussetzungen für das Vorliegen eines internationalen Charakters waren bisher in Art. 1 Abs. 4 des Modellgesetzes von 2002 enthalten. Das Modellgesetz von 2018 verlagert diese Vorschrift in Art. 3 Abs. 2 des zweiten Abschnitts.[339] Der Grund für die Aufspaltung könnte in der Struktur des neuen Modellgesetzes liegen, die sich durch die Unterteilung in drei Abschnitte kennzeichnet, wobei der zweite Abschnitt sich auf das Mediationsverfahren bezieht und die „Internationalität“ der Mediation enthält und der dritte Abschnitt, welcher Regelungsbedingungen für den Mediationsvergleich zum Gegenstand hat, die „Internationalität“ der Wirkungen des Mediationsvergleichs bestimmt.[340] Vor dem Hintergrund, dass der zweite und dritte Abschnitt des Modellgesetzes auch getrennt voneinander übernommen werden können, erscheint diese Aufspaltung auch sinnvoll, sodass unabhängig davon, welcher

---

338 „Mediation Guidance Notes“, ICC Publication 870, 2013, p. 6, abzurufen unter https://iccwbo.org/content/uploads/sites/3/2014/12/icc-mediation-guidance-notes-english.pdf (zuletzt aufgerufen am 06.03.21).

339 Vgl. UN-Doc. A/CN.9/WG.II/WP.205, paras. 13–15.

340 Wie sich die „Internationalität“ der Mediation von der „Internationalität“ des Mediationsvergleichs unterscheidet, wird im Abschnitt „International agreements“ im Teil D, III, 1 bb) behandelt.

Abschnitt des Modellgesetzes übernommen wird, die jeweilige Bestimmung der „Internationalität" enthalten ist.

Inhaltlich stellt Art. 3 Abs. 2 des Modellgesetzes von 2018 lediglich eine Wiederholung des Art. 1 Abs. 4 des Modellgesetzes von 2002 dar. Danach ist das Erfordernis der „Internationalität" erfüllt, wenn die Parteien einer Mediationsvereinbarung[341] zum Zeitpunkt des Abschlusses der Vereinbarung ihre Niederlassungen in verschiedenen Staaten haben oder wenn der Staat, in dem entweder ein wesentlicher Teil der Verpflichtungen aus der Handelsbeziehung zu erfüllen ist oder mit dem der „Streitgegenstand" ("subject matter of the dispute")[342] am engsten verbunden ist, sich von dem Staat unterscheidet, in dem die Parteien ihre Niederlassungen haben.[343]

Des Weiteren kann es Fälle geben, in denen die Parteien mehrere oder keine Niederlassungen haben. Im ersten Fall ist diejenige Niederlassung maßgeblich, die die engste Beziehung zur Mediationsvereinbarung aufzeigt.[344] Hat eine Partei keine Niederlassung, wird auf den gewöhnlichen Aufenthalt der Partei Bezug genommen.[345]

(2) Vereinbarkeit mit der „Internationalität" der Wirkungen des Mediationsvergleichs

Folgend soll auf die „Internationalität" der Wirkungen eines Mediationsvergleichs eingegangen werden, die abgesehen vom zeitlichen Zusammenhang übereinstimmend mit der „Internationalität" des Mediationsverfahrens geregelt wird.

(i) Inwieweit besteht ein inhaltlicher Zusammenhang zwischen der „Internationalität" des Mediationsverfahrens und der „Internationalität" der Wirkung eines Mediationsvergleichs?

Hinsichtlich der „Internationalität" von Mediationsvergleichen diskutierte die *Working Group II*, ob für die Annahme eines internationalen Mediationsvergleichs auf den Zeitpunkt der Vereinbarung zur Durchführung des Mediationsverfahrens oder auf den Zeitpunkt der Einigung über den Mediationsvergleich

341 Die Mediationsvereinbarung stellt die Einigung der Parteien dar, für die Beilegung ihrer Streitigkeit ein Mediationsverfahren durchzuführen.

342 Vgl. Art. 3 Abs. 2 (b) (ii) des Modellgesetzes von 2018.

343 Draft Guide to Enactment (2018), para. 40.

344 Vgl. Art. 3 Abs. 3 lit. (a) UNCITRAL-Modellgesetz (2018).

345 Vgl. Art. 3 Abs. 3 lit. (b) UNCITRAL-Modellgesetz (2018).

abgestellt werden sollte.[346] Eine Ansicht war, dass die Definition des Begriffs „international" vielmehr auf das Mediationsverfahren als auf Mediationsvergleiche bezogen ist.[347] Die *Working Group II* ist der Ansicht, dass sich der internationale Charakter eines Mediationsvergleichs aus dem internationalen Charakter des Mediationsverfahrens ergibt.[348] Eine andere Ansicht vertrat die Auffassung, dass das Abstellen auf den Zeitpunkt der Einigung eines Mediationsvergleichs mit dem Ansatz der Singapore Convention übereinstimmen würde, sodass es abgesehen von der Rechtsnatur der Konvention und des Modellgesetzes, keine grundlegenden Unterschiede hinsichtlich der Bestimmungen zum Mediationsvergleich zwischen den beiden Regelungswerken geben würde.[349] Zudem würde diese Vorgehensweise auch mit den Fällen vereinbar sein, in denen keine Mediationsvereinbarung zur Durchführung eines Mediationsverfahrens getroffen wird.[350]

Andererseits wurden auch andere Rechtsordnungen herangezogen, in denen die überwiegende Mehrheit hinsichtlich der Vollstreckung von Mediationsvergleichen keine Unterscheidung zwischen internationaler und nicht internationaler Mediation vornimmt und im Allgemeinen für beide Fälle das gleiche Verfahren anwendet.[351]

In diesem Zusammenhang hinterfragte die *Working Group II* auch, ob das Modellgesetz von 2018 sich allgemein mit Mediationsvergleichen befassen sollte, die sich aus einer Mediation ergeben, unabhängig davon, ob es sich um ein internationales nicht internationales Verfahren handelt.[352] Eine Ansicht war, dass der Anwendungsbereich des Modellgesetzes auf Mediationsvergleiche beschränkt werden sollte, die sich aus einem internationalen Mediationsverfahren ergeben, das sich von einem nicht internationalen Verfahren unterscheide.[353] Es wurde festgestellt, dass es für Rechtsordnungen, die bereits über eine Regelung betreffend die Vollstreckung von Mediationsvergleichen verfügen, die sich aus einem Mediationsverfahren ohne Auslandsbezug ergeben, umständlich wäre, eine

346 Vgl. UN-Doc. A/CN.9/934, para. 122.

347 UN-Doc. A/CN.9/896, para. 158; UN-Doc. A/CN.9/WG.II/WP.205, para. 12.

348 UN-Doc. A/CN.9/896, para. 19; UN-Doc. A/CN.9/896, para. 158; UN-Doc. A/CN.9/934, para. 124.

349 Vgl. UN-Doc. A/CN.9/934, para. 123.

350 *Binder,* International Commercial Arbitration and Mediation in UNCITRAL Model Law Jurisdictions, p. 635.

351 UN-Doc. A/CN.9/WG.II/WP.190, para. 29.

352 UN-Doc. A/CN.9/WG.II/WP.190, para. 29.

353 UN-Doc. A/CN.9/861, para. 30.

Regelung anzunehmen oder sich für eine solche zu entscheiden, die sowohl internationale als auch nicht internationale Mediationsverfahren umfasse.[354] Eine andere Ansicht war, dass es nicht notwendig sei, zwischen internationalen und nicht internationalen Mediationsverfahren zu unterscheiden, da der Schwerpunkt des Modellgesetzes von 2018 nicht auf dem Mediationsverfahren liege, sondern auf der internationalen Durchsetzung von Mediationsvergleichen.[355] Viele Rechtsordnungen würden bereits nicht zwischen internationalen Mediationsverfahren und Mediationsverfahren ohne Auslandsbezug unterscheiden.

Die *Working Group II* sieht den Grund für die unterschiedlichen Definitionen darin, dass das Ergebnis einer internationalen Mediation nicht unbedingt ein „internationaler" Mediationsvergleich sein muss.[356] Hierzu ist besonders Art. 15 des Modellgesetzes heranzuziehen, welcher die Verbindlichkeit und Vollstreckbarkeit von Mediationsvergleichen anordnet, ohne zu fordern, dass solche international sein sollen bzw. nicht darauf eingeht, ob eine Unterscheidung zwischen internationalen und nicht internationalen Mediationsvergleichen besteht.[357] Damit wird deutlich, dass das Ergebnis einer internationalen Mediation nicht unbedingt ein „internationaler" Mediationsvergleich sein muss.[358] Warum Art. 15 letztlich im zweiten Abschnitt des Modellgesetzes von 2018 enthalten ist, wird bei der Untersuchung der Wirkung des Mediationsvergleichs behandelt.[359]

Folglich entschied sich die *Working Group II* dafür, dass das Modellgesetz von 2018 hinsichtlich der Wirkung eines internationalen Mediationsvergleichs eine eigene Definition der „Internationalität" enthalten sollte, die zwar mit der Definition eines internationalen Mediationsverfahrens übereinstimmt, sodass bekräftigt wird, dass sich die „Internationalität" der Wirkung eines Mediationsvergleichs aus dem internationalen Charakter des Mediationsverfahrens ergeben kann, dennoch zwischen einem internationalen Mediationsverfahren und einem internationalen Mediationsvergleich zu unterscheiden ist.[360]

---

354 UN-Doc. A/CN.9/861, para. 30.

355 UN-Doc. A/CN.9/861, para. 31.

356 Draft Guide to Enactment and Use of the UNCITRAL Model Law on International Commercial Mediation and International Settlement Agreements Resulting from Mediation (2018), para. 43.

357 UN-Doc. A/CN.9/934, para. 125.

358 UN-Doc. A/CN.9/1025, para. 43; Draft Guide to Enactment and Use of the UNCITRAL Model Law on International Commercial Mediation and International Settlement Agreements Resulting from Mediation (2018), para. 43.

359 Siehe den Abschnitt „Außenwirkung" im Teil D, III, 4.

360 UN-Doc. A/CN.9/896, para. 163; UN-Doc. A/CN.9/1025, para. 43.

Des Weiteren enthält Fußnote 7 zu Art. 16 Abs. 4 des Modellgesetzes von 2018 eine folgende Auslegungshilfe:

„A State may consider *broadening the definition of 'international'*[361] settlement agreement by adding the following subparagraph to paragraph 4: A settlement agreement is also 'international' if it results from international mediation as defined in article 3, paragraphs 2, 3 and 4."

Danach wird den Staaten für eine Erweiterung des Begriffs „international settlement agreement" empfohlen, einen Verweis auf Art. 3 des Modellgesetzes in der genannten Weise vorzunehmen.

(ii) „Internationalität" der Wirkung eines Mediationsvergleichs

Art. 16 Abs. 4 des dritten Abschnitts des Modellgesetzes bestimmt die „Internationalität" der Wirkungen eines Mediationsvergleichs, welcher mit Art. 3 Abs. 2 des Modellgesetzes inhaltlich übereinstimmt. Vorliegend hat die Untersuchung des inhaltlichen Zusammenhangs zwischen der „Internationalität" des Mediationsverfahrens und der Wirkung des Mediationsvergleichs ergeben, dass der Unterschied der beiden Vorschriften hinsichtlich der Bestimmung des internationalen Charakters nicht in den Umständen liegt, die einen internationalen Fall indizieren, sondern in dem maßgeblichen Zeitpunkt der Festlegung eines solchen Falles.[362] Entscheidend ist für das Vorliegen eines internationalen Mediationsvergleichs nach Art. 16 Abs. 4 der Zeitpunkt der Vereinbarung des Mediationsvergleichs:[363]

> A settlement agreement is "international" if, at the time of the conclusion of the settlement agreement:
>
> (a) At least two parties to the settlement agreement have their places of business in different States; or
>
> (b) The State in which the parties to the settlement agreement have their places of business is different from either:
>
> (i) The State in which a substantial part of the obligations under the settlement agreement is to be performed; or
>
> (ii) The State with which the subject matter of the settlement agreement is most closely connected.

361 Hervorhebungen durch die Autorin.

362 Nach Art. 3 Abs. 2 des Modellgesetzes von 2018 wird auf den Zeitpunkt des Abschlusses einer Mediationsvereinbarung abgestellt.

363 Draft Guide to Enactment (2018), para. 116.

Nach Art. 16 Abs. 4 lit. a liegt ein internationaler Mediationsvergleich vor, wenn mindestens zwei Parteien ihre Niederlassung in verschiedenen Staaten haben. Die Definition des Begriffs „international" stimmt hier mit Art. 3 Abs. 2 des Modellgesetzes überein. *Binder* merkt hinsichtlich des Wortlauts des Art. 16 Abs. 4 lit. a jedoch an, dass hier die Rede von „*two*[364] parties" ist, während es in Art. 3 Abs. 2 „*the* parties" heißt.[365] Die Konsequenz, so *Binder*, könnte sein, dass ein normalerweise nicht internationaler Mediationsvergleich in einen internationalen übergeht, aus dem Grund, dass es zwei oder mehre Parteien auf einer Seite gibt, die zufällig ihren Ort der Niederlassung in verschiedenen Staaten haben.[366]

Des Weiteren sind nach Art. 16 Abs. 4 lit. b – ähnlich wie in Art. 3 Abs. 2 – Mediationsvergleiche dann international, wenn der Staat, in dem die Parteien ihre Niederlassung haben, sich von dem Staat unterscheidet, in dem ein wesentlicher Teil der Verpflichtungen aus dem Mediationsvergleich zu erfüllen ist oder von dem Staat, mit dem der „Streitgegenstand" ("subject matter of the settlement agreement") des Mediationsvergleichs am engsten verbunden ist.

Zusammenfassend ist festzustellen, dass sich der internationale Charakter der Wirkung eines Mediationsvergleichs nicht zwingend aus dem internationalen Charakter des Mediationsverfahrens gibt. Vielmehr werden durch Art. 16 Abs. 4 des Modellgesetzes von 2018 eigene Kriterien bereitgestellt, anhand dieser das Vorliegen von internationalen Mediationsvergleichen zu bestimmen ist. Zwar stellen diese inhaltlich eine Wiederholung der Kriterien von Art. 3 Abs. 2 des Modellgesetzes von 2018 dar, die für das Vorliegen eines internationalen Mediationsverfahrens herangezogen werden, jedoch unterscheiden sich beide Vorschriften in dem Zeitpunkt der Festlegung eines internationalen Falles. Während Art. 3 Abs. 2 auf den Zeitpunkt der Vereinbarung zur Durchführung eines Mediationsverfahrens abstellt, ist nach Art. 16 Abs. 4 der Zeitpunkt der Einigung eines Mediationsvergleichs maßgeblich. Fraglich ist, welche Relevanz vorliegend die zeitliche Anknüpfung haben kann. Daraus könnte hergeleitet werden, dass ein internationaler Mediationsvergleich angenommen wird, obwohl das Mediationsverfahren selbst nicht international war (dies könnte z.B. dann vorliegen, wenn eine Partei ihre Niederlassung nach Beginn des Mediationsverfahrens und

364 Hervorhebung durch die Autorin.

365 *Binder*, International Commercial Arbitration and Mediation in UNCITRAL Model Law Jurisdictions, p. 642.

366 *Binder*, International Commercial Arbitration and Mediation in UNCITRAL Model Law Jurisdictions, p. 642.

vor Abschluss des Mediationsvergleichs in einen anderen Staat als die andere Partei verlegt hat).[367] Ferner könnte hierdurch auch abgeleitet werden, dass für die Anwendung des dritten Abschnitts des Modellgesetzes nicht zwingend das Mediationsverfahren durch eine Mediationsvereinbarung eingeleitet werden muss.[368]

cc) „Commercial"

(1) „Commercial mediation"

Wie auch im Modellgesetz von 2002 wird im Modellgesetz von 2018 der Begriff der Handelssachen nicht definiert. Es wird diesbezüglich weiterhin an einer Auslegungshilfe in Form einer Fußnote[369] festgehalten, wobei durch die Aufzählung bestimmter Geschäfte der Begriff der Handelssachen erläutert wird:

> *„The term 'commercial' should be given a wide interpretation so as to cover matters arising from all relationships of a commercial nature, whether contractual or not. Relationships of a commercial nature include, but are not limited to, the following transactions: any trade transaction for the supply or exchange of goods or services; distribution agreement; commercial representation or agency; factoring; leasing; construction of works; consulting; engineering; licensing; investment; financing; banking; insurance; exploitation agreement or concession; joint venture and other forms of industrial or business cooperation; and carriage of goods or passengers by air, sea, rail or road."*

Danach umfasst der Begriff Handelssachen alle Angelegenheiten, die sich aus vertraglicher sowie nicht vertraglicher Handelsbeziehungen ergeben, sodass der Begriff umfassend und weit gefasst ist.[370] Des Weiteren werden eine Reihe von Vertragsarten aufgezählt, die eine handelsrechtliche Beziehung aufzeigen.[371] Durch die Aufzählung wird deutlich, dass sich das Modellgesetz nicht auf ein

---

367 Vgl. Draft Guide to Enactment (2018), para. 116.

368 Vgl. UN-Doc. A/CN.9/934, para. 123.

369 Vgl. Fußnote 1 zu Art. 1 Abs. 1 des Modellgesetz von 2018.

370 Draft Guide to Enactment (2018), para. 30.

371 Gemeint sind „Geschäfte über Austausch oder Lieferung von Waren oder die Erbringung von Dienstleistungen, Vertriebsvereinbarungen, Handelsvertretung oder Stellvertretung, Factoring, Leasing, Bauverträge, Beraterverträge, Engineering, Lizenzverträge, Investmentgeschäfte, Finanzierungs- sowie Bank- und Versicherungsleistungen, Pacht- und Konzessionsverträge, Joint Ventures und andere Kooperationsformen sowie Rechtsbeziehungen im Güter- und Personentransport."

bestimmtes Geschäft beschränken will, aber auch kein bestimmtes Geschäft von der Anwendung ausklammert. Anders als Art. 16 Abs. 2 des Modellgesetzes wird in Art. 1 keine ausdrückliche Ausklammerung von Verbrauchergeschäften vorgenommen. Unter Heranziehung der Aufzählungen bestimmter Geschäfte in der Fußnote zu Art. 1 könnte hier angenommen werden, dass grundsätzlich auch Verbrauchergeschäfte einbezogen sind.

Denn eine andere Möglichkeit als die Aufzählung mehrerer Geschäfte wäre die ausdrückliche Ausklammerung bestimmter Geschäfte gewesen. Dies spricht dafür, dass die *Working Group II* hier entweder keine Ausklammerung von bestimmten Geschäften vornehmen wollte, um keine abschließende Regelung vorzunehmen, oder wie auch an anderen Stellen des ersten und zweiten Abschnitts des Modellgesetzes, sich inhaltlich an das Modellgesetz von 2002 anlehnt.

Anders als die Singapore Convention verwendet das Modellgesetz von 2018 an mehreren Stellen die Auslegungsmethode durch Fußnoten. Der Zweck der Auslegungshilfe in Form von Fußnoten liegt darin, umfassend zu sein sowie Unklarheiten hinsichtlich von Begriffen, die im nationalen Recht auftreten können, zu überwinden.[372] Dies könnte besonders für Länder nützlich sein, in denen unterschiedliche Bedeutungen hinsichtlich des Handels existieren, sodass das Modellgesetz eine weite Definitionsbreite anbietet und klarstellt, dass der Begriff des Handels nicht lediglich bedeutet, was die nationalen Regelungen vorschreiben.[373] Hier orientierte sich die *Working Group II* an das Modellgesetz über die internationale Handelsschiedsgerichtsbarkeit, wo auch die Auslegungshilfe in Form von Fußnoten erfolgt.[374] Fraglich ist, wie sich Auslegungshilfen in Form von Fußnoten in Gesetzgebungen auswirken, in denen keine Fußnotentechnik anerkannt wird.[375] Hier gibt es die Möglichkeit, den Text der Fußnote des Modellgesetzes in den Gesetzestext selbst aufzunehmen.[376]

---

372 UN-Doc. A/CN.9/468, para. 21; UN-Doc. A/CN.9/485, paras. 113–116; Guide to Enactment and Use of the UNCITRAL Model Law on International Commercial Conciliation, para. 29; UN-Doc. A/CN.9/1025, para. 30.

373 Guide to Enactment (2002), para. 29; *Deason,* What's in a Name: The Terms Commercial and Mediation in the Singapore Mediation Convention, in: Cardozo Journal of Conflict Resolution, 1149 (1152).

374 *Hußlein-Stich,* Das UNCITRAL-Modellgesetz über die internationale Handelsschiedsgerichtsbarkeit, S. 8.

375 Guide to Enactment and Use of the UNCITRAL Model Law on International Commercial Conciliation, para. 29.

376 UN-Doc. A/CN.9/1025, para. 30.

(2) „Commercial settlement agreements“

Anders als Art. 1 im ersten Abschnitt des Modellgesetzes sieht Art. 16 Abs. 2 im dritten Abschnitt des Modellgesetzes hinsichtlich des Begriffs der Handelssachen keine Auslegungshilfe in Form einer Fußnote vor. Stattdessen nimmt das Modellgesetz an dieser Stelle eine Ausklammerung von bestimmten Geschäften vor. Dazu gehört unter anderem die ausdrückliche Ausklammerung von Verbrauchergeschäften.[377] Eine solche Ausklammerung von bestimmten Geschäften ist auch in der Singapore Convention enthalten.[378] Der Grund für diese Differenzierung könnte in der inhaltlichen Übereinstimmung des dritten Abschnitts des Modellgesetzes mit der Singapore Convention liegen. Denn wie bereits die Untersuchung gezeigt hat, sind Auslegungsmethoden in Form von Fußnoten in der Konvention nicht enthalten, sodass stattdessen ausdrücklich eine Auflistung von bestimmten Geschäften erfolgt, die nicht von dem Begriff der Handelssachen umfasst sind.

dd) Zusammenfassung

Im Hinblick auf die Änderung des Begriffs von *Conciliation* zu *Mediation* ist zusammenzufassen, dass diese als Synonyme verwendet werden und die Begriffsänderung keine wesentlichen Auswirkungen mit sich bringt. Die *Working Group II* entschied sich für den Begriff *Mediation*, um der praktischen Relevanz beizutragen und aufgrund des formlosen und flexiblen Charakters der Mediation einen weiten Begriff zu bestimmen, welcher auch andere ähnliche Verfahrensmethoden umfassen soll, die in den Anwendungsbereich des Modellgesetzes von 2018 fallen können.

Anders als das Modellgesetz über die internationale Handelsschiedsgerichtsbarkeit spricht das Modellgesetz von 2018 in Fußnote 3 zu Art. 3 Abs. 1 auch die Möglichkeit der Anwendbarkeit des Modellgesetzes für nicht internationale Mediationsverfahren mit folgendem Wortlaut aus:[379]

„States wishing to enact this section to apply to domestic as well as international mediation may wish to consider the following changes to the text:
– Delete the word ‘international’ in paragraph 1 of articles 1 and 3; and
– Delete paragraphs 2, 3 and 4 of article 3, and modify references to paragraphs accordingly.“

---

377 Vgl. Art. 16 Abs. 2 (a) des Modellgesetzes von 2018.

378 Vgl. Art. 1 Abs. 2 der Singapore Convention.

379 UN-Doc. A/57/17, para. 1-030.

Ein Erlassstaat kann danach die Anwendbarkeit auf nicht internationale Mediationsverfahren ausdehnen, indem dieser einige Änderungen wie in Fußnote 3 zu Art. 3 Abs. 1 vorgesehen, vorzunehmen hat. In einem solchen Fall empfehlt das Modellgesetz dem erlassenden Gesetzgeber, den Verweis auf den Begriff „international" in Art. 1 und 3 zu löschen und die Absätze 2, 3 und 4 des Art. 3 wegzulassen sowie die Verweise auf die genannten Absätze zu ändern. Der Grund für die Anwendbarkeit des Modellgesetzes von 2018 vor allem auf die internationale Mediation liegt darin, dass die Kommission davon ausging, dass eine Neutralität hinsichtlich des Mediationsrechts ohne Auslandsbezug die Akzeptanz des Modellgesetzes erhöhen würde.[380] Allerdings enthält das Modellgesetz keine Vorschrift, die für eine nicht internationale Mediation grundsätzlich ungeeignet wäre.[381]

b) Der örtliche Anwendungsbereich

aa) Das Problem

Wie die Untersuchung der Singapore Convention gezeigt hat, verzichtet die Konvention auf die Festlegung eines bestimmten räumlichen oder sachlichen Zusammenhangs zwischen der Mediation und eines bestimmten Staates. Dies gilt auch für das Modellgesetz von 2018. Anders als das Modellgesetz über die internationale Handelsschiedsgerichtsbarkeit beschränkt sich das Modellgesetz von 2018 nicht auf Mediationen, die „im Inland" durchgeführt werden. Eine Anknüpfung an einen „Ort des Mediationsverfahrens" wie an einen „Ort des Schiedsverfahrens" wird hier nicht angenommen.[382] Im Übrigen gilt dies auch für Mediationsvergleiche, sodass das Modellgesetz auch keinen räumlichen oder sachlichen Zusammenhang zwischen einem Mediationsvergleich und einem bestimmten Staat herstellt.

Bereits das Modellgesetz von 2002 sah von einer solchen Begrenzung ab.[383] Die Kommission stimmte zu, dass eine Regelung des „Ortes der Schlichtung" mit der

380 Guide to Enactment (2002), para. 34.

381 Guide to Enactment (2002), para. 34.

382 Welche Auswirkung dies auf die Vollstreckung von Mediationsvergleichen haben kann, siehe *Alexander*, ZKM 2019, 160 (161): *„Ein Schlüsselelement der direkten Vollstreckung besteht darin, dass es keine Verpflichtung gibt, dass ein internationaler Mediationsvergleich an dem Ort, an dem er geschlossen wurde (Herkunftsland), ein Überprüfungsverfahren durchlaufen muss."*

383 Bereits hinsichtlich des UNCITRAL Model Law on International Commercial Conciliation kritisierte *Van Ginkel*, dass eine Anpassung an das UNCITRAL Model Law on International Commercial Arbitration wünschenswert gewesen wäre, The

damaligen Praxis formloser Verfahren unvereinbar sein könnte.[384] Dies wurde damit begründet, dass die Parteien oft nicht formell einen „Ort der Schlichtung" bestimmen und die Schlichtung an mehreren Orten durchgeführt werden kann, sodass die Verfasser des Modellgesetzes es für problematisch hielten, einen „Ort der Schlichtung" als Grundlage für die Anwendung des Modellgesetzes von 2002 festzulegen.[385] Aus diesen Gründen hat man von einer objektiven Regelung zur Bestimmung des „Ortes der Schlichtung" abgesehen.[386]

An dieser Argumentationsgrundlage hielt die Kommission auch bei der Überarbeitung des Modellgesetzes fest. Die Festlegung des „Ortes der Mediation" wird somit auch künftig der Vereinbarung der Parteien und letztlich den Regeln des Internationalen Privatrechts vorbehalten.[387] Folglich wird hier eines der wesentlichen Unterschiede zum Modellgesetz über die internationale Handelsschiedsgerichtsbarkeit deutlich, bei dem der „Ort des Schiedsverfahrens" ein entscheidendes Element zur Anwendbarkeit darstellt. *Van Ginkel* kritisiert, dass ohne die Bestimmung eines „Ortes des Mediationsverfahrens" die objektive Möglichkeit fehle, festzustellen, ob das Modellgesetz auf eine bestimmte Mediation anwendbar sei.[388]

bb) Ist eine solche Offenheit des örtlichen Bezuges sachgerecht?

Fraglich ist vor diesem Hintergrund, ob die Mediation im Gegensatz zur Schiedsgerichtsbarkeit weniger ortsgebunden ist. In diesem Zusammenhang ist insbesondere zu hinterfragen, ob die Festlegung eines „Ortes des Mediationsverfahrens" nun aufgrund der Rahmenbedingungen betreffend die Anerkennung und Vollstreckung von Mediationsvergleichen nicht mehr unerheblich ist und deshalb bei der Überarbeitung des Modellgesetzes von 2002 hätte angesprochen werden sollen. Für die Beantwortung der Fragen ist der flexible Charakter des Mediationsverfahrens heranzuziehen. Dieser ermöglicht es erst, dass das Mediationsverfahren im Gegensatz zum Schiedsgerichtsverfahren weniger durchgeplant ist. Die Mediation als formloses Verfahren kann mit der Festlegung eines

---

UNCITRAL Model Law on International Commercial Conciliation: A Critical Appraisal, 1 (13 f.).

384 Guide to Enactment (2002), para. 30.

385 UN-Doc. A/CN.9/506, para. 21.

386 Für einen ausführlichen Überblick über die Gründe für diese Lücke, vgl. *Niggemann*, IDR 2004, 143 (145).

387 Guide to Enactment (2002), para. 30.

388 *Van Ginkel*, The UNCITRAL Model Law on International Commercial Conciliation: A Critical Appraisal, 1 (14).

„Ortes des Mediationsverfahrens" nicht vereinbar sein, wenn dadurch die Durchführung des Mediationsverfahrens an einem bestimmten Ort gebunden ist.

Hinsichtlich der Festlegung eines „Ortes des Mediationsvergleichs" erscheint ein bestimmter räumlicher oder sachlicher Zusammenhang zwischen einem Mediationsvergleich und einem bestimmten Staat genauso wenig sachgerecht wie ein „Ort der Mediation". Denn die Festlegung eines bestimmten Ortes für die Vereinbarung des Mediationsvergleichs würde bedeuten, dass die Parteien hinsichtlich der Anerkennung und Vollstreckung an dem Ort gebunden wären, an dem der Mediationsvergleich abgeschlossen wurde. Dieser Ansicht folgt auch *Alexander*, die hinsichtlich der Anerkennung und Vollstreckung von Mediationsvergleichen erwähnt, dass für eine direkte Vollstreckung notwendig sei, dass es keine Verpflichtung gibt, dass der Mediationsvergleich an dem Ort, an dem sie getroffen wurde, ein „Überprüfungsmechanismus" durchlaufen muss.[389]

Im Zusammenhang mit den Gestaltungsmöglichkeiten der Parteien hinsichtlich der Festlegung eines Ortes, an dem des Mediationsverfahren durchgeführt werden soll, empfiehlt UNCITRAL in ihren *Draft UNCITRAL Notes on Mediation*[390] den Parteien, bereits zu Beginn festzulegen, wo die Mediation stattfinden soll.[391] Diesbezüglich zählt UNCITRAL folgende Punkte auf, die bei der Festlegung hinzugezogen werden können:[392]

„– The convenience of the location for the parties and the mediator, including travel to the location;

– The availability and cost of support services; and

– Whether the venue includes separate rooms for each party and a large room for holding joint meetings with all parties."

cc) Zusammenfassung

Das Modellgesetz von 2018 sieht wie das Modellgesetz von 2002 für seine Anwendung von einer Festlegung eines „Orts des Mediationsverfahrens" ab. Dies erscheint im Hinblick auf den flexiblen Charakter des Mediationsverfahrens auch sachgerecht.

389 Vgl. *Alexander*, ZKM 2019, 160 (161).

390 Draft UNCITRAL Notes on Mediation (Note by the Secretariat) enthalten in UN-Doc. A/CN.9/1027.

391 Draft UNCITRAL Notes on Mediation, para. 52.

392 Draft UNCITRAL Notes on Mediation, para. 52.

Auch die neuen Vorschriften im dritten Abschnitt des Modellgesetzes hinsichtlich des Mediationsvergleichs führen nicht dazu, dass das Mediationsverfahren mehr ortsgebunden ist als vorher und dass eine Festlegung eines „Orts des Mediationsverfahrens" notwendig ist. Maßgeblich sind das formlose Verfahren der Mediation und seine Flexibilität, die besonders auch in den Gestaltungsmöglichkeiten der Parteien liegen. Vor diesem Hintergrund ist auch für die direkte Vollstreckung von Mediationsvergleichen maßgeblich, dass die Parteien nicht verpflichtet sind, einen bestimmten Ort für die Anerkennung und Vollstreckung von Mediationsvergleichen festzulegen.

Im Vergleich zum Modellgesetz von 2018 hält das Modellgesetz über die Handelsschiedsgerichtsbarkeit an dem Grundsatz der strengen territorialen Anwendung fest.[393] Dort ist der Grundsatz verankert, dass das Modellgesetz in der in einem bestimmten Staat erlassenen Fassung nur anwendbar ist, wenn sich der Ort des Schiedsverfahrens im Hoheitsgebiet dieses Staates befindet.[394] In den meisten Rechtsordnungen ist der Ort des Schiedsverfahrens das ausschließliche Kriterium für die Bestimmung der Anwendbarkeit des nationalen Rechts, dennoch ist zu beachten, dass das territoriale Kriterium, das durch die Wahl des Schiedsortes durch die Parteien bestimmt wird, nicht die Möglichkeit des Schiedsgerichts einschränkt, an jedem Ort zu verfahren, den es für die Durchführung des Verfahrens für angemessen hält.[395]

2. Die Auslegung des Modellgesetzes

Das Modellgesetz von 2018 wahrt die Methode des Modellgesetzes von 2002, welches den Auslegungsregeln eine eigene Vorschrift widmet. Art. 2 des Modellgesetzes von 2018 hat den gleichen Wortlaut wie Art. 2 des Modellgesetzes von 2002:

1. In the *interpretation of this Law*[396], regard is to be had to its international origin and to the need to promote uniformity in its application and the observance of *good faith.*

393 Vgl. hierzu *Hußlein-Stich,* Das UNCITRAL-Modellgesetz über die internationale Handelsschiedsgerichtsbarkeit, S. 18 ff.

394 Vgl. Art. 1 Abs. 2 UNCITRAL-Modellgesetz über die Handelsschiedsgerichtsbarkeit.

395 Art. 20 Abs. 2 UNCITRAL-Modellgesetz über die Handelsschiedsgerichtsbarkeit; Siehe zudem UNCITRAL Model Law on International Commercial Arbitration 1985 With amendments as adopted in 2006, para. 14.

396 Jegliche Hervorhebungen erfolgen durch die Autorin.

2. Questions concerning matters governed by this Law which are not expressly settled in it are to be settled in conformity with the *general principles on which this Law is based.*

Danach ist in Art. 2 des Modellgesetzes das Gebot der einheitlichen Auslegung verankert, wobei auf die Auslegung nach allgemeinen Prinzipien des Modellgesetzes und auf den Grundsatz von Treu und Glauben verwiesen wird.

a) Auslegung nach allgemeinen Prinzipien des Modellgesetzes

Die Auslegung des Modellgesetzes hat in der Hinsicht zu erfolgen, dass seine internationale Herkunft berücksichtigt wird sowie unter Berücksichtigung, die Rechtsvereinheitlichung in der Anwendung zu fördern.[397] Damit soll erreicht werden, dass die Gerichte auch die Rechtsprechung der Gerichte anderer Länder hinsichtlich des Modellgesetzes beachten und nicht nur unter Bezugnahme von Begriffen des eigenen Rechts auslegen.[398]

Die allgemeinen Prinzipien des Modellgesetzes sind nach Art. 2 Abs. 2 besonders dann heranzuziehen, wenn es um Fragen geht, die durch das Modellgesetz geregelte Angelegenheiten betreffen, jedoch darin nicht ausdrücklich geregelt sind. Zu den allgemeinen Prinzipien des Modellgesetzes gehören z.B. die Förderung der Mediation als Streitbeilegungsmethode durch Wahrung der Gestaltungsmöglichkeiten der Parteien, die Förderung offener Diskussionen zwischen den Parteien durch die Gewährleistung der Vertraulichkeit des Mediationsverfahrens sowie die Unterstützung der Entwicklungen im Streitbeilegungsverfahren die den elektronischen Geschäftsverkehr betreffen.[399]

b) Grundsatz von Treu und Glauben

Die Auslegung hat zudem nach dem Grundsatz von Treu und Glauben[400] zu erfolgen. Fraglich ist jedoch, was hiermit konkret gemeint ist. Eine allgemeine Definition des Grundsatzes von Treu und Glauben enthält das Modellgesetz nicht. Vielmehr kann dem Art. 2 Abs. 1 des Modellgesetzes über die Mediation entnommen werden, dass bei der Auslegung dieses Modellgesetzes neben der Berücksichtigung seines internationalen Charakters die Notwendigkeit besteht,

---

397 Draft Guide to Enactment (2018), para. 36.

398 *Van Ginkel,* The UNCITRAL Law on International Commercial Conciliation: A Critical Appraisal, 1 (20 f.); UN-Doc. A/CN.9/1025, para. 36.

399 Vgl. Draft Guide to Enactment (2018), para. 37.

400 Im englischen Original: „good faith".

den Grundsatz von Treu und Glauben zu wahren. Dies deutet darauf hin, dass der internationale Charakter des Modellgesetzes und der Grundsatz von Treu und Glauben zusammen zu betrachten sind. Es genügt also für die Auslegung des Modellgesetzes über die Mediation nicht, den Grundsatz von Treu und Glauben nur nach dem Verständnis der nationalen Rechtsordnung zu übernehmen, sondern vielmehr in einem internationalen Kontext auszuarbeiten.[401] Wesentlich ist hierbei also nicht, welche Bedeutung der Grundsatz von Treu und Glauben in einer nationalen Rechtsordnung vorweist, sondern welche Bedeutung der Grundsatz von Treu und Glauben international entfaltet. Hierzu kann festgelegt werden, inwiefern sich die unterschiedlichen Auffassungen von Treu und Glauben übereinstimmen, um ein internationales Verständnis von Treu und Glauben zu entwickeln.[402] In diesem Zusammenhang ist Art. 2 Abs. 2 des Modellgesetzes über die Mediation heranzuziehen. Danach sind Aspekte, die im Modellgesetz nicht geregelt sind, in Übereinstimmung mit den allgemeinen Grundsätzen auszulegen, auf denen das Modellgesetz beruht.[403] Eines der Grundsätze, auf die das Modellgesetz aufbaut, ist die Förderung von freien und offenen Gesprächen zwischen den Parteien durch Gewährleistung der Vertraulichkeit des Mediationsverfahrens.[404] Demnach kann angenommen werden, dass nach dem Verständnis des Modellgesetzes der Grundsatz „good faith" im Sinne des Art. 2 Abs. 1 des Modellgesetzes auf die weiteren Grundsätze nach Art. 2 Abs. 2 des Modellgesetzes angelegt ist und ein faires Verfahren grundlegend voraussetzt.[405]

Auch wenn die Singapore Convention keine Regelung hinsichtlich einer einheitlichen Auslegung enthält, ist auch dort der Grundsatz von Treu und Glauben zu wahren. Dies wird besonders in der Präambel der UN-Charta verdeutlicht, indem der Grundsatz „pacta sunt servanda" ("respect for the obligations arising from treaties and other sources of international law can be maintained")

---

401 Vgl. hierzu auch *Binder*, International Commercial Arbitration and Mediation in UNCITRAL Model Law Jurisdictions, p. 571.

402 Vgl. *Binder*, International Commercial Arbitration and Mediation in UNCITRAL Model Law Jurisdictions, p. 571.

403 *Binder* zählt einige allgemeine Grundsätze auf: Förderung der Mediation als außergerichtliche Streitbeilegung, Förderung der Rechtsvereinheitlichung, Förderung von Entwicklungen im Mediationsverfahren wie die Online-Streitbeilegung, siehe *Binder*, International Commercial Arbitration and Mediation in UNCITRAL Model Law Jurisdictions, p. 571–572.

404 Draft Guide to Enactment (2018), para. 37.

405 Vgl. auch Art. 7 Abs. 3 des Modellgesetzes über die Mediation.

hervorgehoben wird, nachdem Verträge verbindlich und nach Treu und Glauben zu erfüllen sind.[406]

c) *Unterschied zu Art. 7 CISG*

Die Kommission verfolgte schon zum bestehenden Modellgesetz von 2002 eine bestimmte Wirkung des Art. 2. Die gezielte Wirkung des Art. 2 bestand ebenfalls darin, das Ausmaß zu begrenzen, in dem ein einheitlicher Text, nachdem er in die eigene Rechtsordnung aufgenommen wurde, nur unter Bezugnahme von Vorstellungen des eigenen Rechtssystems ausgelegt wird.[407] Demnach sollte die internationale Rechtsvereinheitlichung gefördert werden. Seinen Ursprung findet Art. 2 in Art. 7 CISG.[408] Dort heißt es:

> *Art. 7 CISG*
>
> (1) In the interpretation of this Convention, regard is to be had to its international character and to the need to promote uniformity in its application and the observance of *good faith*[409] in international trade.
>
> (2) Questions concerning matters governed by this Convention which are not expressly settled in it are to be settled in conformity with the *general principles on which it is based* or, *in the absence of such principles, in conformity with the law applicable by virtue of the rules of private international law.*

Es wird deutlich, dass zwischen Art. 2 des Modellgesetzes und Art. 7 CISG eine inhaltliche Ähnlichkeit besteht. Nach Art. 7 Abs. 1 ist der internationale Charakter und die Notwendigkeit zu berücksichtigen, die Einheitlichkeit der Anwendung des UN-Kaufrechts und die Wahrung von Treu und Glauben im internationalen Handel zu fördern. Auch hier stehen der internationale Kontext sowie der Grundsatz Treu und Glauben im Vordergrund. In diesem Zusammenhang wird empfohlen, die wissenschaftliche Literatur und Kommentare zu Art. 7 CISG als Ergänzungsmittel für die Auslegung von Art. 2 des Modellgesetzes heranzuziehen.[410] Im Unterschied zu Art. 2 Abs. 2 des Modellgesetzes sieht Art. 7

406 Die Präambel der UN-Charta ist abzurufen unter https://www.un.org/en/about-us/un-charter/preamble (zuletzt aufgerufen am 20.01.22).

407 Guide to Enactment (2002), para. 40.

408 *Binder*, International Commercial Arbitration and Mediation in UNCITRAL Model Law Jurisdictions, p. 570.

409 Hervorhebungen erfolgen durch die Autorin.

410 *Binder*, International Commercial Arbitration and Mediation in UNCITRAL Model Law Jurisdictions, p. 570; Guide to Enactment and Use of the UNCITRAL Model Law on International Commercial Conciliation, para. 40.

Abs. 2 CISG ausdrücklich auch die ergänzende Anwendung einzelstaatlichen Rechts vor (“*in the absence of such principles, in conformity with the law applicable by virtue of the rules of private international law*”). In diesem Zusammenhang könnte fraglich sein, ob Art. 7 CISG im Gegensatz zum Modellgesetz von 2002 und 2018 dem nationalen Recht weiteren Raum lässt. Dafür könnte sprechen, dass das Modellgesetz von 2002 und 2018 sich hinsichtlich der einheitlichen Auslegung inhaltlich an Art. 7 CISG orientierte und die ergänzende Auslegung einzelstaatlichen Rechts bewusst nicht übernahm. Dagegen spricht jedoch, dass das Modellgesetz von 2002 und 2018 an mehreren Stellen die Möglichkeit gibt, einzelne Regelungen des Modellgesetzes auch an das nicht internationale Mediationsverfahren anzupassen.[411] Damit wird deutlich, dass das Modellgesetz dem nationalen Recht nicht weniger Raum lässt als Art. 7 CISG, nur weil es nicht ausdrücklich in Art. 2 des Modellgesetzes enthalten ist.

Anders als das Modellgesetz von 2018 enthält das Modellgesetz über die Handelsschiedsgerichtsbarkeit keine Auslegungsregel betreffend den Grundsatz von Treu und Glauben. Stattdessen gilt, dass die Parteien insbesondere eine Institution zu einer Entscheidung ermächtigen können, falls es den Parteien im Rahmen des Modellgesetzes freisteht, über eine bestimmte Frage zu entscheiden.[412] Zudem werden Schiedsgerichtsregeln, auf die sich die Parteien in einer Vereinbarung beziehen, zu einem Bestandteil der Parteivereinbarung, sofern die Bestimmungen des Modellgesetzes eine solche Vereinbarung zulassen.[413] Während die Auslegungsregeln des Modellgesetzes über die Mediation das allgemeine Mediationsverfahren betreffen sowie besonders den Grundsatz von Treu und Glauben hervorziehen, beziehen sich die Auslegungsregeln im Modellgesetz über die Handelsschiedsgerichtsbarkeit auf einzelne Verfahrenspunkte, ohne allgemeine Grundsätze zu nennen.

Die allgemeinen Auslegungsregeln und der Grundsatz von Treu und Glauben könnten der Grund gewesen sein, dass das Modellgesetz von 2018 im Hinblick auf den neuen Abschnitt keine weiteren Auslegungsregeln hinzugezogen hat und somit die bestehenden Auslegungsregeln des Modellgesetzes von 2002 auch im Hinblick auf den neuen Abschnitt übernahm. Dennoch wäre ein konkreter Bezug auf den neuen Abschnitt im Hinblick auf dessen Auslegung wünschenswert gewesen. Zwar beziehen sich die Auslegungsregeln in Art. 2 auf das gesamte Modellgesetz und damit einschließlich auch auf den neuen Abschnitt

---

411 Vgl. z.B. Fußnote 3 zu Art. 3 Abs. 1 des Modellgesetzes von 2018.

412 Vgl. Art. 2 lit. d UNCITRAL-Modellgesetz über die Handelsschiedsgerichtsbarkeit.

413 Vgl. Art. 2 lit. e UNCITRAL-Modellgesetz über die Handelsschiedsgerichtsbarkeit.

des Modellgesetzes, nichtsdestoweniger würde ein konkreter Bezug auf einige Auslegungsfragen im Hinblick auf die Anerkennung und Vollstreckung von Mediationsvergleichen mehr Klarheit geben und die Verbindung zum neuen Abschnitt stärker verdeutlichen. Zu empfehlen wäre ein weiterer Abschnitt in Art. 2 des Modellgesetzes, welcher sich ausschließlich auf Auslegungsfragen im Zusammenhang mit der Anerkennung und Vollstreckung von Mediationsvergleichen bezieht.

II. Das Mediationsverfahren

1. Allgemeine Vorschriften über das Mediationsverfahren

a) Gestaltungsmöglichkeiten der Parteien bei der Durchführung des Mediationsverfahrens

Weiterhin hält das Modellgesetz von 2018 an den Gestaltungsmöglichkeiten bei der Durchführung des Mediationsverfahrens fest, die bereits das Modellgesetz von 2002 für die Parteien vorsah.[414] Diese sind im zweiten Abschnitt des Modellgesetzes von 2018 enthalten, welcher inhaltlich mit dem Modellgesetz von 2002 übereinstimmt.[415]

Eines der Gestaltungsmöglichkeiten zeigt Art. 3 Abs. 4 des Modellgesetzes von 2018 auf, welcher bestimmt, dass die Parteien die Anwendung des Modellgesetzes vereinbaren, auch wenn die Mediation nicht international im Sinne des zweiten Abschnitts des Modellgesetzes ist.[416] Dazu enthält Art. 3 Abs. 4 des Modellgesetzes von 2018 folgenden Wortlaut:

> This *section*[417] also applies to *commercial mediation* when the parties agree that the mediation is international or agree to the applicability of this section.

414 Vorbehaltlich zwingender Vorschriften, sind die Parteien insbesondere im Hinblick auf folgende Aspekte frei: Auswahl des Mediators, Vereinbarung des Ablaufs des Mediationsverfahrens, Festlegung der Themen, die der Mediation unterzogen werden sollen, Entwicklung von eigenen Lösungen, die Möglichkeit, ihren Streit ganzheitlich zu lösen oder sich auf eine Teillösung zu einigen und/oder die Mediation jederzeit zu beenden.

415 Dagegen enthält der dritte Abschnitt des Modellgesetzes von 2018 eine ausdrückliche Neuregelung eines Mediationsvergleichs.

416 Vgl. Draft Guide to Enactment (2018), para. 41.

417 Hervorhebungen erfolgen durch die Autorin.

Der Sinn und Zweck der Vorschrift liegt darin, dass ausdrücklich festgelegt wird, dass die Gestaltungsmöglichkeiten der Parteien bei der Durchführung des Mediationsverfahrens berücksichtigt werden und vereinbaren können, dass das Mediationsverfahren international ist, auch wenn die Umstände des Falles nicht auf eine „Internationalität" der Mediation hindeuten.[418]

Art. 3 Abs. 4 des Modellgesetzes von 2018 unterscheidet sich von Art. 1 Abs. 6 des Modellgesetzes von 2002 darin, dass der Begriff „Section" statt wie bisher der Begriff „Law" verwendet wird. Dies hat zur Folge, dass Art. 3 Abs. 4 des Modellgesetzes von 2018 sich nunmehr auf den einzelnen Abschnitt bezieht und nicht wie bisher auf das gesamte Modellgesetz. In diesem Zusammenhang ist zu erwähnen, dass die Einteilung in Abschnitte die Auswirkung hat, dass die erlassenden Staaten bei der Umsetzung des Modellgesetzes die Möglichkeit haben, einzelne Abschnitte zu übernehmen.[419]

Dazu steht nach Art. 3 Abs. 5 des Modellgesetzes von 2018 den Parteien die Option zu, die Anwendbarkeit des zweiten Abschnitts durch Vereinbarung auszuschließen:

> The parties are free to agree *to exclude the applicability of this section*[420].

Die *Working Group II* führt aus, dass ein solcher Fall dann vorliegen kann, wenn die Parteien einer ansonsten im Inland stattfindenden Mediation der Einfachheit halber einen Mediationsort im Ausland vereinbaren, ohne die Absicht zu haben, die Mediation „international" zu gestalten.[421] Zudem kann der Ausschluss des zweiten Abschnitts dann relevant sein, wenn der erlassende Staat bereits über Rechtsvorschriften für das Mediationsverfahren verfügt und lediglich den dritten Abschnitt hinsichtlich der Durchsetzung von Mediationsvergleichen als nützliche Grundlage übernimmt.[422] Fraglich ist in diesem Zusammenhang, ob Art. 3 Abs. 5 sich ausschließlich auf den Ausschluss des gesamten zweiten Abschnitts bezieht oder auch einzelne Teile von der Anwendung ausgeschlossen

---

418 Vgl. Draft Guide to Enactment (2018), para. 41.

419 So können der zweite und dritte Abschnitt einzeln oder gemeinsam übernommen werden.

420 Hervorhebungen durch die Autorin.

421 Draft Guide to Enactment (2018), para. 42.

422 Hierzu ist auf das bereits erwähnte Länderbeispiel von Georgien hinzuweisen, welches nicht das gesamte Modellgesetz von 2018 übernimmt und sich durch die Übernahme der Abschnitte 1 und 2 des Modellgesetzes auszeichnet.

werden können.[423] Diese Frage beschäftigte die Kommission bereits beim Entwurf des Modellgesetzes von 2002. Grundsätzlich einigte sich die Kommission darauf, den Parteien die Möglichkeit zu geben, den gesamten zweiten Abschnitt oder einzelne Teile davon von der Anwendung auszuschließen.[424] Nach Art. 3 Abs. 5 des Modellgesetzes von 2018 haben die Parteien die Möglichkeit, den gesamten zweiten Abschnitt sowie nach Art. 4 einzelne Teile davon auszuschließen oder abzuändern:

> Except for the provisions of article 7, paragraph 3, the parties *may agree to exclude or vary any of the provisions of this section*[425].

Der Unterschied zwischen Art. 3 Abs. 5 und Art. 4 liegt darin, dass sich Art. 3 Abs. 5 auf den Ausschluss des gesamten zweiten Abschnitts des Modellgesetzes bezieht und besonders dann zum Einsatz kommen kann, wenn die Parteien eines nicht internationalen Mediationsverfahrens dennoch einen Ort für die Durchführung des Mediationsverfahrens im Ausland vereinbaren, ohne ein internationales Mediationsverfahren durchführen zu wollen.[426]

Durch Art. 4 des Modellgesetzes wird den Gestaltungsmöglichkeiten der Parteien eine besondere Bedeutung zugesprochen, indem Art. 4 gesondert einen Bezug herstellt und ausdrücklich den Parteien viel Handlungsspielraum zuschreibt.[427] Art. 4 bezieht sich jedoch ausschließlich auf die Regelungsbedingungen im zweiten Abschnitt des Modellgesetzes, sodass der dritte Abschnitt betreffend die Mediationsvergleiche nach der Intention des Modellgesetzes nicht auf die Gestaltungsmöglichkeiten der Parteien anwendbar ist.[428]

Zusammenfassend ist festzustellen, dass das Modellgesetz von 2018 im Hinblick auf die Gestaltungsmöglichkeiten der Parteien inhaltlich weitgehend dem Modellgesetz von 2002 entspricht und nur einige sprachliche Änderungen vornimmt. Auch das Modellgesetz über die Handelsschiedsgerichtsbarkeit geht von dem Grundsatz der Parteifreiheit aus und räumt den Parteien bestimmte Gestaltungsfreiheiten ein.[429]

---

423 *Binder*, International Commercial Arbitration and Mediation in UNCITRAL Model Law Jurisdictions, p. 579.

424 Vgl. UN-Doc. A/57/17, para. 24.

425 Hervorhebungen durch die Autorin.

426 Vgl. Draft Guide to Enactment (2018), para. 42.

427 Draft Guide to Enactment (2018), para. 49.

428 Vgl. Draft Guide to Enactment (2018), para. 49.

429 Dies kommt im Modellgesetz über die Handelsschiedsgerichtsbarkeit auch dadurch zum Ausdruck, dass bestimmte Vorschriften anwendbar sind, wenn die Parteien nichts

b) *Ausnahmen vom Anwendungsbereich des zweiten Abschnitts des Modellgesetzes*

Art. 3 Abs. 7 enthält eine Ausklammerung von Fällen, in denen ein Richter oder Schiedsrichter im Rahmen eines Gerichts- oder Schiedsverfahrens versucht, einen Vergleich zu erzielen. Auf solche Fälle ist der zweite Abschnitt des Modellgesetzes ausdrücklich von der Anwendung ausgeschlossen:

> This section does not apply to:
> (a) Cases where a judge or an arbitrator, in the course of judicial or arbitral proceedings, attempts to facilitate a settlement; and
> (b) [...].

Allerdings weist die *Working Group II* bei der Auslegung von Art. 3 Abs. 7 darauf hin, dass der zweite Abschnitt des Modellgesetzes in keiner der in Art. 3 Abs. 7 aufgeführten Situationen ausgeschlossen ist, wenn die Parteien gem. Art. 3 Abs. 4 vereinbart haben, dass die Bestimmungen des zweiten Abschnitts gelten sollen.[430]

Der genannte Ausschluss wurde als notwendig erachtet, um einen unangemessenen Eingriff in das bestehende Verfahrensrecht zu vermeiden.[431] Die *Working Group II* merkt jedoch an, dass das Modellgesetz nicht darauf abzielt, anzugeben, ob ein Richter oder Schiedsrichter im Rahmen eines Gerichts- oder Schiedsgerichtsverfahrens einen Vergleich erzielen darf oder nicht.[432] Um diesbezüglich Unklarheiten zu vermeiden, weist die Kommission darauf hin, dass der erlassende Staat in seinem Gesetz, mit dem das Modellgesetz in Kraft gesetzt werden soll, klarstellt, ob solche Fälle durch das jeweilige Gesetz geregelt werden sollen oder nicht.[433]

Fraglich ist in diesem Zusammenhang, ob das Modellgesetz von 2018 verschiedene Formen von Mediation, wie die gerichtsinterne Mediation, wie sie im deutschen Mediationsrecht vorgesehen ist, behandelt. Hierzu ist Art. 3 Abs. 6 des Modellgesetzes heranzuziehen:

> Subject to the provisions of paragraph 7 of this article, this section applies irrespective of the basis upon which the mediation is carried out, *including agreement between the*

---

anderes vereinbart haben, z.B. Art. 3, Art. 17 und Art. 21 UNCITRAL-Modellgesetz über die Handelsschiedsgerichtsbarkeit.

430 Vgl. Draft Guide to Enactment (2018), para. 47.

431 Draft Guide to Enactment (2018), para. 47.

432 Draft Guide to Enactment (2018), para. 47.

433 Siehe dazu Draft Guide to Enactment (2018), para. 47.

> *parties*[434] whether reached before or after a dispute has arisen, an *obligation established by law, or a direction or suggestion of a court*, arbitral tribunal or competent governmental entity.

Danach wird deutlich, dass der zweite Abschnitt des Modellgesetzes unabhängig von der Grundlage, auf der die Mediation durchgeführt wird, zur Anwendung kommen kann. Das Modellgesetz geht davon aus, dass die Mediation auf einer Vereinbarung der Parteien beruht.[435] Hinsichtlich des Zustandekommens der Vereinbarung stellt das Modellgesetz verschiede Möglichkeiten dar. Durch die Formulierung ("*including agreement between the parties*") wird deutlich, dass die Vereinbarung zwischen den Parteien zur Durchführung des Mediationsverfahrens mit den anderen Grundlagen, gleichrangig ist.

Um jeden Zweifel über die Anwendung des Modellgesetzes auszuräumen, sieht Art. 3 Abs. 6 vor, dass der zweite Abschnitt unabhängig davon gilt, ob eine Mediation aufgrund einer Vereinbarung zwischen den Parteien oder aufgrund einer gesetzlichen Verpflichtung oder einer Aufforderung durch ein Gericht, ein Schiedsgericht oder eine zuständige staatliche Stelle durchgeführt wird.[436] Daraus kann entnommen werden, dass das Modellgesetz auch die gerichtsinterne Mediation umfasst ("*direction or suggestion of a court*").

Die *Working Group II* schlägt für den Fall, dass im Erlassstaat die Mediation vollständig der Vereinbarung der Parteien überlassen wird, vor, Art. 3 Abs. 6 in der Bestimmung, die dem Erlass des Modellgesetzes dient, nicht auszulassen.[437]

2. Vorschriften zum Beginn und zur Einleitung des Mediationsverfahrens

a) *Beginn des Mediationsverfahrens*

Das Modellgesetz von 2018 entspricht hinsichtlich der Einleitung eines Mediationsverfahrens inhaltlich dem Modellgesetz von 2002. Nach Art. 5 Abs. 1 des

434 Hervorhebung erfolgt durch die Autorin.

435 Gemeint ist die Mediationsvereinbarung, also die Einigung der Parteien zur Durchführung des Mediationsverfahrens.

436 Draft Guide to Enactment (2018), para. 45.

437 „*In such situations, this provision clarifies that the Model Law applies when parties commence a mediation that is governed by the law of that State but pursuant to a legal obligation arising from a foreign law or from a request by a foreign court or institution.*", Draft Guide to Enactment and Use of the UNCITRAL Model Law on International Commercial Mediation and International Settlement Agreements Resulting from Mediation (2018), para. 46.

Modellgesetzes von 2018 beginnt das Mediationsverfahren in Bezug auf eine entstandene Streitigkeit an dem Tag, an dem die Streitparteien vereinbaren, ein Mediationsverfahren einzuleiten, sodass auch hier die Vereinbarung der Parteien für die Einleitung des Verfahrens maßgeblich ist:[438]

> Mediation proceedings in respect of a dispute that has arisen commence *on the day on which the parties to that dispute agree*[439] to engage in mediation proceedings.

aa) Die Relevanz der Einleitung des Mediationsverfahrens hinsichtlich der Verjährung

Die Einleitung des Mediationsverfahrens und der Zeitpunkt der Vereinbarung zur Durchführung des Mediationsverfahrens sind für den Eintritt der Verjährung relevant.[440] Im Zusammenhang mit der Einleitung des Mediationsverfahrens diskutierte die *Working Group II* die Auswirkungen, die die Einleitung des Mediationsverfahrens auf Verjährungsfristen haben kann. Dazu übernimmt das Modellgesetz von 2018 die Methode des Modellgesetzes von 2002 im Sinne einer Auslegungshilfe in Form der Fußnotentechnik, die aufgrund ihrer systematischen Stellung verdeutlicht, dass die Hemmung der Verjährung aus Sicht des Verfassers des Modellgesetzes an die Einleitung des Mediationsverfahrens anschließt. Hier wurden keine inhaltlichen Änderungen gegenüber des Modellgesetzes von 2002 vorgenommen, sodass die Einleitung des Mediationsverfahrens dieselben Auswirkungen auf Verjährungsfristen aufzeigen, wie die der Einleitung des Schlichtungsverfahrens. Dazu enthält Fußnote 4 zu Art. 5 des Modellgesetzes von 2018 folgenden Wortlaut:

> *Article X. Suspension of limitation period*
> 1. When the mediation proceedings commence, the running of the limitation period regarding the claim that is the subject matter of the mediation is suspended.
> 2. Where the mediation proceedings have terminated without a settlement agreement, the limitation period resumes running from the time the mediation ended without a settlement agreement.

---

438 Anders als das Mediationsverfahren, beginnt das Schiedsverfahren mit dem Tag, an dem der Beklagte den Antrag, den Streit einem Schiedsgericht vorzulegen, erhalten hat, falls die Parteien nicht etwas anderes vereinbart haben, vgl. Art. 21 UNCITRAL-Modellgesetz über die Handelsschiedsgerichtsbarkeit; Hinsichtlich des deutschen Mediationsgesetzes und der europäischen Mediationsrichtlinie ist anzumerken, dass dort keine Regelungen betreffend die Einleitung des Mediationsverfahrens enthalten sind.

439 Hervorhebung durch die Autorin.

440 Vgl. UN-Doc. A/CN.9/506, para. 97.

Danach soll die Einleitung des Mediationsverfahrens dazu führen, dass die Verjährung des Anspruchs, der Gegenstand des Mediationsverfahrens ist, gehemmt wird. Des Weiteren soll die Verjährungsfrist, wenn das Mediationsverfahren ohne die Einigung eines Mediationsvergleichs beendet wird, ab dem Zeitpunkt wieder zu laufen beginnen, an dem das Mediationsverfahren ohne die Einigung des Mediationsvergleichs beendet wurde.

Bereits bei der Ausarbeitung des bestehenden Modellgesetzes von 2002 stand zur Diskussion, ob der Hinweis zur Hemmung der Verjährung in den Text des Modellgesetzes aufgenommen werden soll. Kritisiert wurde, dass die Aufnahme einer einheitlichen Regelung betreffend die Hemmung der Verjährung in das Modellgesetz mögliche Probleme bei der Aufnahme in die nationalen Rechtsordnungen aufwerfen kann, die unterschiedliche Ansätze hinsichtlich der Verjährungsfristen aufzeigen können.[441] Zudem wurde befürchtet, dass eine einheitliche Regelung hinsichtlich der Hemmung der Verjährung eine Genauigkeit und Klarheit in der Wortwahl voraussetzt, die mit dem flexiblen und formlosen Charakter der Mediation nicht im Einklang stehen könnte.[442] Dies ist meiner Einsicht zu befürworten, da die Verjährungsregelung aus der Sicht der meisten Staaten in den Bereich des materiellen Rechts fällt und in den nationalen Rechtsordnungen unterschiedliche Rechtsauffassungen hinsichtlich der Hemmung der Verjährung bestehen. Durch die Auslegungshilfe in Form einer Fußnote haben die erlassenden Staaten die Möglichkeit, die Musterregelung hinsichtlich der Hemmung der Verjährung umzusetzen und hierbei nähere Erläuterungen in Hinblick auf die Verjährungshemmung vorzunehmen.

bb) Die Relevanz der Einleitung des Mediationsverfahrens hinsichtlich der Einrede der Mediationsvereinbarung

Daneben kann die Einleitung des Mediationsverfahrens auch für die Einrede der Mediationsvereinbarung relevant sein, die in Art. 14 des Modellgesetzes vorgesehen ist.

In diesem Zusammenhang merkt die *Working Group II* an, Art. 14 des Modellgesetzes von 2018 zu beachten, der vorsieht, dass es jeder Partei freisteht, durch eigenes einseitiges Handeln ein schiedsgerichtliches oder gerichtliches Verfahren einzuleiten, soweit dies zur Wahrung ihrer Rechte erforderlich ist.[443] Die *Working Group II* weist darauf hin, dass ein solches Vorgehen nicht als Verzicht

---

441 Guide to Enactment (2002), para. 48.

442 Guide to Enactment (2002), para. 48.

443 Vgl. Draft Guide to Enactment (2018), para. 56.

auf die Mediationsvereinbarung zu werten sei, sodass eine Partei auch durch einseitiges Vorgehen die Verjährungsfrist verlängern könne.[444] Dennoch gilt für Staaten, die hinsichtlich der Verjährungshemmung Vorschriften nach dem Vorbild der Musterregelung erlassen wollen, die Vorsicht, genauestens zu präzisieren, welche Fälle zu einer Verjährungshemmung führen können, die jedoch dem Nutzen des Modellgesetzes nicht entgegen stehen sollen.[445]

In diesem Fall ist auf das bereits erläuterte Länderbeispiel von Georgien zurückzublicken, welches das UNCITRAL-Modellgesetz umgesetzt und ein neues georgisches Mediationsgesetz erlassen hat sowie die Musterregelung des Modellgesetzes in Bezug auf die Verjährungshemmung übernommen hat.[446] Hier legt das georgische Mediationsgesetz den genauen Zeitpunkt der Hemmung der Verjährung fest, ohne von den inhaltlichen Anforderungen der Musterbestimmung des Modellgesetzes abzuweichen. Zudem regelt das georgische Mediationsgesetz auch die Verjährungsfrist für den Fall der Beendigung des Mediationsverfahrens ohne die Einigung eines Mediationsvergleichs. Hier wird deutlich, dass das georgische Mediationsgesetz im Gegensatz zum Modellgesetz eine präzisere Bestimmung hinsichtlich der Hemmung der Verjährung eines Anspruchs trifft.

Die Kommission bestärkte bei der Verabschiedung des Modellgesetzes von 2018 den Grundgedanken, dass für den Beginn des Mediationsverfahrens maßgeblich ist, dass die Parteien sich einigen, ein solches Verfahren durchzuführen.[447] Art. 5 Abs. 1 hat zur Folge, dass selbst dann, wenn ein Gericht oder Schiedsgericht die Parteien anweist, ein Mediationsverfahren durchzuführen, ein solches Verfahren erst dann beginnt, wenn die Parteien sich darauf einigen, ein Mediationsverfahren durchzuführen.[448] Der Wortlaut *„on the day on which the parties to that dispute agree“* soll verdeutlichen, dass es verschiedene Möglichkeiten gibt, mit denen die Parteien vereinbaren können, sich auf ein Mediationsverfahren einzulassen.[449] Welche zeitlichen Anforderungen an die Einigung zur

---

444 UN-Doc. A/CN.9/514, para. 44; *Binder,* International Commercial Arbitration and Mediation in UNCITRAL Model Law Jurisdictions, p. 588.

445 UN-Doc. A/CN.9/514, para. 44; *Binder,* International Commercial Arbitration and Mediation in UNCITRAL Model Law Jurisdictions, p. 588.

446 Hierzu wird in der vorliegenden Arbeit auf das Kapitel „Umsetzung des UNCITRAL-Modellgesetzes von 2018 am Beispiel von Georgien“ hingewiesen.

447 Draft Guide to Enactment (2018), para. 50.

448 Vgl. Draft Guide to Enactment (2018), para. 50.

449 Gemeint ist die Aufforderung einer Partei zur Durchführung der Mediation sowie die Annahme eines Vorschlags zur Mediation durch ein Gericht oder Schiedsgericht,

Durchführung der Mediation gestellt werden, bleibt offen. Jedoch sind einige Anmerkungen hierzu in den *Draft UNCITRAL Notes on Mediation* wiederzufinden. Danach kann die Einigung zur Mediation in verschiedenen Phasen einer Streitigkeit erfolgen, entweder vor oder während eines schiedsrichterlichen oder gerichtlichen Verfahrens.[450] Die *Draft UNCITRAL Notes on Mediation* empfehlen die Aufnahme einer Mediationsklausel, die bestimmt, dass alle Streitigkeiten aus dem Vertrag zwischen den Parteien durch Mediation zu lösen sind.[451] Hier würde zudem die Möglichkeit bestehen, auf Verfahrensvorschriften, wie die *Draft UNCITRAL Rules on Mediation* zu verweisen.[452]

cc) Erfolglose Einleitung des Mediationsverfahrens

Art. 5 Abs. 2 des Modellgesetzes von 2018 sieht ferner vor, dass die Einleitung des Mediationsverfahrens misslungen ist, wenn eine Partei eine andere Partei zur Einleitung eines Mediationsverfahrens aufgefordert hat und diese Partei nicht innerhalb von 30 Tagen nach Übermittlung der Aufforderung oder zu einem anderen in der Aufforderung angegebenen Zeitpunkt reagiert hat:

> If a party that invited another party to mediate does not receive *an acceptance of the invitation within 30 days*[453] from the day on which the invitation was sent, or within such other period of time as specified in the invitation, the party may elect to treat this as a rejection of the invitation to mediate.

Der Zweck einer solchen Regelung könnte darin liegen, die Partei, die eine Durchführung des Mediationsverfahrens anstrebt, vor der anderen Partei zu schützen, die innerhalb von 30 Tagen nicht reagiert. Art. 5 Abs. 2 schafft Klarheit hinsichtlich des Zeitpunkts eines erfolglosen Mediationsversuchs.[454] Die 30-Tage-Regelung ist auch in den *Draft UNCITRAL Mediation Rules* vorgesehen.[455] Im Hinblick auf die Einleitung des Mediationsverfahrens sind jedoch

---

vgl. hierzu Draft UNCITRAL Notes on Mediation, UN-Doc. A/CN.9/1027, paras. 16–18 und 21–24.

450 Draft UNCITRAL Notes on Mediation, UN-Doc. A/CN.9/1027, para. 16.

451 Draft UNCITRAL Notes on Mediation, UN-Doc. A/CN.9/1027, para. 19.

452 Denn wie bereits oben erwähnt wurde, enthält das Modellgesetz über die Mediation im Gegensatz zum Modellgesetz über die Handelsschiedsgerichtsbarkeit keine Vorschrift, die die Vereinbarung von Verfahrensvorschriften durch die Parteien vorsieht, vgl. Art. 19 Abs. 1 UNCITRAL-Modellgesetz über die Handelsschiedsgerichtsbarkeit.

453 Hervorhebung durch die Autorin.

454 Vgl. hierzu Draft Guide to Enactment (2018), para. 54.

455 Vgl. Art. 2 Abs. 2 Draft UNCITRAL Mediation Rules.

die Gestaltungsfreiheiten der Parteien zu beachten. Dies wird insbesondere in den *Draft UNCITRAL Notes on Mediation* deutlich, in denen den Parteien empfohlen wird, in ihrer Aufforderung zur Durchführung der Mediation eine Frist anzugeben, nach der, wenn keine Annahme eingeht, die Partei dies als Ablehnung der Durchführung zur Mediation betrachten kann.[456] Die *Working Group II* einigte sich bei der Ausarbeitung des Modellgesetzes von 2018 darauf, sich wie das Modellgesetz von 2002 nicht mit den Folgen der Nichteinhaltung einer Mediationsvereinbarung durch eine Partei zu befassen, da diese Angelegenheit dem nationalen Schuldrecht zugesprochen wird.[457] Vielmehr bestehe der Zweck von Art. 5 Abs. 2 des Modellgesetzes von 2018 darin, Rechtssicherheit zu schaffen, indem der Zeitpunkt bestimmt wird, zu dem ein Mediationsversuch als gescheitert gilt, unabhängig davon, ob dieses Scheitern eine Verletzung einer Mediationsvereinbarung nach dem allgemeinen Schuldrecht darstelle oder nicht.[458]

b) Bestellung des Mediators

aa) Anzahl und Auswahl des Mediators

Im Folgenden soll auf die in dem Modellgesetz von 2018 übernommenen Vorschriften aus dem Modellgesetz von 2002 eingegangen werden, die sich mit Anzahl und Ernennung der Mediatoren, mit Aspekten der Tätigkeit der Mediatoren, mit der Kommunikation zwischen Mediator und Parteien sowie mit der Stellung des Mediators als Schiedsrichter beschäftigen. Allgemein wurden alle Vorschriften des Modellgesetzes von 2002 betreffend die Anzahl und Auswahl des Schlichters durch das Modellgesetz von 2018 übernommen. Es wird ausschließlich der Begriff „conciliator" durch den Begriff „mediator" ersetzt.

Anders als im Schiedsverfahren, wo häufig drei Schiedsrichter[459] die Regel sind, zeigt die Mediationspraxis, dass die Parteien den Streit in der Regel von einem Mediator begleiten lassen.[460] Art. 6 Abs. 1 des Modellgesetzes von 2018 stellt sowohl den Grundsatz auf, dass die Parteien hinsichtlich der Anzahl der Mediatoren eine Vereinbarung treffen können als auch eine Regelung für den Fall, dass die Parteien sich nicht geeinigt haben:

---

456 Draft UNCITRAL Notes on Mediation, UN-Doc. A/CN.9/1027, para. 24.
457 Draft Guide to Enactment (2018), para. 54.
458 Siehe Draft Guide to Enactment (2018), para. 54.
459 Vgl. Art. 10 UNCITRAL-Modellgesetz über die Handelsschiedsgerichtsbarkeit.
460 Siehe Draft Guide to Enactment (2018), para. 57.

> There shall be *one mediator, unless the parties agree that there shall be two or more mediators*[461].

(1) Gestaltungsfreiheit

Art. 6 stellt es den Parteien frei, die Anzahl der Mediatoren festzulegen. Hierdurch kommt zum Ausdruck, dass auch hier den Parteien Gestaltungsmöglichkeiten eingeräumt werden und bei der Auswahl des Mediators der konsensuale Charakter des Mediationsverfahrens gewahrt wird.[462] Ein früherer Vorschlag, dass bei mehr als einem Mediator die Ernennung jedes Mediators von den verschiedenen an der Mediation beteiligten Parteien vereinbart werden sollte, wurde verworfen.[463]

Nach Art. 6 Abs. 3 können die Parteien hinsichtlich der Auswahl des Mediators auf eine Mediationsinstitution zurückgreifen[464]:

> Parties may seek the *assistance of an institution*[465] or person in connection with the appointment of mediators. In particular:
>
> (a) A party may *request* such an institution or person to recommend suitable persons to act as mediator; or
>
> (b) The parties may *agree* that the appointment of one or more mediators be made directly by such an institution or person.

Auf den ersten Blick fällt eine Unterscheidung zwischen den beiden Fällen in Art. 6 Abs. 3 schwierig aus. Nach Art. 6 Abs. 3 lit. a kann eine Partei die Unterstützung einer Mediationsinstitution in Anspruch nehmen und anfragen, geeignete Personen als Mediator zu empfehlen. Eines der wichtigsten Mediationsinstitutionen stellt der ICC International Centre for ADR dar.[466]

---

461 Hervorhebungen erfolgen durch die Autorin.

462 *Draft UNCITRAL Notes on Mediation*, UN-Doc. A/CN.9/1027, para. 29.

463 Siehe Draft Guide to Enactment (2018), para. 58.

464 Die *Draft UNCITRAL Notes on Mediation* empfehlen, bei der Auswahl eines Mediators folgende Aspekte zu berücksichtigen: Verfügbarkeit des Mediators, Ausbildung und Erfahrung auf dem Gebiet der Mediation, Fachwissen und Qualifikationen, einschließlich Fachwissen über den strittigen Gegenstand, UN-Doc. A/CN.9/1027, para. 32.

465 Hervorhebung durch die Autorin.

466 Die Website des ICC International Centre for ADR, aufzurufen unter https://iccwbo.org/dispute-resolution-services/mediation/icc-international-centre-for-adr/ (zuletzt abgerufen am 20.01.22).

Nach Art. 6 Abs. 3 lit. b dagegen können die Parteien vereinbaren, dass die Bestellung eines Mediators direkt durch eine solche Mediationsinstitution erfolgt. Der Unterschied der beiden Bestimmungen liegt darin, dass in Art. 6 Abs. 3 lit. a eine Partei die Unterstützung einer Mediationsinstitution im Hinblick auf die Empfehlung von geeigneten Mediatoren in Anspruch nehmen kann, ohne die andere Partei darüber informieren zu müssen.[467] Betreffend Art. 6 Abs. 3 lit. b ist anzumerken, dass für eine direkte Bestellung eines Mediators durch eine Mediationsinstitution eine Vereinbarung zwischen den Parteien notwendig ist. Dies könnte sich auf die Vertragsbeziehung dahingehend auswirken, dass dadurch der konsensuale Charakter der Mediation beeinträchtigt wird und damit auch das Vertrauen in das Mediationsverfahren.[468]

Fraglich ist, ob eine direkte Bestellung des Mediators durch die Mediationsinstitution endgültig erfolgt oder zusätzlich eine weitere Zustimmung der Parteien erforderlich ist. In diesem Zusammenhang ist Art. 3 Abs. 3 lit. b der *Draft UNCITRAL Mediation Rules* heranzuziehen. Dort steht folgendes:

> The parties may agree that the selection shall be made directly by the selecting authority, in which case *the parties shall subsequently appoint the selected mediator*[469].

Danach haben die Parteien im Falle einer direkten Bestellung des Mediators durch eine Mediationsinstitution anschließend den ausgewählten Mediator zu ernennen.[470]

Des Weiteren hat die Mediationsinstitution bei der Auswahl des Mediators einige Aspekte zu berücksichtigen. Hierzu enthält Art. 6 Abs. 4 des Modellgesetzes von 2018 einige Vorgaben, die die Mediationsinstitution zu beachten hat.[471]

Ferner hat der Mediator nach Art. 6 Abs. 5 alle Umstände offenzulegen, die Anlass zu begründeten Zweifeln an seiner Unparteilichkeit oder Unabhängigkeit geben können, einschließlich der Offenlegung von Einzelheiten zu persönlichen,

---

467 Siehe hierzu UN-Doc. A/CN.9/180, para. 42.

468 Vgl. UNCITRAL Notes on Mediation, para. 29.

469 Hervorhebung durch die Autorin.

470 Diese Bestimmung führte zur Diskussion, ob eine zusätzliche Zustimmung der Parteien hinsichtlich der Auswahl des Mediators durch eine Mediationsstelle mit der allgemeinen Praxis einiger Schiedsinstitutionen im Einklang wäre, siehe hierzu in der vorliegenden Arbeit das Kapitel „Kommentare der Länder betreffend verfahrensrechtliche Aspekte der Mediation“ sowie UN-Doc. A/CN.9/1031 und UN-Doc. A/CN.9/1031/Add.1.

471 Hierzu gehören solche Erwägungen, die geeignet sind, die Ernennung eines unabhängigen und unparteiischen Mediators zu gewährleisten.

beruflichen, finanziellen oder sonstigen Interessen, die den Ausgang des Streitfalls beeinflussen können:

> When a person is approached in connection with his or her possible appointment as mediator, he or she shall *disclose any circumstances likely to give rise to justifiable doubts as to his or her impartiality or independence*[472]. A mediator, from the time of his or her appointment and throughout the mediation proceedings, shall without delay disclose any such circumstances to the parties unless they have already been informed of them by him or her.

Die Offenlegungspflicht besteht für den Mediator während des gesamten Mediationsverfahrens.[473] Hierzu orientierte sich die *Working Group II* an Art. 12 Abs. 1 des Modellgesetzes über die Handelsschiedsgerichtsbarkeit.[474]

Bei der Ausarbeitung des Modellgesetzes von 2018 diskutierte die *Working Group II* die Frage, ob Art. 6 des Modellgesetzes von 2018 die Folgen anzusprechen hat, die die sich aus der Unterlassung einer solchen Offenlegung ergeben können.[475] Man einigte sich darauf, die Folgen, die sich aus der Unterlassung der Offenlegung ergeben könnten, mit der Wirkung von Mediationsvergleichen in Zusammenhang zu ziehen und entwarf Art. 19 Abs. 1 lit. f des Modellgesetzes von 2018, der vorsieht, dass in einem solchen Fall kein Rechtsschutz gewährt wird.[476]

(2) Subsidiäre Regelung

Wenn die Parteien die Anzahl der Mediatoren nicht festgelegt haben, besteht für das Mediationsverfahren nach Art. 6 Abs. 1 ein Mediator.

bb) Aspekte der Tätigkeit des Mediators

Der Mediator muss unabhängig und unparteiisch sein und kein finanzielles oder sonstiges Interesse an dem Streitfall und seinem Ausgang haben.[477] Eines der maßgeblichen Elemente der Tätigkeit des Mediators liegt darin, das Vertrauen

---

472 Hervorhebung durch die Autorin.

473 Draft Guide to Enactment (2018), para. 60.

474 Nach Art. 12 Abs. 1 des Modellgesetzes über die Handelsschiedsgerichtsbarkeit hat der Schiedsrichter alle Umstände offenzulegen, die berechtigte Zweifel an seiner Unparteilichkeit oder Unabhängigkeit wecken können.

475 Siehe Draft Guide to Enactment (2018), para. 60.

476 Erforderlich ist eine wesentliche Auswirkung oder ein unzulässiger Einfluss der Nichtoffenlegung, vgl. Draft Guide to Enactment (2018), para. 60.

477 *Draft UNCITRAL Notes on Mediation*, UN-Doc. A/CN.9/1027, para. 33.

der Parteien zu gewinnen, um dadurch eine offene Kommunikation hinsichtlich der Lösung des Streitfalles zu gewährleisten. Dazu gehört auch die Wahrung des Grundsatzes von Treu und Glauben während des gesamten Ablaufs des Mediationsverfahrens, der sowohl für die Parteien als auch für den Mediator gilt.[478] Mediatoren zielen von Anfang an darauf ab, eine sichere, neutrale und unterstützende Atmosphäre für eine effektive Verhandlung zu schaffen.[479] Zu den maßgeblichen Aspekten der Tätigkeiten des Mediators zählen insbesondere seine methodischen Fähigkeiten, die darauf abzielen, Blockaden zu überwinden und den Prozess voranzubringen.[480] Neben einer unterstützenden Funktion trägt der Mediator dazu bei, dass die Parteien erlernen, selbstständig zu verfahren und befähigt sie dadurch, mögliche Ergebnisse in Betracht zu ziehen und Lösungen zu finden, einschließlich anderweitig geeigneter Lösungen, die vor Gericht oder in einem Schiedsverfahren möglicherweise nicht verfügbar sind.[481]

Die praktischen Erfahrungen des Mediators im Bereich der Mediation können bei der Auswahl des Mediators für die Parteien eine entscheidende Rolle spielen.[482] In diesem Zusammenhang steht zudem die Qualifikation des Mediators, welcher hinsichtlich komplizierteren Streitproblemen in der Lage sein sollte, rechtliches Verständnis mitzubringen.[483]

cc) Zusammenfassung

Zusammenfassend ist besonders auf die Gemeinsamkeiten und Unterschiede zur Schiedsgerichtsbarkeit betreffend die Bestellung eines Schiedsrichters einzugehen. Wie das Modellgesetz von 2018 räumt auch das Modellgesetz über die Handelsschiedsgerichtsbarkeit den Parteien die Möglichkeit ein, die Anzahl der Schiedsrichter festzulegen.[484] Haben die Parteien die Anzahl der Schiedsrichter nicht festgelegt, besteht in Art. 10 Abs. 2 des Modellgesetzes über die Handelsschiedsgerichtsbarkeit wie auch in Art. 6 Abs. 1 des Modellgesetzes von 2018 eine subsidiäre Regelung.

---

478 Dazu gehört auch, dass der Mediator eine faire Behandlung der Parteien aufrechterhält und jede andere Partei darüber informiert, dass eine Kommunikation unter Ausschluss der Öffentlichkeit stattgefunden hat, vgl. UN-Doc. A/CN.9/1027, para. 67.

479 *Draft UNCITRAL Notes on Mediation*, UN-Doc. A/CN.9/1027, para. 55.

480 *Draft UNCITRAL Notes on Mediation*, UN-Doc. A/CN.9/1027, para. 56.

481 Vgl. *Draft UNCITRAL Notes on Mediation*, UN-Doc. A/CN.9/1027, para. 56.

482 *Draft UNCITRAL Notes on Mediation*, UN-Doc. A/CN.9/1027, para. 32.

483 *Draft UNCITRAL Notes on Mediation*, UN-Doc. A/CN.9/1027, para. 32.

484 Vgl. Art. 10 UNCITRAL-Modellgesetz über die Handelsschiedsgerichtsbarkeit.

Betreffend die Kommunikation zwischen dem Mediator und den Parteien sind ebenfalls Ähnlichkeiten zur Kommunikation zwischen dem Schiedsrichter und den Parteien zu erkennen. Die Offenbarungspflicht des Mediators ist aus der Offenbarungspflicht des Schiedsrichters abgeleitet worden.[485]

Hinsichtlich der Tätigkeit des Mediators als Schiedsrichter räumt das Modellgesetz von 2018 den Parteien die Möglichkeit ein, eine solche Vereinbarung vorzunehmen. Grundsätzlich geht jedoch das Modellgesetz davon aus, dass der Mediator keine schiedsrichterlichen Tätigkeiten aufnehmen kann, wenn die Parteien diesbezüglich keine Einigung vornehmen. In diesem Zusammenhang stellt Art. 13 des Modellgesetzes eine Verbindung zu Art. 11 des Modellgesetzes her, um die Bedeutung zu verstärken, dass der Mediator nicht als Schiedsrichter hinsichtlich einer Streitigkeit tätig wird, die Gegenstand des Mediationsverfahrens ist.[486] Bereits zum Entwurf des Modellgesetzes von 2002 wurde diskutiert, ob das Modellgesetz auch eine Vorschrift hinsichtlich der Tätigkeit des Schiedsrichters als Mediator enthalten soll.[487] Aufgrund der divergierenden Rechtsauffassungen in den unterschiedlichen Rechtsordnungen betreffend die Tätigkeit des Schiedsrichters als Mediator wurde von einer solchen Vorschrift abgesehen.[488]

3. Vorschriften zur Durchführung des Mediationsverfahrens

a) Die Durchführung des Mediationsverfahren im engeren Sinn

Hinsichtlich der Durchführung des Mediationsverfahrens entspricht Art. 7 des Modellgesetzes von 2018 inhaltlich Art. 6 des Modellgesetzes von 2002. Art. 7 legt den Rahmen fest, in welcher Art und Weise das Mediationsverfahren durchgeführt werden soll:

> The parties are *free to agree*[489], by reference to a set of rules or otherwise, *on the manner in which the mediation is to be conducted.*
>
> Failing agreement on the manner in which the mediation is to be conducted, *the mediator may conduct the mediation proceedings in such a manner as the mediator considers appropriate*, taking into account the circumstances of the case, any wishes that the parties may express and the need for a speedy settlement of the dispute.

485 Vgl. Art. 12 Abs. 1 UNCITRAL-Modellgesetz über die Handelsschiedsgerichtsbarkeit.
486 Draft Guide to Enactment (2018), para. 87.
487 Draft Guide to Enactment (2018), para. 90.
488 Vgl. UN-Doc. A/CN.9/506, para. 132; Draft Guide to Enactment (2018), para. 90.
489 Hervorhebungen erfolgen durch die Autorin.

> In any case, in conducting the proceedings, *the mediator shall seek to maintain fair treatment of the parties* and, in so doing, shall *take into account the circumstances of the case.*
>
> The *mediator* may, at any stage of the mediation proceedings, *make proposals for a settlement of the dispute.*

Hierbei handelt es sich um eine Wiederholung des Art. 6 des Modellgesetzes von 2002, sodass keine inhaltlichen Unterschiede zu erkennen sind. Nach Art. 7 Abs. 1 des Modellgesetzes von 2018 steht es den Parteien frei, unter Bezugnahme auf Verfahrensregeln oder auf andere Weise zu vereinbaren, wie das Mediationsverfahren durchgeführt werden soll. Damit fällt die Wahl von Verfahrensvorschriften ebenfalls in die Gestaltungsfreiheit der Parteien.

aa) Mediationsregeln von UNCITRAL

Beispiele für Verfahrensvorschriften, auf die sich die Parteien einigen können, stellen die *Draft UNCITRAL Mediation Rules*[490] dar. Dazu ist Art. 4 der *Draft UNCITRAL Mediation Rules* heranzuziehen:

> The parties may *agree*[491] on the manner in which the mediation is to be conducted. *Otherwise the mediator may determine* the conduct of the mediation in consultation with the parties, taking into account the circumstances of the case, any wishes that the parties may express and the need for a speedy settlement of the dispute.
>
> The mediator shall seek to maintain *fair treatment* of the parties and, in so doing, shall take into account the circumstances of the case.
>
> In order to *facilitate the conduct of the mediation*:
> (a) The parties and the mediator may *convene a meeting* at an early stage to agree on the organization of the mediation; and
> (b) The parties, or the mediator with the consent of the parties, may arrange for administrative assistance by a suitable institution or person.
>
> A *party may be represented or assisted by a person of its choice.* The name, address and function of such person shall be communicated to all parties and to the mediator in advance of the mediation or without delay. This communication shall also indicate the intended role of such person in the mediation.

Grundsätzlich ist eine inhaltliche Verbindung zwischen Art. 7 des Modellgesetzes sowie Art. 4 der *Draft UNCITRAL Mediation Rules* zu erkennen. Dennoch

---

490 Vgl. in der vorliegenden Arbeit das Kapitel „Draft UNCITRAL Mediation Rules (2020)".

491 Hervorhebungen durch die Autorin.

geht der Wortlaut von Art. 4 der *Draft UNCITRAL Mediation Rules* über den Wortlaut des Art. 7 des Modellgesetzes hinaus. Dies wird besonders durch Art. 4 Abs. 3 der *Draft UNCITRAL Mediation Rules* hervorgehoben. Danach werden Aspekte genannt, die eine Durchführung des Mediationsverfahrens erleichtern können.[492] Auch Art. 4 Abs. 4 der *Draft UNCITRAL Mediation Rules* führt über den Wortlaut von Art. 7 des Modellgesetzes hinaus und erwähnt die Möglichkeit der Vertretung einer Partei durch eine Person ihrer Wahl. Dem Grunde nach ist der erweiterte Wortlaut von Art. 4 der *Draft UNCITRAL Mediation Rules* zu begrüßen, da die Mediation Rules als Verfahrensvorschriften den Rahmen des Mediationsverfahrens festlegen und ein über das Modellgesetz hinausgehender Wortlaut für den Regelungsrahmen des Mediationsverfahrens notwendig ist, um das Verfahren so genau wie möglich zu bestimmen. Problematisch kann es dann werden, wenn der hinausführende Wortlaut zu Auslegungsproblemen führt.

bb) Institutionelle Mediationsregeln

Neben den *Draft UNCITRAL Mediation Rules* stellen die institutionellen Mediationsregeln *ICC Mediation Rules*[493] weitere mögliche Verfahrensvorschriften für die Durchführung des Mediationsverfahrens dar. In diesem Zusammenhang stellt Art. 7 der *ICC Mediation Rules* eine ähnliche Vorschrift zu Art. 7 des Modellgesetzes von 2018 dar:

> The Mediator and the parties shall promptly discuss the manner in which the mediation shall be conducted[494].
>
> After such discussion, the *Mediator* shall promptly *provide the parties with a written note informing them of the manner in which the mediation shall be conducted.* Each party, by agreeing to refer a dispute to the Rules, agrees to participate in the Proceedings at least until receipt of such note from the Mediator or earlier termination of the Proceedings pursuant to Article 8(1) of the Rules.

---

492 Gemeint sind ein gemeinsames Treffen zwischen den Parteien und dem Mediator für die Verständigung über den Ablauf des Mediationsverfahrens sowie eine Zustimmung der Parteien für die Unterstützung durch eine dritte Person oder Mediationsstelle. Dies soll dazu führen, dass die Erwartungen der Parteien an die Durchführung der Mediation aufgeklärt und Angemessenheit der anfallenden Gebühren und Kosten bewertet werden, Draft UNCITRAL Notes on Mediation, UN-Doc. A/CN.9/1027, para. 58.

493 Die ICC Mediation Rules sind aufzurufen unter https://iccwbo.org/dispute-resolution-services/mediation/mediation-rules/ (zuletzt abgerufen am 20.01.22).

494 Hervorhebungen durch die Autorin.

> In establishing and conducting the mediation, the *Mediator shall be guided by the wishes of the parties* and shall treat them with *fairness* and impartiality.
>
> Each party shall act in *good faith* throughout the mediation.

Auch nach den *ICC Mediation Rules* können die Parteien den Ablauf des Verfahrens bestimmen. Der Inhalt des Mediationsverfahrens wird nach Abs. 2 in einem schriftlichen Vermerk festgehalten. Die *ICC Mediation Rules* bestimmen in Abs. 3, dass sich der Mediator während des Verfahrens von dem Gleichheitsgrundsatz sowie dem Grundsatz der Unparteilichkeit und den Interessen der Parteien leiten lassen soll. Abs. 4 verlangt von den Parteien, in gutem Glauben mit dem Mediator zu verfahren.

So wird auch hier deutlich, dass der Grundsatz von Treu und Glauben und die Freiwilligkeit der Parteien im Vordergrund stehen und von maßgeblicher Bedeutung sind.

Zurückgehend auf Art. 7 des Modellgesetzes von 2018 regelt Art. 7 Abs. 2 den Fall, dass eine Vereinbarung der Parteien über den Ablauf des Mediationsverfahrens nicht vorliegt. Danach kann der Mediator das Verfahren so führen, wie er es aufgrund seiner Praxiserfahrung für angemessen hält, wobei er die Umstände des Falles, die Wünsche der Parteien und die Notwendigkeit einer raschen Beilegung der Streitigkeit zu berücksichtigen hat.[495] In diesem Zusammenhang ist Art. 7 Abs. 3 heranzuziehen, welcher eine faire Behandlung der Parteien unter Berücksichtigung der besonderen Umstände des Falles voraussetzt. Hierzu ist anzumerken, dass diese Bestimmung durch Art. 4 des Modellgesetzes von 2018 als „zwingend" behandelt wird und von den Parteien nicht ausgeschlossen werden kann.[496] Ferner kann der Mediator nach Art. 7 Abs. 4 des Modellgesetzes in jedem Zeitpunkt des Verfahrens einen Vorschlag zur Beilegung des Streitfalls machen.[497]

---

495 Art. 7 Abs. 2 des Modellgesetzes von 2018 ist an Art. 4 Abs. 2 der *Draft UNCITRAL Mediation Rules* angelehnt.

496 Vgl. auch *Binder*, International Commercial Arbitration and Mediation in UNCITRAL Model Law Jurisdictions, p. 596–597; UN-Doc. A/57/17, para. 57; Bereits zum Entwurf des Modellgesetzes von 2002 wurde befürchtet, dass die „zwingende" Vorschrift dahingehend verstanden werden kann, dass diese auch auf den Inhalt des Schlichtungsvergleichs übertragen wird. Man einigte sich dennoch darauf, dass die „zwingende" Bestimmung als Mindeststandard von dem Schlichter zu beachten ist, siehe UN-Doc. A/57/17, paras. 56–57.

497 Spätestens anhand von Art. 7 Abs. 4 des Modellgesetzes wird deutlich, dass dem Mediator zwar keine Entscheidungsbefugnis zusteht, dieser jedoch auch Lösungsvorschlage unternehmen kann.

cc) Unterschied zur Durchführung des Schiedsverfahrens

Im Hinblick auf die Durchführung des Mediationsverfahrens ist eine gewisse Ähnlichkeit mit der Durchführung des Schiedsverfahrens zu erkennen. Dabei ist ein näherer Blick auf Art. 19 des Modellgesetzes über die Handelsschiedsgerichtsbarkeit zu werfen.[498] Nach Art. 19 Abs. 1 können die Parteien, vorbehaltlich zwingender Vorschriften, die Verfahrensregeln bestimmen. Art. 19 Abs. 2 bestimmt für den Fall, in dem eine solche Vereinbarung fehlt, dass das Schiedsgericht das Schiedsverfahren in der ihm geeignet erscheinenden Weise durchführen kann. Sowohl Art. 7 des Modellgesetzes von 2018 als auch Art. 19 des Modellgesetzes über die Handelsschiedsgerichtsbarkeit räumen den Parteien im Hinblick auf die Durchführung des Verfahrens Gestaltungsfreiheiten ein. Der systematische Unterschied liegt darin, dass Art. 19 sich ausschließlich auf die Gestaltungsfreiheit im Hinblick auf die Bestimmung der Verfahrensregeln bezieht und Art. 7 des Modellgesetzes dagegen sich auf die Durchführung des Mediationsverfahrens im Generellen anlehnt und somit nicht auf die Bestimmung von Verfahrensvorschriften beschränkt ist. Fraglich ist in diesem Zusammenhang, ob das materielle Recht durch Art. 7 erfasst ist. Dafür könnte sprechen, dass Art. 7 Abs. 1 durch die Formulierung „by reference to a set of rules *or otherwise*" auch die Anwendung materiellen Rechts einbezieht.

b) Kommunikation zwischen Mediator und Parteien

Art. 8 des Modellgesetzes von 2018 stellt eine inhaltliche Wiederholung von Art. 7 des Modellgesetzes von 2002 dar und behandelt die Kommunikation zwischen dem Mediator und den Parteien:

> The mediator may *meet or communicate with the parties together or with each of them separately*[499].

Danach kann der Mediator mit den Parteien zusammen oder getrennt kommunizieren.[500] Es wird deutlich, dass dieser Aspekt vielmehr dem Ermessen des

---

498 Vgl. Art. 19 UNCITRAL-Modellgesetz über die Handelsschiedsgerichtsbarkeit; Draft Guide to Enactment and Use of the UNCITRAL Model Law on International Commercial Mediation and International Settlement Agreements Resulting from Mediation (2018), para. 61.

499 Hervorhebungen durch die Autorin.

500 Den *Draft UNCITRAL Notes* ist zu entnehmen, dass der Mediator mit einer gemeinsamen Sitzung beginnen und danach separate Sitzungen vornehmen kann, vgl. UN-Doc. A/CN.9/1027, para. 67.

Mediators eingeräumt wird und dieser im konkreten Fall selbst auswerten sollte, welche Methode die effektivste sei. Hinsichtlich der Kommunikation zwischen dem Mediator und der Parteien ist zudem Art. 5 der *Draft UNCITRAL Mediation Rules* heranzuziehen. In diesem Zusammenhang gilt, dass die Parteien zu jedem Zeitpunkt Informationen über den Streitfall vorlegen können, wie z.B. Erklärungen, die die allgemeine Art des Streitfalls und die strittigen Punkte beschreiben sowie alle unterstützenden Dokumente oder zusätzlichen Informationen, die für angemessen erachtet werden.[501] Zu einer offenen Kommunikation gehört auch die Offenlegung von Informationen, die eine Partei dem Mediator erteilt, es sei denn, die Partei vereinbart, dass die Informationen vertraulich zu behandeln sind.[502]

4. Außenwirkung der Mediation

a) Offenlegung von Informationen

Neben den Gestaltungsmöglichkeiten der Parteien ist die Vertraulichkeit im Mediationsverfahren eine maßgebliche Eigenschaft für die Mediation. Die Förderung und Wahrung der Vertraulichkeit im Mediationsverfahren stellt für das Modellgesetz von 2018 wie schon bereits für das bestehende Modellgesetz von 2002 ein erstrebenswertes Ziel dar, nicht zu Letzt um die Mediation attraktiver zu gestalten.[503]

Art. 9 des Modellgesetzes von 2018 ist inhaltlich an Art. 8 des Modellgesetzes von 2002[504] angelehnt und sieht vor, dass alle Informationen, die eine Partei einem Mediator übermittelt, der anderen Partei offengelegt werden können, es sei denn, dass die Partei dem Mediator Informationen unter der ausdrücklichen Bedingung weitergibt, dass diese vertraulich behandelt werden und nicht an eine andere Partei der Mediation weitergegeben werden sollen.[505]

---

501 Vgl. Art. 5 Abs. 2 *Draft UNCITRAL Mediation Rules.*

502 Vgl. Art. 5 Abs. 3 *Draft UNCITRAL Mediation Rules*; Beachte in diesem Zusammenhang auch Art. 9 des Modellgesetzes von 2018.

503 Draft Guide to Enactment (2018), para. 69.

504 Art. 8 des Modellgesetzes von 2002 unterscheidet sich bloß im Wortlaut „conciliator".

505 Die *Draft UNCITRAL Notes on Mediation* empfehlen den Parteien hinsichtlich der Sicherung der Vertraulichkeit, sich zu Beginn der Mediation Gedanken zu machen, inwieweit sie das Mediationsverfahren vertraulich gestalten möchten, UN-Doc. A/CN.9/1027, para. 45.

Dieser Vertraulichkeitsgrundsatz stimmt mit Art. 5 Abs. 3 des Entwurfs der *UNCITRAL Mediation Rules* überein.[506] Art. 9 des Modellgesetzes von 2018 ist wie in seiner älteren Fassung des Modellgesetzes von 2002 weit gefasst und bezieht sich nach dem Wortlaut „*information concerning the dispute*" auf alle Informationen im Zusammenhang mit dem Mediationsverfahren und dabei nicht nur auf Informationen, die während des Mediationsverfahrens offenbart werden, sondern auch auf solche, die sich auf den Inhalt und das Ergebnis des Verfahrens beziehen.[507]

Die *Working Group II* zielte bei der Überarbeitung des Modellgesetzes von 2002 darauf ab, einen Rahmen zur Verfügung zu stellen, der rechtlichen Schutz hinsichtlich unerwünschter Offenlegung bestimmter Tatsachen und Informationen bietet.[508] In diesem Zusammenhang bezweckt das Modellgesetz neben der Wahrung der Vertraulichkeit eine offene Kommunikation zwischen den Parteien und dem Mediator.[509]

b) Vertraulichkeit des Mediationsverfahrens

Während sich Art. 9 auf die Vertraulichkeit zwischen den Parteien und dem Mediator und damit auf das Innenverhältnis bezieht, stellt Art. 10 einen Zusammenhang zwischen der Gestaltungsmöglichkeiten der Parteien und dem Grundsatz der Vertraulichkeit dar. Danach sind, sofern die Parteien nichts anderes vereinbart haben, alle Informationen, die sich auf das Mediationsverfahren beziehen, vertraulich zu behandeln, es sei denn, die Offenlegung ist nach dem Gesetz oder zum Zwecke der Umsetzung oder Durchsetzung eines Mediationsvergleichs erforderlich.

Anhand des Wortlauts in Art. 10 „unless agreed by the parties" wird deutlich, dass das Modellgesetz von 2018 wie bereits das bestehende Modellgesetz von 2002 den Gestaltungsmöglichkeiten der Parteien bei der Durchführung des Mediationsverfahrens eine stärkere Bedeutung zuspricht, um den geäußerten Bedenken zu begegnen, dass es unangemessen sein könnte, den Parteien hinsichtlich der Vertraulichkeit Bedingungen aufzuerlegen, die nicht der Gestaltungsfreiheit der Parteien

506 Der Vertraulichkeitsgrundsatz ist in den *Draft UNCITRAL Mediation Rules* in Art. 5 unter dem Titel „Communication between the parties and the mediator" enthalten.

507 Draft Guide to Enactment (2018), para. 68.

508 Draft Guide to Enactment (2018), para. 66.

509 Vgl. Draft Guide to Enactment (2018), para. 67.

unterliegen.[510] Jedenfalls ist zu berücksichtigen, dass Art. 10 ausdrücklichen Ausnahmen unterliegt, nämlich dann, wenn die Offenlegung von Informationen gesetzlich vorgeschrieben ist.[511] Dabei sind die genannten Ausnahmen inhaltlich Art. 9 des Modellgesetzes von 2002 entnommen, welcher ebenfalls Ausnahmen von der Vertraulichkeitspflicht enthält.[512]

Anhand des Wortlauts in Art. 10 „*all information relating to the mediation proceedings*" wird deutlich, dass hier der Adressatenkreis weiter gefasst ist, als es in Art. 9 der Fall ist.[513] Danach sind nicht nur Informationen gemeint, die während des Mediationsverfahrens offengelegt werden, sondern auch solche, die den Inhalt und das Ergebnis dieses Verfahrens sowie Angelegenheiten im Zusammenhang mit der Mediation bestimmen.

Auch das Modellgesetz über die Handelsschiedsgerichtsbarkeit geht von dem Grundsatz der Vertraulichkeit aus. Um die Vertraulichkeit des Schiedsverfahrens zu wahren, kann nach Art. 17 F des Modellgesetzes über die Handelsschiedsgerichtsbarkeit das Schiedsgericht von den Parteien verlangen, jede wesentliche Änderung der Umstände, aufgrund derer die Maßnahme beantragt

---

510 Vgl. hierzu Draft Guide to Enactment and Use of the UNCITRAL Model Law on International Commercial Mediation and International Settlement Agreements Resulting from Mediation (2018), para. 70.

511 Bei der Ausarbeitung des Modellgesetzes von 2018 stand zur Diskussion, ob die *Working Group II* eine Liste mit spezifischen Ausnahmen aufzunehmen hat. Dies war jedoch im Hinblick auf Auslegungsfragen betreffend die abschließende Bedeutung einer Liste abgelehnt worden, Draft Guide to Enactment and Use of the UNCITRAL Model Law on International Commercial Mediation and International Settlement Agreements Resulting from Mediation (2018), para. 71.

512 Ursprünglich sah die *Working Group II* bei dem Entwurf des Modellgesetzes von 2002 hinsichtlich der Ausnahmen von der Vertraulichkeitspflicht folgendes vor: The [mediator] and the parties must keep confidential all mattersrelating to the [mediation] proceedings and the settlement agreement. This does not apply to information which is(a) necessary for the purposes of implementation, enforcement or the setting aside of the settlement agreement; (b) authorized for disclosure by the party that originally divulged the information (c) in any event, in the public domain (d) required by law to be disclosed; or (e) necessary for a party to disclose to its professional advisers, to whom this provision would also apply, UN-Doc. A/CN.9/506, para. 84. Dennoch sah man von der Auflistung der Ausnahmen ab, um mögliche Auslegungsprobleme zu vermeiden.

513 UN-Doc. A/57/17, para. 79; *Binder*, International Commercial Arbitration and Mediation in UNCITRAL Model Law Jurisdictions, p. 604.

oder gewährt wurde, unverzüglich offenzulegen. Hier besteht eine Offenlegungspflicht ähnlich wie in Art. 9 des Modellgesetzes von 2018.

c) Vertraulichkeitsgebot

Art. 11 Abs. 1 des Modellgesetzes von 2018 bestimmt ein allgemeines Verbot der Verwendung der in der Mediation erhaltenen Informationen für die Zwecke anderer Verfahren, wie das Schieds- oder Gerichtsverfahren:

> *A party to the mediation proceedings, the mediator and any third person*[514], including those involved in the administration of the mediation proceedings, *shall not in arbitral, judicial or similar proceedings rely on, introduce as evidence or give testimony or evidence* regarding any of the following:
>
> (a) An invitation by a party to engage in mediation proceedings or the fact that a party was willing to participate in mediation proceedings;
>
> (b) Views expressed or suggestions made by a party in the mediation *in respect of a possible settlement of the dispute*;
>
> (c) Statements or admissions made by a party *in the course of the mediation proceedings*;
>
> (d) Proposals made by the mediator;
>
> (e) The fact that a party had indicated its *willingness to accept a proposal for settlement* made by the mediator;
>
> (f) *Adocument prepared solely for purposes of the mediation proceedings.*

Gemeint sind zum einen von einer Partei in der Mediation geäußerte Ansichten oder Vorschläge und zum anderen Aussagen oder Eingeständnisse einer Partei im Verlauf des Mediationsverfahrens.[515] Auch Vorschläge des Mediators hinsichtlich der Lösungsfindung im Mediationsverfahren sowie die Tatsache, dass eine Partei ihre Bereitschaft signalisiert, einen vom Mediator gemachten Lösungsvorschlag zu akzeptieren, sind von Art. 11 Abs. 1 betroffen.[516]

Art. 11 Abs. 1 zielt darauf ab, offene und ehrliche Diskussionen in der Mediation zu fördern, indem er die Verwendung der in Art. 11 Abs. 1 aufgeführten Informationen in späteren gerichtlichen oder schiedsgerichtlichen Verfahren untersagt und damit ein Beweisverwertungsverbot begründen dürfte.[517] Dadurch sollen die Parteien nicht befürchten müssen, dass ihre geäußerten Ansichten, Vorschläge, Eingeständnisse oder Bekundungen zur Bereitschaft in einem späteren

514 Hervorhebungen durch die Autorin.

515 Vgl. Art. 11 Abs. 1 lit. b und c des Modellgesetzes von 2018.

516 Vgl. Art. 11 Abs. 1 lit. d und e des Modellgesetzes von 2018.

517 Draft Guide to Enactment (2018), para. 72.

Verfahren zu ihrem Nachteil verwendet werden.[518] In diesem Zusammenhang zielt das Modellgesetz darauf ab, die Vertraulichkeit des Mediationsverfahrens zu wahren und zu fördern.[519] Vor diesem Hintergrund übernimmt das Modellgesetz von 2018 die Systematik des Modellgesetzes von 2002, welches bereits im Hinblick auf die Vorschrift des Vertraulichkeitsgebots einen Zusammenhang zu den Vorschriften betreffend die Vertraulichkeit des Mediationsverfahrens sowie die Offenlegungspflicht von Informationen sah und diese aufeinanderfolgend im Modellgesetz regelt.[520]

Der Ausschluss der Verwendung der in der Mediation erhaltenen Informationen gilt neben dem Mediator und den Parteien auch für jede dritte Person[521], weswegen hier alle einbezogenen Personen des Mediationsverfahrens gemeint sind.[522] Die *Working Group II* macht darauf aufmerksam, dass Art. 11 des Modellgesetzes nicht darauf bezogen ist, dass ausschließlich die Parteien und einbezogenen Personen des Mediationsverfahrens sich nicht auf die in Art. 11 genannten Arten von Beweisen stützen sollen, sondern auch die Gerichte verpflichtet seien, solche Beweise als unzulässig zu behandeln.[523]

Die Kommission argumentierte bereits bei der Ausarbeitung des Modellgesetzes von 2002, dass ein solches Beweisverwertungsverbot notwendig ist, um die Gefahr zu umgehen, welches die Parteien davon abhalten könnte, aktiv zu versuchen, während des Verfahrens eine Einigung zu erzielen und auf die Weise den Nutzen der Mediation verringern würde.[524] Art. 11 Abs. 1 des Modellgesetzes steht mit Art. 7 der *Draft UNCITRAL Mediation Rules* im Einklang. Dennoch sind in Art. 7 der *Draft UNCITRAL Mediation Rules* hinsichtlich der Zeugnis- und Aussageverweigerungsrechte einige Unterschiede zu erkennen. Im Gegensatz zu Art. 11 Abs. 1 des Modellgesetzes beginnt Art. 7 Abs. 1 der Mediation

518 *Binder*, International Commercial Arbitration and Mediation in UNCITRAL Model Law Jurisdictions, p. 608.

519 Auch nach dem Verständnis der *Draft UNCITRAL Mediation Rules* wird deutlich, dass hinsichtlich der Zeugnis- und Aussageverweigerungsrechte die Vertraulichkeit des Mediationsverfahrens gefördert werden soll, UN-Doc. A/CN.9/1026, para. 23.

520 Auch Art. 11 des Modellgesetzes von 2018 folgt nach den Vorschriften betreffend die Vertraulichkeit des Mediationsverfahrens sowie Offenlegungspflicht von Informationen.

521 Gemeint sind Zeugen und Sachverständige, die in dem Mediationsverfahren involviert sind.

522 Draft Guide to Enactment (2018), para. 72.

523 Draft Guide to Enactment (2018), para. 75.

524 UN-Doc. A/CN.9/WG.II/WP.108, para. 18.

Rules mit dem Zusatz „Unless otherwise agreed by the parties […]". Damit stellt hier der Entwurf der Mediation Rules im Hinblick auf die Zeugnis- und Aussageverweigerungsrechte auf die Gestaltungsfreiheiten der Parteien ab.[525]

Ähnlich wie Art. 10 des Modellgesetzes von 2018 erlaubt Art. 11 Abs. 3 die Offenlegung oder Zulassung von Beweismitteln, wenn dies gesetzlich vorgeschrieben oder für die Zwecke der Durchsetzung von Mediationsvergleichen erforderlich ist:

> The *disclosure of the information referred to in paragraph 1*[526] of this article *shall not be ordered by an arbitral tribunal, court or other competent governmental authority* and, if such information is offered as evidence in contravention of paragraph 1 of this article, that *evidence shall be treated as inadmissible.* Nevertheless, such information may be disclosed or admitted in evidence to the extent required under the *law* or for the purposes of implementation or enforcement of a settlement agreement.

Danach darf die Offenlegung der in Art. 11 Abs. 1 genannten Informationen von einem Schiedsgericht, einem Gericht oder einer anderen zuständigen staatlichen Stelle nicht angeordnet werden, und wenn solche Informationen entgegen Art. 11 Abs. 1 als Beweismittel vorgebracht werden, sind diese Beweismittel als unzulässig zu behandeln.[527] Gleichwohl können solche Informationen offengelegt oder als Beweismittel zugelassen werden, soweit dies nach dem Gesetz[528]

---

525 Die Kommission sieht Art. 11 des Modellgesetzes besonders dann als erforderlich an, wenn sich die Parteien nicht auf eine Verfahrensvorschrift, wie in Art. 7 der *Draft UNCITRAL Mediation Rules* enthalten, geeinigt haben, welches das Verbot der Verwendung der in der Mediation erhaltenen Informationen für die Zwecke anderer Verfahren mit den Gestaltungsfreiheiten der Parteien in Verbindung bringt, vgl. Draft Guide to Enactment (2018), paras. 73–74; Doch selbst wenn sich die Parteien auf eine solche Regelung geeinigt haben, ist nach Auffassung der Kommission die modellgesetzliche Bestimmung dann vom Nutzen, da einige Gerichte, zumindest in einigen Rechtssystemen, Vereinbarungen über die Zulässigkeit von Beweismitteln in Gerichtsverfahren möglicherweise nicht in vollem Umfang wirksam anerkennen, siehe UN-Doc. A/CN.9/514, paras. 62–63; Wenn die Parteien nichts anderes vereinbart haben, sieht das Modellgesetz vor, dass sich die Parteien in nachfolgenden gerichtlichen oder schiedsgerichtlichen Verfahren nicht auf Beweise der in den modellgesetzlichen Bestimmungen genannten Arten stützen dürfen, siehe Draft Guide to Enactment (2018), para. 75.

526 Hervorhebungen durch die Autorin.

527 Vgl. Art. 11 Abs. 3 S. 1 des Modellgesetzes von 2018.

528 Im englischen Original: „law"; Die Kommission teilt hier dem Begriff „law" eine enge Bedeutung zu, sodass dieser dahingehend auszulegen ist, dass lediglich Rechtsvorschriften gemeint sind und Gerichtsbeschlüsse sowie Schiedsverfügungen nicht

oder zum Zwecke der Durchführung oder Durchsetzung eines Mediationsvergleichs erforderlich ist.[529]

Art. 11 Abs. 4 des Modellgesetzes erweitert den Anwendungsbereich der Absätze 1 bis 3 nicht nur für nachfolgende Verfahren im Zusammenhang mit dem Mediationsverfahren, sondern auch für nicht damit verbundene nachfolgende Verfahren:

> The provisions of paragraphs 1, 2 and 3 of this article apply *whether or not the arbitral, judicial or similar proceedings relate to the dispute*[530] that is or was the subject matter of the mediation proceedings.

Nach Art. 11 Abs. 5 des Modellgesetzes werden, mit Ausnahme der Einschränkungen in Art. 11 Abs. 1, Beweismittel, die ansonsten in gerichtlichen oder schiedsgerichtlichen Verfahren zulässig sind, nicht dadurch unzulässig, dass sie in einer Mediation verwendet wurden:

> Subject to the limitations of paragraph 1 of this article, evidence that is otherwise admissible in arbitral or judicial or similar proceedings *does not become inadmissible as a consequence of having been used in a mediation*[531].

Damit stellt Art. 11 Abs. 5 klar, dass nur die in Art. 11 Abs. 1 aufgeführten Erklärungen, die in einem Mediationsverfahren angegeben wurden, in einem späteren gerichtlichen oder schiedsgerichtlichen Verfahren unzulässig sind.

d) Außenwirkung der Mediation im Hinblick auf die Tätigkeiten des Mediators in anderen Verfahren

aa) Der Mediator als Schiedsrichter

Fraglich ist, ob der Mediator nach dem Verständnis des Modellgesetzes von 2018 als Schiedsrichter in dem gleichen Streit als Verteidiger tätig werden darf. Dazu nimmt Art. 13 des UNCITRAL-Modellgesetzes wie folgt Stellung:

> *Unless otherwise agreed by the parties, the mediator shall not act as an arbitrator*[532] in respect of a dispute that was or is the subject of the mediation proceedings or in respect

---

einbezogen sind, siehe *Binder*, International Commercial Arbitration and Mediation in UNCITRAL Model Law Jurisdictions, p. 610–611.

529 Vgl. Art. 11 Abs. 3 S. 2 des Modellgesetzes von 2018.

530 Hervorhebungen durch die Autorin.

531 Hervorhebungen durch die Autorin.

532 Hervorhebung durch die Autorin.

of another dispute that has arisen from the same contract or legal relationship or any related contract or legal relationship.

Sofern die Parteien nichts anderes vereinbart haben, darf der Mediator nicht als Schiedsrichter in Bezug auf eine Streitigkeit tätig werden, die Gegenstand des Mediationsverfahrens war oder ist, oder in Bezug auf eine andere Streitigkeit, die sich aus demselben Rechtsverhältnis oder einem damit verbundenen Rechtsverhältnis ergeben hat.

Wie Art. 10 und Art. 11 des Modellgesetzes versucht Art. 13 die Parteien vor mediationsbedingten negativen Folgen eines möglicherweise anschließenden Gerichts- oder Schiedsverfahrens zu schützen.[533] Während es in einigen Rechtsordnungen[534] zulässig ist, dass der Mediator als Schiedsrichter tätig sein darf, wenn die Parteien es vereinbaren, liegt auch dies in der Gestaltungsfreiheit der Parteien. Eine solche Vereinbarung könnte dann von Vorteil sein, wenn der Schiedsrichter aufgrund seines vorherigen Verfahrens als Mediator Vorkenntnisse aufzeigen kann, die dazu verhelfen würden, eine Beilegung des Streites effizienter zu gestalten.[535]

Bei der Ausarbeitung des Modellgesetzes bemühte sich die *Working Group II* darum, zwischen Art. 13 und Art. 11 des Modellgesetzes von 2018 einen Zusammenhang herzustellen, der die Möglichkeit des Mediators einschränkt, als Schiedsrichter in Bezug auf eine Streitigkeit, die Gegenstand des Mediationsverfahrens war oder ist, tätig zu werden.[536] Dadurch soll das Vertrauen der Parteien in den Mediator und auch in das Mediationsverfahren als alternative Streitbeilegung gestärkt werden.[537] Die Parteien sollen sich gegenüber dem Mediator vertrauensvoll öffnen können und nicht die Besorgnis haben müssen, dass davon in einem weiteren Verfahren durch den Mediator als Schiedsrichter Gebrauch gemacht wird. Des Weiteren könnte die Gefahr bestehen, dass eine Partei zögert, sich aktiv in einem Mediationsverfahren um eine Einigung zu bemühen, wenn sie die Möglichkeit in Betracht ziehen muss, dass der Mediator im Falle eines

533 *Binder*, International Commercial Arbitration and Mediation in UNCITRAL Model Law Jurisdictions, p. 616.

534 In Deutschland kann der Mediator von den Parteien nach § 1025 ZPO als Schiedsrichter bestellt werden; Zudem wird auf das kombinierte Verfahren MedArb, wie oben bereits vorgestellt, hingewiesen; vgl. auch *Dendorfer/Lack*, SchiedsVZ 2007, 195 (205).

535 Draft Guide to Enactment (2018), para. 88.

536 Draft Guide to Enactment (2018), para. 87.

537 Vgl. Draft Guide to Enactment (2018), para. 87.

Scheiterns der Mediation von der anderen Partei in einem späteren Mediationsverfahren als Schiedsrichter bestellt werden könnte.[538]

Art. 13 des Modellgesetzes gilt nicht nur in Bezug auf eine Streitigkeit, die Gegenstand des Mediationsverfahrens war oder ist, sondern auch in Bezug auf eine andere Streitigkeit, die aus demselben Rechtsverhältnis oder einem damit zusammenhängenden Rechtsverhältnis entstanden ist.[539] Damit hat die Vorschrift einen weiten Anwendungsbereich, indem neben laufenden Mediationsverfahren auch vergangene Verfahren miteinbezogen sein können.

bb) Case Law: Ku-ring-gai Council v. Ichor Constructions Pty Ltd

Die von UNCITRAL geführte Datenbank CLOUT weist eine gerichtliche Entscheidung des *Supreme Court of New South Wales* vom 5. Februar 2019 aus und nimmt zu Art. 13 des Modellgesetzes von 2018 Bezug, auf die folgend eingegangen wird:[540]

In dem Fall *Ku-ring-gai Council v. Ichor Constructions Pty Ltd* war problematisch gewesen, ob nach Art. 14 des Modellgesetzes über die internationale Handelsschiedsgerichtsbarkeit ein Schiedsrichter ein Schiedsverfahren wieder aufnehmen darf, wenn er in dem gleichen Streit als Verteidiger tätig war. Hintergrund war ein zwischen den Parteien geschlossener Bauvertrag, der verschiedene Streitigkeiten zur Folge hatte, die durch ein Schiedsverfahren beigelegt werden sollten. Die Parteien lehnten einen vom Schiedsrichter erarbeiteten Einigungsvorschlag ab. Nachdem das Schiedsverfahren wieder aufgenommen und eine endgültige Entscheidung getroffen wurde, rügte *Ichor Constructions Pty Ltd* die Entscheidung mit der Begründung, dass der Schiedsrichter das Schiedsverfahren nicht hätte wieder aufnehmen dürfen, da dieser als Verteidiger einen Einigungsvorschlag unterbreitet habe und die Entscheidung deshalb ungültig sei. Der *Supreme Court of New South Wales* wies die von der anderen Partei *Ku-ring-gai Council* eingelegten Klage mit der Begründung ab, dass der Schiedsrichter zutreffend als Verteidiger tätig war und damit gegen den Abschnitt 27 D des *Commercial Arbitration Act 2010*[541] verstoßen hat und nahm Bezug zu Art. 13

538 UN-Doc. A/CN.9/514, para. 70.

539 Draft Guide to Enactment (2018), para. 87.

540 Die schiedsgerichtliche Entscheidung zum Fall *Ku-ring-gai Council v. Ichor Constructions Pty Ltd* ist enthalten in UN-Doc. A/CN.9/SER.C/ABSTRACTS/202, Case 1847.

541 Nach dem Abschnitt 27 D des *Commercial Arbitration Act 2010* kann ein Schiedsrichter als Verteidiger auftreten, wenn die Schiedsvereinbarung dies vorsieht oder die Parteien zugestimmt haben, aufzurufen unter https://legislation.nsw.gov.au/view/whole/html/inforce/current/act-2010-061#:~:text=This%20Act%20is%20the%20Commerc

des Modellgesetzes von 2018, welcher dem Abschnitt 27 D ähnlich ist. Zudem stellte der *Supreme Court of New South Wales* fest, dass für eine Wiederaufnahme des Schiedsverfahrens eine Zustimmung der Parteien erforderlich gewesen wäre, die, wie bereits festgestellt wurde, nach Art. 13 des Modellgesetzes von 2018 dagegen nicht verlangt wird und in diesem Fall nicht vorlag.

Anhand dieser gerichtlichen Entscheidung wird deutlich, dass bereits in der Praxis eine Verbindung zum neuen Modellgesetz von 2018 hergestellt wird und Ähnlichkeiten und Unterschiede zwischen den Regelungsbedingungen des Modellgesetzes über die Mediation und Schiedsgerichtsbarkeit zur Auslegung herangezogen werden können.

e) Einrede der Mediationsvereinbarung

Hinsichtlich der Einleitung eines Schieds- oder Gerichtsverfahrens, während das Mediationsverfahren anhängig ist, orientiert sich das Modellgesetz von 2018 an dem Modellgesetz von 2002. In Art. 14 des Modellgesetzes von 2018 heißt es:

> *Where the parties have agreed to mediate and have expressly undertaken not to initiate during a specified period of time or until a specified event has occurred arbitral or judicial proceedings with respect to an existing or future dispute*[542], such an undertaking shall be given effect by the arbitral tribunal or the court until the terms of the undertaking have been complied with, *except to the extent necessary for a party, in its opinion, to preserve its rights.* Initiation of such proceedings is not of itself to be regarded as a waiver of the agreement to mediate or as a termination of the mediation proceedings.

Damit enthält Art. 14 eine Einrede der Mediationsvereinbarung, wie auch bereits Art. 13 des Modellgesetzes von 2002. Danach haben Schiedsgerichte oder Gerichte die Vereinbarung der Parteien eines Mediationsverfahrens, die vorsieht, dass während eines bestimmten Zeitraums oder bis zum Eintritt eines bestimmten Ereignisses kein schiedsrichterliches oder gerichtliches Verfahren in Bezug auf eine bestehende oder künftige Streitigkeit einzuleiten ist, wirksam anzuerkennen. Das bedeutet, dass das Modellgesetz von einer allgemeinen Regel absieht, die eine solche Einleitung eines schiedsrichterlichen oder gerichtlichen Verfahrens verbietet.[543] Vor dem Hintergrund der Annahme, dass die Einleitung

---

ial%20Arbitration%20Act%202010.&text=This%20Act%20commences%20on%20a,to%20be%20appointed%20by%20proclamation.&text=(1)%20The%20paramount%20object%20of,without%20unnecessary%20delay%20or%20expense. (zuletzt abgerufen am 22.01.22).

542 Hervorhebungen durch die Autorin.

543 Der Zugang zu Gerichten kann aus verfassungsrechtlichen Gründen nicht untersagt werden, vgl. Draft Guide to Enactment (2018), para. 92.

eines Schieds- oder Gerichtsverfahrens negative Auswirkungen auf die Erfolgsaussichten einer Einigung haben könnte, geht Art. 14 des Modellgesetzes von dem Fall aus, dass die Parteien ausdrücklich vereinbart hätten, auf die Einleitung eines Schieds- oder Gerichtsverfahrens zu verzichten, solange ein Mediationsverfahren anhängig ist, sodass die Einrede nur bei ausdrücklicher Parteivereinbarung geltend gemacht werden kann.[544]

Dennoch bestimmt Art. 14 eine Ausnahme[545], nach der die Einleitung eines schiedsgerichtlichen oder gerichtlichen Verfahrens zur Wahrung der Rechte einer Partei erforderlich ist, obwohl die Parteien vereinbart haben, von der Einleitung eines Schieds- oder Gerichtsverfahrens während eines Mediationsverfahrens abzusehen.[546] Diese Ausnahme führte innerhalb der Kommission zu großer Kritik: Man könne sich nicht einer Mediation mit der Annahme anvertrauen, dass die Entscheidung, ein Gerichts- oder Schiedsverfahren zur Wahrung von Rechten einzuleiten, den Parteien selbst obliegen soll.[547] Damit ist besonders die Einreichung von Klagen vor Ablauf der Verjährungsfrist gemeint. Dennoch hat man sich für die Ausnahme entschieden, um die Gestaltungsfreiheiten zu wahren und die Anwendung der Mediation weiter zu fördern.[548] Der Wortlaut in Art. 14 S. 2 des Modellgesetzes ("Initiation of such proceedings is not of itself to be regarded as a waiver of the agreement to mediate or as a termination of the mediation proceedings") betont jedoch, dass die Einleitung eines Verfahrens nicht per se als Verzicht auf die Mediationsvereinbarung oder als Beendigung des Mediationsverfahrens zu werten ist.

Eine ähnliche Regelung wie in Art. 14 des Modellgesetzes ist auch im deutschen Recht wiederzufinden. § 278a Abs. 2 ZPO ordnet das Ruhen des Verfahrens an, wenn sich die Parteien zur Durchführung einer Mediation oder eines anderen Verfahrens der außergerichtlichen Konfliktbeilegung entschieden haben. Im Unterschied zu Art. 14 des Modellgesetzes, der eine Ausnahme hinsichtlich der Geltendmachung der Einrede der Mediationsvereinbarung enthält, kann dem Wortlaut von § 278a Abs. 2 ZPO keine ausdrückliche Ausnahme entnommen werden. Eine solche Ruhensanordnung ist jedoch von den Parteien zu beantragen und erfolgt somit nicht von Amts wegen.[549] Dadurch können die

---

544 Draft Guide to Enactment (2018), para. 92.

545 Im englischen Original: „[…] except to the extent necessary for a party […]".

546 Draft Guide to Enactment (2018), para. 94.

547 UN-Doc. A/57/17, para. 115.

548 *Binder*, International Commercial Arbitration and Mediation in UNCITRAL Model Law Jurisdictions, p. 620; UN-Doc. A/57/17, para. 115.

549 MüKoZPO/Ulrici ZPO § 278a Rn. 14.

Parteien weiterhin durch die Fortführung des Rechtsstreits ihre Rechte verfolgen, sodass eine Ähnlichkeit zu Art. 14 des Modellgesetzes besteht, wo ebenfalls nur bei ausdrücklicher Parteivereinbarung die Einrede der Mediationsvereinbarung geltend gemacht werden kann.

5. Beendigung des Mediationsverfahrens

Nachfolgend werden einige Umstände erläutert, unter denen die Mediation beendet werden kann. Hierin folgt das Modellgesetz von 2018 inhaltlich dem Modellgesetz von 2002 betreffend die Beendigung des Schlichtungsverfahrens. In diesem Zusammenhang hinterfragt *Binder*[550], inwieweit es relevant sein kann, die Beendigung des Mediationsverfahrens zu bestimmen. Dabei weist er darauf hin, dass die Antwort auf diese Frage auf den Umständen beruht, unter denen das Mediationsverfahren eingeleitet wird. In dieser Hinsicht ist im Falle des Ablaufs von Verjährungsfristen von entscheidender Bedeutung, wann das Mediationsverfahren beendet ist.[551]

a) Umstände, unter denen die Mediation beendet werden kann

Die Beendigung des Mediationsverfahrens ergibt sich aus Art. 12 des Modellgesetzes von 2018:

> The mediation proceedings are terminated:
>
> (a) By the *conclusion of a settlement agreement*[552] by the parties, on the date of the agreement;
>
> (b) By a *declaration of the mediator*, after consultation with the parties, to the effect that further efforts at mediation are no longer justified, on the date of the declaration;
>
> (c) By a *declaration of the parties* addressed to the mediator to the effect that the mediation proceedings are terminated, on the date of the declaration; or
>
> (d) By a *declaration of a party to the other party or parties and the mediator*, if appointed, to the effect that the mediation proceedings are terminated, on the date of the declaration.

550 *Binder*, International Commercial Arbitration and Mediation in UNCITRAL Model Law Jurisdictions, p. 613.

551 *Binder*, International Commercial Arbitration and Mediation in UNCITRAL Model Law Jurisdictions, p. 614.

552 Hervorhebungen durch die Autorin.

Nach Art. 12 lit. a ist das Mediationsverfahren erfolgreich beendet, wenn sich Parteien sich auf einen Mediationsvergleich einigen. Die *Working Group II* einigte sich für den Ausdruck *„conclusion"* statt des Ausdrucks „signing", um die Einigung in jeder Form zum Ausdruck zu bringen, wie z.B. auch den elektronischen Informationsaustausch.[553]

Der zweite in Unterabsatz b genannte Umstand, ermöglicht es dem Mediator, das Mediationsverfahren nach Rücksprache mit den Parteien zu beenden. Bei der Ausarbeitung des Modellgesetzes von 2018 wurde vereinbart, dass dieser Unterabsatz auch Fälle des Abbruchs des Mediationsverfahrens nach dessen Beginn erfassen sollte, wenn ein solcher Abbruch durch das Verhalten der Parteien impliziert wird.[554] Im Vergleich dazu endet das Schiedsverfahren nach Art. 32 des Modellgesetzes über die Handelsschiedsgerichtsbarkeit entweder durch Erlass eines endgültigen Schiedsspruchs oder durch Beschluss des Schiedsgerichts.[555] Dabei ist die Beendigung des Schiedsverfahrens durch den Erlass eines Schiedsspruchs dann von Vorteil, wenn eine Fortsetzung des Schiedsverfahrens aus gewissen Gründen als unmöglich erscheint.[556]

Während Unterabsatz c bestimmt, dass beide Parteien das Mediationsverfahren für beendet erklären können, ermöglicht Unterabsatz d einer Partei, die andere Partei und den Mediator von der Beendigung in Kenntnis zu setzen. Es wird deutlich, dass die Gestaltungsmöglichkeiten der Parteien auch im Hinblick der Beendigung des Mediationsverfahrens durch das Modellgesetz gewahrt werden. Damit können Fälle gemeint sein, in denen die eine Partei keinen Grund mehr für die Fortführung eines Mediationsverfahrens sieht.

Als weitere Erläuterungsgrundlage ist Art. 9 der *Draft UNCITRAL Mediation Rules* heranzuziehen. Danach sieht Art. 9 hinsichtlich der Beendigung des Mediationsverfahrens folgendes vor:

> The mediation shall terminate:
>
> (a) By the *signing of the settlement agreement*[557] by the parties, on the date of the agreement;

---

553 Vgl. Draft Guide to Enactment (2018), para. 84.

554 Draft Guide to Enactment (2018), para. 84.

555 Siehe Art. 32 Abs. 1 und Abs. 2 des Modellgesetzes über die internationale Handelsschiedsgerichtsbarkeit.

556 *Hußlein-Stich,* Das UNCITRAL-Modellgesetz über die internationale Handelsschiedsgerichtsbarkeit, S. 168.

557 Hervorhebungen erfolgen durch die Autorin.

(b) By a *declaration of the parties* to the mediator to the effect that the mediation is terminated, on the date of the declaration;

(c) By a declaration of a party to the other party and the mediator, if appointed, to the effect that it no longer wishes to pursue mediation, on the date of the declaration, unless the parties are prohibited to unilaterally terminate the mediation before the expiration of a defined period;

(d) By a *declaration of the mediator, after consultation with the parties, to the effect that further efforts at mediation are no longer justified or in the situation referred to in article 11(5)*, on the date of the declaration; or

(e) At the *expiration of any mandatory period.*

Grundsätzlich ist Art. 9 inhaltlich an Art. 12 des Modellgesetzes angelehnt. Dennoch sind einige Unterschiede in der Formulierung zu erkennen: Im Gegensatz zu Art. 12 lit. a des Modellgesetzes, der den Ausdruck *„conclusion"* verwendet, enthält Art. 9 lit. a den Begriff *„signing"*. Hier wäre wünschenswert, wenn der Wortlaut der Mediation Rules dem Wortlaut des Modellgesetzes entspräche. Des Weiteren setzt sich Art. 9 der Mediation Rules aus einer anderen Reihenfolge der Unterabsätze als Art. 12 des Modellgesetzes zusammen. Die Tatsache, dass in Art. 9 der Mediation Rules eine andere Reihenfolge der Unterabsätze vorgenommen wird, unterstreicht die unterschiedliche Bewertung der Bedeutung der einzelnen Unterabsätze. Während nach Art. 12 lit. d des Modellgesetzes das Mediationsverfahren durch eine Erklärung einer Partei an die andere Partei zum Zeitpunkt der Erklärung beendet ist, führt der Wortlaut des Art. 9 lit. c der Mediation Rules hinaus. Danach ist das Mediationsverfahren durch eine Erklärung einer Partei an die andere Partei zum Zeitpunkt der Erklärung beendet, es sei denn, den Parteien ist es untersagt, die Mediation vor Ablauf einer bestimmten Frist einseitig zu beenden[558]. Dieser Zusatz wurde von einigen Staaten bemängelt.[559] Kritisiert wurde eine mögliche Verletzung der Gestaltungsfreiheiten der Parteien.[560] Zudem wurde erwähnt, dass dieser Wortlaut nicht mit dem des Modellgesetzes von 2018[561] sowie nicht mit dem Wortlaut der *Draft UNCITRAL Notes*[562] übereinstimmt.[563]

558 Im englischen Original: „unless the parties are prohibited to unilaterally terminate the mediation before the expiration of a defined period".

559 Vgl. UN-Doc. A/CN.9/1031 und UN-Doc. A/CN.9/1031/Add.1.

560 Siehe UN-Doc. A/CN.9/1031/Add.1.

561 Vgl. Art. 12 lit. d des Modellgesetzes von 2018.

562 UN-Doc. A/CN.9/1027, para. 79.

563 Aus dem Sitzungsreport der *Working Group II* vom 22. bis 26 März 2021 ist nicht zu entnehmen, dass die Kommission Änderungen an dem erweiterten Wortlaut in

Zum Vergleich ist folgend Art. 8 der *ICC Mediation Rules* abgedruckt, der ebenfalls die Beendigung des Mediationsverfahrens behandelt:

1. Proceedings which have been commenced pursuant to the Rules shall terminate upon written confirmation of termination by the Centre to the parties after the occurrence of the earliest of:
   a. the *signing*[564] by the parties of a settlement agreement;
   b. the*notification in writing made to the Mediator by any party*, at any time after it has received the Mediator's note referred to in Article 7(2), that such party has decided no longer to pursue the mediation;
   c. the*notification in writing by the Mediator to the parties* that the mediation has been completed;
   d. the*notification in writing by the Mediator to the parties* that, in the Mediator's opinion, the mediation will not resolve the dispute between the parties; …

Danach wird deutlich, dass Art. 8 dem Art. 12 des Modellgesetzes von 2018 inhaltlich sehr ähnlich ist. Hinsichtlich der Wortwahl ist betreffend Art. 8 anzumerken, dass dort in Art. 8 Abs. 1 a der Ausdruck „*signing*" verwendet wird. Hier wird im Gegenteil zu Art. 12 des Modellgesetzes auf eine bestimmte Form der Einigung eingegangen. Dies wird besonders daran deutlich, dass in Art. 8 lediglich der Ausdruck „notification" verwendet wird, um vielmehr die schriftliche Form zum Ausdruck zu bringen.

b) *Form der Beendigung*

Ob die Beendigung in schriftlicher Form erfolgen muss, lässt sich aus Art. 12 des Modellgesetzes nicht entnehmen. Jedoch könnte hier eine Verbindung zu Art. 5 hergestellt werden, indem ein verfügender Staat, der den Entwurf einer Vorschrift, wie in Fußnote 4 zu Art. 5 enthalten, annimmt und erwägen könnte, ob eine schriftliche Beendigung erforderlich ist. Denn bei der Bestimmung des Zeitpunkts, zu dem eine Mediation endet, könnte Genauigkeit erforderlich sein, damit die Gerichte den Zeitpunkt, zu dem die Verjährungsfrist wiederbeginnt, ordnungsgemäß bestimmen können.[565]

Art. 9 lit. c der Draft UNCITRAL Mediation Rules vorzunehmen wird, siehe hierzu UN-Doc. A/CN.9/1049, para. 69.

564 Hervorhebungen durch die Autorin.

565 UN-Doc. A/57/17, paras. 96 and 168; Draft Guide to Enactment (2018), para. 86; Draft UNCITRAL Notes on Mediation, UN-Doc. A/CN.9/1027, para. 80.

c) *Zusammenfassung*

Zusammenfassend ist festzustellen, dass das Modellgesetz von 2018 hinsichtlich der Beendigung des Mediationsverfahrens keine Änderungen vornimmt und inhaltlich dem Modellgesetz von 2002 folgt.

Auch der Umstand im Hinblick auf mögliche Schieds- oder Gerichtsverfahren im Anschluss an ein Mediationsverfahren oder während ein Mediationsverfahren anhängig ist, hat sich im Gegensatz zum bestehenden Modellgesetz von 2002 nicht geändert. Hier zeigt das Modellgesetz von 2018 dieselben Auswirkungen eines Mediationsverfahrens auf, die das Modellgesetz von 2002 für das Schlichtungsverfahren bestimmt.

Zum Vergleich soll auf die Beendigung des Schiedsverfahrens eingegangen werden. Nach Art. 32 des Modellgesetzes über die Handelsschiedsgerichtsbarkeit endet das Schiedsverfahren durch Erlass eines endgültigen Schiedsspruchs oder durch Beschluss des Schiedsgerichts. Danach gehen sowohl das Modellgesetz von 2018 als auch das Modellgesetz über die Handelsschiedsgerichtsbarkeit von dem Grundsatz aus, dass das Verfahren durch die Einigung der Parteien beendet wird: Während die Parteien eines Mediationsverfahrens sich für die Beendigung des Verfahrens nach Art. 12 lit. a über einen Mediationsvergleich zu einigen haben, bestimmt Art. 30 des Modellgesetzes über die Handelsschiedsgerichtsbarkeit, dass das Schiedsverfahren beendet ist, wenn sich die Parteien während des schiedsrichterlichen Verfahrens über die Streitigkeit vergleichen.[566]

Im Vergleich zu den weiteren Umständen nach Art. 12 lit. b bis d, unter denen ein Mediationsverfahren zu beenden ist, die auf die Erklärung der Parteien oder auf die des Mediators unter Absprache mit den Parteien abstellen, stellt Art. 32 Abs. 2 des Modellgesetzes über die Handelsschiedsgerichtsbarkeit auf den Beschluss des Schiedsgerichts ab. Dennoch sind auch hier einige Ähnlichkeiten zu erkennen: Danach sind grundsätzlich Art. 12 lit. b des Modellgesetzes sowie Art. 32 Abs. 2 lit. c des Modellgesetzes über die Handelsschiedsgerichtsbarkeit miteinander vergleichbar. Art. 12 lit. b sieht für die Beendigung des Mediationsverfahrens die Erklärung des Mediators vor, die jedoch nach Absprache mit den Parteien zu erfolgen ist. Art. 32 Abs. 2 lit. c dagegen stellt auf die Auffassung des Schiedsgerichts ab. Somit wird deutlich, dass beide Vorschriften die Auffassung der dritten Person für die Beendigung des Verfahrens miteinbeziehen, mit dem Unterschied, dass das Modellgesetz von 2018 sich von dem justizähnlichen

566 Der Vergleich wird in Form eines Schiedsspruchs festgehalten, vgl. Art. 30 Abs. 1 des Modellgesetzes über die Handelsschiedsgerichtsbarkeit.

Verfahren der Schiedsgerichtsbarkeit distanziert und für die Beendigung des Mediationsverfahrens nicht ausschließlich auf die Erklärung des Mediators abstellt. Vielmehr hat die Erklärung des Mediators nach Absprache mit den Parteien zu erfolgen, sodass der flexible Charakter der Mediation sich auch hier fortsetzt.

Angaben zur Form und zum Inhalt des Schiedsspruchs sind in Art. 31 des Modellgesetzes über die Handelsschiedsgerichtsbarkeit enthalten. Danach ist ausdrücklich bestimmt, dass der Schiedsspruch schriftlich zu erlassen ist. In welcher Form die Erklärungen der Parteien eines Mediationsverfahrens zu erfolgen hat, ist in Art. 12 des Modellgesetzes von 2018 nicht enthalten. Hier wäre zu empfehlen, wie auch das Modellgesetz über die Handelsschiedsgerichtsbarkeit, Angaben zur Form der Beendigung des Mediationsverfahrens aufzunehmen. Zwar sind Angaben zur Form[567] und zum Inhalt[568] des Mediationsvergleichs im dritten neuen Abschnitt des Modellgesetzes von 2018 enthalten, jedoch beziehen sich Art. 12 lit. b bis d auf die Erklärungen der Parteien und des Mediators hinsichtlich der Beendigung des Mediationsverfahrens, sodass der dritte Abschnitt betreffend die Mediationsvergleiche hiervon nicht erfasst ist.

6. Ungeregelte Verfahrensfragen

Bereits das bestehende Modellgesetz von 2002 hat bestimmte Verfahrensfragen nicht geregelt. Auch das Modellgesetz von 2018 sieht von der Regelung bestimmter Verfahrensfragen ab. Im Vergleich zum Modellgesetz von 2002, kann bei der Auslegung von bestimmten Fragen, die in dem neuen Modellgesetz nicht enthalten sind, nun auf die *UNCITRAL Mediation Rules* verwiesen werden.

Eine der Verfahrensfragen, die im zweiten Abschnitt des Modellgesetzes von 2018 nicht geregelt werden, sind Regelungen zu Verfahrenskosten eines Mediationsverfahrens. In diesem Zusammenhang sind die *Draft UNCITRAL Notes on Mediation* sowie *Draft UNCITRAL Mediation Rules* heranzuziehen.

Die *Draft UNCITRAL Notes on Mediation* empfehlen den Parteien, sich mit dem Mediator zu Beginn eines Verfahrens über die Festlegung und Aufteilung des Honorars des Mediators und der Mediationskosten zu einigen.[569] Die Kosten

567 Vgl. Art. 16 Abs. 6 des Modellgesetzes von 2018.

568 Vgl. hinsichtlich des Inhalts in der vorliegenden Arbeit das Kapitel „Der Mediationsvergleich".

569 Draft UNCITRAL Notes on Mediation, UN-Doc. A/CN.9/1027, para. 37; Vgl. Art. 11 Abs. 1 Draft UNCITRAL Mediation Rules.

eines Mediationsverfahrens umfassen in der Regel: Die Kosten des Mediators[570] sowie ggf. die Kosten der zuständigen Stelle, die das Mediationsverfahren durchführt.[571] Vor diesem Hintergrund kann ein Kostenvorschuss verlangt werden.[572] Die Aufteilung der Kosten wird in der Regel von den Parteien vereinbart oder in den geltenden Mediationsverfahrensregeln vorgesehen.[573]

Hierzu ist Art. 11 der *Draft UNCITRAL Mediation Rules* heranzuziehen, welcher grundsätzlich eine hälftige Kostenteilung der Parteien vorsieht.[574]

Ein weiterer Verfahrensaspekt, welcher im Modellgesetz von 2002 nicht geregelt wurde, stellen Rechtsbehelfe gegen die in der Schlichtung erzielten Vereinbarungen dar. Dieser Verfahrensaspekt ist nun in dem neuen dritten Abschnitt des Modellgesetzes von 2018 enthalten. Dazu enthält Art. 19 eine Regelung zur Aufhebung von Mediationsvergleichen.[575]

7. Verbindlichkeit und Vollstreckbarkeit von Mediationsvergleichen

a) Systematik von Art. 15

Bisher regelte allein Art. 14 des Modellgesetzes von 2002 als letzte Vorschrift des Modellgesetzes die Verbindlichkeit und Vollstreckbarkeit von Mediationsvergleichen. Zudem überlies Art. 14 ausdrücklich den erlassenden Staaten die Möglichkeit, eigene Rechtsvorschriften für das Durchsetzungsverfahren einzufügen.[576]

---

570 Zu den Kosten des Mediators zählen das Honorar, die Reisekosten sowie sonstige Auslagen, siehe *Cimmino,* Das UNCITRAL-Modellgesetz über internationale ADR-Verfahren in Wirtschaftsstreitigkeiten, S. 304.

571 Siehe Draft UNCITRAL Notes on Mediation, UN-Doc. A/CN.9/1027, para. 37; Vgl. Art. 11 Abs. 1 Draft UNCITRAL Mediation Rules.

572 Draft UNCITRAL Notes on Mediation, UN-Doc. A/CN.9/1027, para. 38; Vgl. Art. 11 Abs. 3 Draft UNCITRAL Mediation Rules.

573 Wenn keine Verfahrensvorschriften vereinbart werden, sind die Kosten in Bezug auf die Mediation von den Parteien zu gleichen Teilen zu tragen, vgl. Draft UNCITRAL Notes on Mediation, UN-Doc. A/CN.9/1027, para. 40; Art. 11 Abs. 2 Draft UNCITRAL Mediation Rules.

574 Vgl. Art. 11 Abs. 2 Draft UNCITRAL Mediation Rules.

575 Art. 19 des Modellgesetzes von 2018 wird im Abschnitt „Gründe für die Versagung der Anerkennung und Vollstreckung“ im Teil D, III, 6 d) erörtert.

576 Im englischen Original: „*the enacting State may insert a description of the method of enforcing settlement agreements or refer to provisions governing such enforcement*“.

Das Modellgesetz von 2018 verlagert den Inhalt von Art. 14 des Modellgesetzes von 2002 nun in seinen Art. 15 des zweiten Abschnitts des Modellgesetzes. Damit enthält der zweite Abschnitt des Modellgesetzes von 2018 mit Art. 15 eine Vorschrift, die ebenfalls wie der dritte Abschnitt Grundaussagen über den Mediationsvergleich trifft. Hintergrund der Verlagerung von Art. 15 in den zweiten Abschnitt des Modellgesetzes kann in der getrennten Anwendung der einzelnen Abschnitte des Modellgesetzes liegen, sodass Art. 15 eine Trennung zwischen dem zweiten und dritten Abschnitt vereinfacht.

b) Unterschied zu Art. 14 des Modellgesetzes von 2002

Art. 15 des Modellgesetzes von 2018 stellt eine wortgleiche Wiederholung des Art. 14 des Modellgesetzes von 2002 dar, ohne jedoch den Zusatz, dass die erlassenden Staaten eigene Rechtsvorschriften betreffend die Anerkennung und Vollstreckung von Mediationsvergleichen einzufügen haben:

> If the parties conclude an agreement settling a dispute, that settlement agreement is *binding and enforceable*[577].

Danach bestimmt Art. 15 grundsätzlich die Bindungswirkung und Vollstreckung von Mediationsvergleichen. Vor dem Hintergrund der verschiedenen Rechtsordnungen sowie unterschiedlichen Regelungen des Verfahrensrechts sah die Kommission zur Vorbereitung des Modellgesetzes von 2002 eine Harmonisierung in diesem Bereich als problematisch an, sodass in Art. 14 des Modellgesetzes von 2002 auf eine Regelung für ein Durchsetzungsverfahren verzichtet wurde.[578] Hier setzt das Modellgesetz von 2018 an und schafft mit dem neuen dritten Abschnitt einen Regelungsrahmen für das Durchsetzungsverfahren von Mediationsvergleichen, welcher insbesondere eine Grundlage für Staaten bietet, die noch über keine Rechtsvorschriften für das Durchsetzungsverfahren von Mediationsvergleichen verfügen. Damit besteht der Unterschied zu Art. 14 des Modellgesetzes von 2002 darin, dass Art. 15 des Modellgesetzes von 2018 zwar nicht mehr den Zusatz enthält, dass die erlassenden Staaten eigene Rechtsvorschriften betreffend die Anerkennung und Vollstreckung von Mediationsvergleichen einzufügen haben, aber hierzu den erlassenden Staaten durch den neuen dritten Abschnitt einige Grundaussagen über den Mediationsvergleich zur Verfügung stellt und mit Vorschriften des einzelstaatlichen Rechts vergleichbar sind.

---

577 Hervorhebung durch die Autorin.
578 Siehe Guide to Enactment (2002), para. 88.

c) *Bindungswirkung*

Die Bindungswirkung des Mediationsvergleichs lässt den Rechtscharakter eines Vertrags hervorheben. In diesem Zusammenhang könnte man herleiten, dass hier, wie auch bei einem Vertrag, die schuldrechtliche Bindung von maßgeblicher Bedeutung ist. Auch UNCITRAL geht von der schuldrechtlichen Verpflichtung aus, indem sie in ihren *Draft UNCITRAL Notes*, wie bereits oben angemerkt, den Parteien empfehlt, den Mediationsvergleich klar und deutlich zu formulieren, um die Leistungsbedingungen hervorzuheben.[579]

Zusätzlich zu vertraglichen Verpflichtungen hinsichtlich der Bindungswirkung ist Art. 17 Abs. 2 des Modellgesetzes von 2018 heranzuziehen. Danach kann sich eine Partei, die behauptet, dass die Streitigkeit bereits durch einen Mediationsvergleich gelöst sei, auf diesen Mediationsvergleich berufen und belegen, dass die Angelegenheit bereits geregelt wurde.[580] Hier zeigt das Modellgesetz von 2018, dass der Mediationsvergleich nach außen eine prozessuale Wirkung für nachfolgende Verfahren aufzeigen kann.[581] Art. 17 Abs. 2 des Modellgesetzes von 2018 erinnert an die Einrede des Schiedsvertrags in Art. 8 des Modellgesetzes über die Schiedsgerichtsbarkeit.

d) *Anerkennung und Vollstreckung von Mediationsvergleichen*

Neben der Bindungswirkung entfaltet der Mediationsvergleich nach Art. 15 durch den Wortlaut „*enforceable*" auch die Vollstreckbarkeit.[582] Die *Working Group II* stellte sich die Frage, ob zwischen der Anerkennung und der Vollstreckung von Mediationsvergleichen unterschieden werden soll und ob das Modellgesetz von 2018 neben der Vollstreckung auch die Anerkennung behandeln müsste.[583]

---

579 Vgl. *Draft UNCITRAL Notes on Mediation*, UN-Doc. A/CN.9/1027, para. 73.

580 Vgl. den Wortlaut von Art. 17 Abs. 2 UNCITRAL-Modellgesetz.

581 Draft Guide to Enactment (2018), para. 127.

582 UNCITRAL weist darauf hin, dass die Begriffe „enforcement" sowie „enforceabilty" nicht dahingehend verstanden werden sollen, dass sich die Vollstreckung auf etwas anderes bezieht als die Vollstreckbarkeit. Der Begriff „enforcement" im Sinne des Modellgesetzes von 2018 umfasst sowohl den Vorgang der Erteilung eines vollstreckbaren Titels als auch die Vollstreckung dieses Titels, Draft Guide to Enactment (2018), para. 128.

583 UN-Doc. A/CN.9/861, para. 71; Campbell-*Anderson/Beaumont/Verbist*, International Mediation, S. 47.

Hierzu zog die *Working Group II* das Modellgesetz über die Handelsschiedsgerichtsbarkeit heran, welches sowohl die Anerkennung[584] als auch die Vollstreckung von Schiedssprüchen vorsieht.[585] Hinsichtlich der Regelung der Anerkennung von Mediationsvergleichen wurden unterschiedliche Auffassungen vertreten.[586] Vor dem Hintergrund unterschiedlicher Auffassungen über die Begriffsmerkmale der Anerkennung in den verschiedenen Ländern sowie der Vielzahl von innerstaatlichen Anerkennungsverfahren sah die *Working Group II* sich herausgefordert:[587]

Gegen die Verwendung des Begriffs Anerkennung[588] wurde vorgebracht, dass der Begriff in den Rechtsordnungen unterschiedliche Bedeutungen haben könnte.[589] Des Weiteren wurde darauf hingewiesen, dass die Anerkennung keine praktische Wirksamkeit entfalten und zum anderen negative Einwirkungen auf die zügige Vollstreckung von Mediationsvergleichen haben könnte, indem in der Anerkennungsphase die Gültigkeit des Mediationsverfahrens und dessen Ergebnis geprüft werden müssten.[590] Für diese Auffassung spricht, dass das Modellgesetz von 2018 von einem „Sitz" des Mediationsverfahrens absieht und eine direkte Vollstreckung von Mediationsvergleichen verfolgt, sodass hierdurch ein Überprüfungsverfahren vermieden wird, jedoch die Verwendung des Begriffs Anerkennung ein solches Überprüfungsverfahren hervorrufen könnte.

Für die Regelung der Anerkennung wurde ausgeführt, dass die Anerkennung einem Mediationsvergleich Rechtswirkung verleihen würde.[591] Zudem wurde angemerkt, dass die Anerkennung auch besonders für die Fälle von Bedeutung wäre, in denen eine Partei nicht unbedingt die Durchsetzung eines Mediationsvergleichs anstrebt, sondern lediglich einen Rechtsschutz aufsucht.[592] Für diese Auffassung spricht, dass Mediationsvergleiche durch die Anerkennung Rechtswirkung verliehen wird und besonders für die Fälle relevant sein kann, in denen keine Vollstreckung angestrebt wird, die Parteien jedoch durch die Außenwirkung des Mediationsvergleichs geschützt seien.

---

584 Im englischen Original: „recognition".
585 Siehe UN-Doc. A/CN.9/861, para. 71.
586 UN-Doc. A/CN.9/861, para. 72.
587 UN-Doc. A/CN.9/861, para. 72.
588 Im englischen Original: „recognition".
589 Vgl. UN-Doc. A/CN.9/861, para. 72.
590 UN-Doc. A/CN.9/861, para. 76.
591 UN-Doc. A/CN.9/861, para. 73.
592 UN-Doc. A/CN.9/901, para. 18.

Die unterschiedlichen Auffassungen im Hinblick auf die Regelung der Anerkennung führten letztlich dazu, dass die *Working Group II* von einer ausdrücklichen Verwendung des Begriffs Anerkennung absah, diese jedoch funktional in dem Modellgesetz enthalten wollte:

Die Verfasser des Modellgesetzes machten sich hierzu Gedanken, wie das Modellgesetz die Anerkennung beinhalten sollte, ohne den Ausdruck „recognition“ zu verwenden, der in einigen Rechtsordnungen zu Bedenken führe.[593] Als Alternative stand der Begriff „legal effect“ zur Diskussion.[594] Hier wurde jedoch kritisiert, dass dieser zweideutig zu verstehen sein könnte und fraglich ist, ob damit die materielle oder verfahrensrechtliche Rechtswirkung gemeint ist.[595] Dies führte dazu, dass das Art. 15 des Modellgesetzes von 2018 letztlich den Begriff „enforceable“ verwendet, jedoch damit auch die funktionale Anerkennung des Mediationsvergleichs meint.[596] Damit bezieht sich das Modellgesetz von 2018 sowohl auf die Anerkennung als auch auf die Vollstreckung von Mediationsvergleichen, ohne Einzelheiten über das Anerkennungsverfahren zu enthalten und diese Angelegenheit dem einzelstaatlichen Recht überlässt.

III. Der Mediationsvergleich

1. Anwendungsbereich

Folgend werden die Vorschriften des dritten Abschnitts hinsichtlich des Mediationsvergleichs behandelt, die den maßgeblichen Unterschied zum Modellgesetz von 2002 ausmachen und einen neuen ergänzenden Regelungsrahmen für Mediationsvergleiche darstellen. Dabei entsprechen die Regelungen des dritten Abschnitts im Grunde wortgleich der Singapore Convention.

Da der Anwendungsbereich des dritten Abschnitts bereits in der vorliegenden Untersuchung im Vergleich zum Anwendungsbereich des zweiten Abschnitts[597] erläutert wurde, soll folgend auf nicht erwähnte Aspekte des Anwendungsbereichs des dritten Abschnitts eingegangen werden.

593 UN-Doc. A/CN.9/901, para. 16; UN-Doc. A/CN.9/WG.II/WP.200, para. 4.
594 Siehe UN-Doc. A/CN.9/901, para. 19.
595 UN-Doc. A/CN.9/901, para. 19.
596 Vgl. Art. 17 des Modellgesetzes von 2018.
597 Siehe den Abschnitt „Der Anwendungsbereich des Modellgesetzes“ im Teil D, I, 1.

a) *Offenheit des örtlichen Bezuges auch für Mediationsvergleiche?*

Wie die Untersuchung des zweiten Abschnitts gezeigt hat, beschränkt sich das Modellgesetz nicht auf Mediationen, die „im Inland“ durchgeführt werden. Hinsichtlich des Mediationsvergleichs befasste sich die *Working Group II* mit der Frage, ob das Modellgesetz ein Vollstreckungsverfahren vorsehen soll, bei dem eine Partei die Vollstreckung direkt am Ort der Vollstreckung beantragen kann (direkte Vollstreckung) oder ob es ein Überprüfungsverfahren in dem Staat vorsehen soll, aus dem der Mediationsvergleich stammt (sog. Ursprungsland).[598]. Hinsichtlich einer direkten Vollstreckung wurde erwähnt, dass diese eine einfache Möglichkeit bietet, ein schnelles Vollstreckungsverfahren zu erzielen.[599] Damit es nicht aufgrund der verschiedenen Rechtsauffassungen zu Bedenken kommt, dass ein Mediationsvergleich im Wege der direkten Vollstreckung keine internationale Wirkung entfalten könnte, soll ein Übereinkommen bestimmte Mindestanforderungen festlegen, die ein Mediationsvergleich zu erfüllen hat, um international anerkannt und vollstreckt zu werden.[600]

In Bezug auf letzteres wurden eine Reihe von Bedenken geäußert. Zum einen könnte es problematisch werden, für ein Überprüfungsverfahren den Staat zu bestimmen, aus dem der Mediationsvergleich stammt, da der Anknüpfungspunkt unterschiedlichen Bestimmungen unterliegen könnte.[601] Zum anderen würde ein Überprüfungsverfahren viel mehr Zeit in Anspruch nehmen, welches wiederum im Widerspruch zum Modellgesetz stehen würde, ein effizientes und vereinfachtes Vollstreckungsverfahren zu schaffen.[602] Es wurde ferner erwähnt, dass eine direkte Vollstreckung die Gerichte des Ursprungslandes nicht daran hindern würde, die Wirksamkeit des Mediationsvergleichs zu überprüfen.[603] In diesem Zusammenhang wurden Fragen zu den Auswirkungen von Gerichtsverfahren während eines anhängigen Mediationsverfahrens diskutiert, die bei der Ausarbeitung des Art. 20 des Modellgesetzes von Bedeutung waren.[604]

---

598 Siehe UN-Doc. A/CN.9/861, para. 80; UN-Doc. A/CN.9/867, para. 145.

599 UN-Doc. A/CN.9/832, para. 52.

600 UN-Doc. A/CN.9/832, paras. 51–52; Hier wird auf das oben Gesagte betreffend Art. 3 der Singapore Convention verwiesen.

601 UN-Doc. A/CN.9/861, para. 81.

602 UN-Doc. A/CN.9/861, para. 81.

603 Vgl. UN-Doc. A/CN.9/861, para. 82.

604 Hier wird auf das oben Gesagte betreffend Art. 20 des Modellgesetzes von 2018 verwiesen.

Fraglich ist vor allem, ob ein Mediationsvergleich hinreichend vertrauenswürdig ist, um ohne durch ein Überprüfungsverfahren zu durchgehen, vollstreckt zu werden. Diesbezüglich griff die *Working Group II* auf die Erfahrung mit dem New Yorker Übereinkommen zurück, die nach deren Ansicht gezeigt hat, dass auch ohne eine gerichtliche Überprüfung von Schiedssprüchen im Herkunftsland die Gerichte in anderen Rechtsordnungen hinreichend in der Lage sind, festzustellen, ob die Anerkennung und Vollstreckung nach dem New Yorker Übereinkommen verweigert werden sollte.[605] Dies führte dazu, dass die *Working Group II* auch für Mediationsvergleiche Vollstreckungen, ohne ein Überprüfungsverfahren zu durchlaufen, in Erwägung zog.[606] Insbesondere die in Art. V des New Yorker Übereinkommens enthaltenen Ausnahmen für die Versagung der Anerkennung und Vollstreckung von Schiedssprüchen, die nicht hinreichend vertrauenswürdig sind, dienten zur Orientierung der Ausarbeitung von Ausnahmen für die Versagung der Vollstreckung von Mediationsvergleichen.[607]

Letztlich wurde allgemein vereinbart, dass das Modellgesetz vorsehen sollte, dass die Parteien die direkte Vollstreckung (also am Ort der Vollstreckung) nachsuchen können, ohne dass eine Überprüfung des Mediationsvergleichs im Herkunftsland erforderlich ist.[608]

b) Opt-in-Ansatz hinsichtlich der Anwendung des dritten Abschnitts

Während der zweite Abschnitt des Modellgesetzes von den Parteien gem. Art. 3 Abs. 5 ausgeschlossen werden kann, hat die *Working Group II* hinsichtlich des dritten Abschnitts keine allgemeine Regel aufgenommen und sich für eine Auslegungshilfe in Form einer Fußnote entschieden. Dazu enthält Art. 16 Abs. 1 die Fußnote 6, aus der zu entnehmen ist, dass den Staaten die Möglichkeit eingeräumt wird, den dritten Abschnitt des Modellgesetzes nur dann anzuwenden, wenn die Parteien des Mediationsvergleichs seiner Anwendung zugestimmt haben:[609]

„A State *may consider* enacting this section to apply *only where the parties to the settlement agreement agreed to its application.*"

---

605 UN-Doc. A/CN.9/WG.II/WP.192, para. 13.

606 UN-Doc. A/CN.9/WG.II/WP.192, para. 14.

607 UN-Doc. A/CN.9/WG.II/WP.192, para. 14; Hierauf wird im folgenden Kapitel „Gründe für die Versagung der Anerkennung oder Vollstreckung" ausführlich eingegangen.

608 UN-Doc. A/CN.9/861, para. 84, Siehe auch *Alexander,* ZKM 2019, 160 (161).

609 Vgl. Fußnote 6 zu Art. 16 Abs. 1 des Modellgesetzes von 2018.

Danach besteht hier hinsichtlich der Anwendung des dritten Abschnitts, wie auch in Art. 8 Abs. 1 lit. b der Singapore Convention hinsichtlich der Anwendung des Übereinkommens[610], die Möglichkeit der Einführung eines *Opt-in-Ansatzes.*[611]

Somit findet hier eine Parallele zum Singapur Übereinkommen, wonach ein Staat vorbringen kann, dass er das Übereinkommen in dem Maße anwendet, in dem die Parteien der Anwendung des Übereinkommens zugestimmt haben.[612] Sowohl der Ansatz im dritten Abschnitt des Modellgesetzes als auch im Singapur Übereinkommen führen dazu, dass hierdurch die Gestaltungsmöglichkeiten der Parteien gefördert werden und die Anwendung des dritten Abschnitts bzw. des Singapur Übereinkommens der Wahlmöglichkeit der Parteien übertragen wird.

2. Inhalt

An den Inhalt des Mediationsvergleichs werden in Art. 16 des Modellgesetzes keine besonderen Anforderungen gestellt. Die Definition des Mediationsvergleichs in Art. 16 Abs. 1 enthält die Angabe, dass Mediationsvergleiche dazu dienen sollen, Handelsstreitigkeiten zwischen den Parteien beizulegen[613]. Hierzu bestimmen Art. 16 Abs. 2 und Abs. 3 Bereiche, die von der Anwendung ausgeschlossen sind und bereits im Vergleich zum Anwendungsbereich des ersten Abschnitts des Modellgesetzes untersucht wurden.[614]

Danach sind Mediationsvergleiche zur Beilegung von Streitigkeiten aus Rechtsgeschäften, die von einer der Parteien für persönliche oder familiäre Zwecke getroffen wurden, von der Anwendung ausgeschlossen.[615] Es wurde

---

610 Siehe in der vorliegenden Arbeit das Kapitel „Die Singapore Convention“.

611 In dem *„Report of Working Group II“* über die 68. Sitzung der Arbeitsgruppe wurde hinsichtlich des Opt-in- und Opt-out-Ansatzes in Art. 8 Abs. 1 lit. b der Singapore Convention wie folgt Stellung genommen: *„With regard to how article 8(1)(b) of the draft convention would operate in practice, the Working Group confirmed its understanding that even without an explicit provision in the draft convention, parties to a settlement agreement would be able to exclude the application of the draft convention. It was further mentioned that such an agreement between the parties excluding the application of the draft convention would be given effect by the competent authority, because if a party were to seek relief relying on such an agreement, it would be refused as being contrary to the terms of the settlement agreement as provided for in article 5(1)(d) of the draft convention and article 18(1)(d) of the draft amended Model Law“*, siehe UN-Doc. A/CN.9/934, para. 78.

612 UN-Doc. A/CN.9/934, para. 137.

613 Im englischen Original: „to resolve a commercial dispute“.

614 Siehe den Abschnitt „Der Anwendungsbereich des Modellgesetzes“ im Teil D, I, 1.

615 Vgl. Art. 16 Abs. 2 lit. a des Modellgesetzes von 2018.

allgemein die Auffassung vertreten, Mediationsvergleiche, an denen Verbraucher beteiligt sind, aus dem Anwendungsbereich auszuschließen, indem auf Art. 2 a CISG[616] sowie auf Art. 2 des Haager Übereinkommens über Gerichtsstandsvereinbarungen[617] als mögliche Formulierungshilfe verwiesen wurde.[618]

In Bezug auf Mediationsvergleiche, an denen staatliche Stellen beteiligt sind, wurde bestimmt, diese ebenfalls aus dem Anwendungsbereich auszuschließen, da in einigen Rechtsordnungen staatliche Stellen nicht dazu befugt seien, Mediationsvergleiche abzuschließen.[619] Hierauf wurde entgegnet, dass ein solcher Fall in den jeweiligen Rechtsordnungen im Rahmen der Einreden auf die Anerkennung und Vollstreckung durch Formulierungen behandelt werden könnte, die aus Art. 5 Abs. 1a des New Yorker Übereinkommens abgeleitet werden können, anstatt Mediationsvergleiche, an denen staatliche Stellen beteiligt sind, vollständig aus dem Anwendungsbereich auszuschließen.[620] Ferner sind Mediationsvergleiche, die als Urteile vollstreckbar sind[621], vom Anwendungsbereich des dritten Abschnitts des Modellgesetzes von 2018 ausgeschlossen.[622] Dasselbe gilt auch für Schiedssprüche. Danach sind Mediationsvergleiche, die als Schiedssprüche durchsetzbar sind, vom Anwendungsbereich des dritten Abschnitts des Modellgesetzes von 2018 ausgeschlossen.[623] In diesem Zusammenhang wurde diskutiert, ob die Vollstreckbarkeit eines Mediationsvergleichs als Schiedsspruch nach dem Recht des Vertragsstaates, in dem die Vollstreckung angestrebt wird, oder nach dem Recht des Ortes des Schiedsverfahrens bestimmt werden sollte.[624] Schließlich einigte man sich, dass die Bestimmtheit der Frage der Vollstreckbarkeit eines Mediationsvergleichs als Schiedsspruch dem anerkennenden Staat übertragen werden sollte.[625]

---

616 Art. 2 a CISG, abzurufen unter https://lxgesetze.de/cisg/3 (zuletzt aufgerufen am 12.07.21).

617 Art. 2 des Haager Übereinkommens über Gerichtsstandsvereinbarungen, abzurufen unter https://www.hcch.net/de/instruments/conventions/full-text/?cid=98 (zuletzt aufgerufen am 12.07.21).

618 Vgl. auch hier den Abschnitt „Commercial" im Teil D, I, 1 cc); UN-Doc. A/CN.9/861, paras. 41–42.

619 UN-Doc. A/CN.9/861, para. 44.

620 UN-Doc. A/CN.9/861, para. 44.

621 Im englischen Original: „enforceable as a judgment".

622 Vgl. Art. 16 Abs. 3 lit. a des Modellgesetzes von 2018.

623 Vgl. Art. 16 Abs. 3 lit. b des Modellgesetzes von 2018.

624 UN-Doc. A/CN.9/929, para. 25.

625 UN-Doc. A/CN.9/929, paras. 25–27.

Hinsichtlich des Inhalts von Mediationsvergleichen wurde ferner ausgeführt, dass die Art der Verpflichtungen, die in einem Mediationsvergleich festgelegt werden, weit gefasst werden können.[626] Grund hierfür sei, dass Probleme im Zusammenhang mit Mediationsvergleichen erwähnt wurden, wie z.B. gegenseitige Verpflichtungen oder Bedingungen, die eine Durchsetzung komplizierter gestalten würden.[627] Dies würde bedeuten, alle Bereiche durch Mediationsvergleiche abzudecken, ohne Einschränkungen hinsichtlich der Rechtsmittel oder der Art der Verpflichtungen, die in diesen Vereinbarungen vorgesehen sind.[628] Hinsichtlich der durch Mediationsvergleiche abgedeckten Verpflichtungen wurde allgemein die Auffassung vertreten, dass das Modellgesetz auf Mediationsvergleiche in ihrer Gesamtheit anwendbar sein sollte, unabhängig davon, ob sie finanzielle oder nicht-finanzielle Verpflichtungen beinhalten.[629]

Es wurde auch festgestellt, dass Mediationsvereinbarungen in der Regel Mediationsklauseln zur Beilegung von Streitigkeiten enthalten, die von den Parteien zu vereinbaren sind.[630] Hierzu sind die *Draft UNCITRAL Mediation Rules* heranzuziehen, die Mustermediationsklauseln bereitstellen.[631] Diese sind unterteilt in Mediationsklauseln, die sich ausschließlich auf das Mediationsverfahren beziehen sowie Mediationsklauseln, die sich auf ein Mediationsverfahren mit anschließendem Schiedsverfahren berufen.[632]

3. Form

Im Gegensatz zum weitgehend offenen Inhalt eines Mediationsvergleichs sieht Art. 16 Abs. 6 des Modellgesetzes von 2018 hinsichtlich der Form genaue Angaben vor:

> A settlement agreement is *"in writing"*[633] if its content is recorded in any form. The requirement that a settlement agreement be in writing is met by an electronic communication if the information contained therein is accessible so as to be useable for subsequent reference.

626 UN-Doc. A/CN.9/832, para. 34.
627 UN-Doc. A/CN.9/832, para. 34.
628 UN-Doc. A/CN.9/832, para. 41.
629 UN-Doc. A/CN.9/861, para. 47.
630 UN-Doc. A/CN.9/832, para. 34.
631 Vgl. Annex zu *Draft UNCITRAL Mediation Rules*.
632 Im englischen Original: „Mediation only", „Multi-tiered clause".
633 Hervorhebung durch die Autorin.

Danach haben die Parteien einen Mediationsvergleich schriftlich zu vereinbaren. Nach mehreren Diskussionen[634] war sich die *Working Group II* einig, dass es notwendig ist, Formerfordernisse vorzusehen, die es ermöglichen, Mediationsvergleiche von anderen Vereinbarungen zu unterscheiden, um ihre beschleunigte Durchsetzung zu erleichtern.[635] Es wurde allgemein die Auffassung vertreten, dass diese Anforderungen in kurzer Form oder als Mindestanforderungen festgelegt werden sollten, um den flexiblen Charakter des Mediationsverfahrens zu wahren.[636]

Dies wurde damit begründet, dass die Schriftform ein Hindernis für die Anwendung des Modellgesetzes darstellen könnte, vor dem Hintergrund, dass Mediationsverfahren mündlich durchgeführt werden und das Ergebnis auch mündlich festgehalten werden kann.[637]

Es wurde erwähnt, dass das Modellgesetz vorsehen sollte, dass die Schriftform eines Mediationsvergleichs lediglich den Beweis für die Existenz der Einigung und nicht ein Erfordernis für ihre Gültigkeit sei.[638] Das Erfordernis der Schriftform eines Mediationsvergleichs wird durch eine elektronische Mitteilung dann erfüllt, wenn die darin enthaltenen Informationen zugänglich sind, so dass sie für eine spätere Bezugnahme verwendet werden können.[639] In diesem

634 Während der Ausarbeitung des dritten Abschnitts des Modellgesetzes wurden verschiedene Argumente hinsichtlich von Formerfordernissen für Mediationsvergleiche gegeneinander abgewogen. Dazu ein Ausschnitt aus dem „*Report of Working Group II*" vom 12. bis 23. September 2016: „*One argument was that the writing requirement would introduce an obstacle in the operation of the instrument, as it was often the case that settlement agreements were concluded or amended orally, by conduct and also using electronic and other means. It was mentioned that the instrument should reflect such changes in trade usage and provide that the written form of a settlement agreement was mere proof of the existence of the agreement and not a requirement for its validity. In that context, reference was made to the deliberations at the thirty-ninth session of the Commission, when it adopted the amendments to article 7 (Definition and form of arbitration agreement) of the Model Law on International Commercial Arbitration ('Model Law on Arbitration')*", siehe UN-Doc. A/CN.9/896, para. 34.

635 *Binder,* International Commercial Arbitration and Mediation in UNCITRAL Model Law Jurisdictions, p. 636.

636 UN-Doc. A/CN.9/861, para. 67.

637 *Binder,* International Commercial Arbitration and Mediation in UNCITRAL Model Law Jurisdictions, p. 637.

638 UN-Doc. A/CN.9/896, para. 34.

639 Hier wurde auf Art. 9 Abs. 2 und 3 der *Convention on the Use of Electronic Communications in International Contracts* verwiesen, siehe Draft Guide to Enactment (2018), para. 119; *Convention on the Use of Electronic Communications in International*

Zusammenhang erinnerte die *Working Group II* an ihre Arbeiten über das Erfordernis der Schriftform in Bezug auf Schiedsvereinbarungen einschließlich Art. 7 Abs. 2 des Modellgesetzes über die Handelsschiedsgerichtsbarkeit.[640] Zwar handelt es sich bei der Schiedsvereinbarung um eine Vereinbarung der Parteien zur Durchführung eines Schiedsverfahrens, dennoch orientierte sich die *Working Group II* im Hinblick auf die Schriftform eines Mediationsvergleichs hieran.

Ferner wurde über die Einbeziehung des Mediators an dem Mediationsvergleich diskutiert.[641] In Bezug auf den Vorschlag, dass der Mediationsvergleich auch vom Mediator unterzeichnet werden sollte, wurde angemerkt, dass in bestimmten Rechtsordnungen die Unterzeichnung durch den Mediator nicht üblich sei, z.B. aufgrund möglicher Haftungsfragen.[642] In diesem Zusammenhang wurde betont, dass der Mediator den Parteien keine Einigung auferlegen, jedoch diese unterstützen kann, eine gütliche Einigung in ihrem Streitfall zu erzielen.[643] Zudem kann der Mediator, wenn von den Parteien angefordert, Bedingungen für einen Mediationsvergleich vorlegen.[644]

Des Weiteren ist anzumerken, dass der Mediationsvergleich nachvollziehbar zu formulieren ist, sodass die Leistungsbedingungen eindeutig identifizierbar sind.[645]

4. Allgemeine Grundregeln

Art. 17 des Modellgesetzes ist an Art. 15 im zweiten Abschnitt des Modellgesetzes angelehnt und enthält zwei wichtige Grundregeln:

1. A settlement agreement *shall be enforced in accordance with the rules of procedure of this State, and under the conditions laid down in this section*[646].
2. If a dispute arises concerning a matter that a party claims was already resolved by a settlement agreement, *the party may invoke the settlement agreement in*

Contracts, abzurufen unter https://uncitral.un.org/sites/uncitral.un.org/files/media-documents/uncitral/en/06-57452_ebook.pdf (zuletzt aufgerufen am 13.07.21).

640 Art. 7 Abs. 2 des Modellgesetzes über die Handelsschiedsgerichtsbarkeit ordnet die Schriftform als Wirksamkeitsvoraussetzung ein, siehe *Hußlein-Stich*, Das UNCITRAL-Modellgesetz über die internationale Handelsschiedsgerichtsbarkeit, S. 39.

641 UN-Doc. A/CN.9/867, paras. 133–135; UN-Doc. A/CN.9/WG.II/WP.198, para. 28.

642 UN-Doc. A/CN.9/861, para. 55.

643 Draft UNCITRAL Notes on Mediation, UN-Doc. A/CN.9/1027, para. 70.

644 Draft UNCITRAL Notes on Mediation, UN-Doc. A/CN.9/1027, para. 71.

645 Draft UNCITRAL Notes on Mediation, UN-Doc. A/CN.9/1027, para. 73.

646 Hervorhebungen durch die Autorin.

accordance with the rules of procedure of this State, and under the conditions laid down in this section, in order to prove that the matter has already been resolved.

Während Art. 17 Abs. 1 die Vollstreckbarkeit von Mediationsvergleichen festlegt, bestimmt Art. 17 Abs. 2 eine Einrede des Mediationsvergleichs in gerichtlichen oder schiedsgerichtlichen Verfahren.

a) Inwiefern kann bei der Bindungswirkung von Mediationsvergleichen von einer „Anerkennung" ausgegangen werden?

Art. 17 Abs. 1 setzt voraus, dass Mediationsvergleiche nicht nur zu vollstrecken, sondern auch anzuerkennen sind. Durch den Wortlaut „*under the conditions laid down in this section*" wird deutlich, dass hierzu Vorschriften des dritten Abschnitts gemeint sind, die die Anerkennung und Vollstreckung bestimmen. Wie bereits untersucht wurde, legt Art. 15 allgemein fest, dass Mediationsvergleiche nicht nur vollstreckbar, sondern auch bindend sind.[647] Dies stimmt mit Art. 3 der Singapore Convention überein, der ebenfalls die Verbindlichkeit und Vollstreckbarkeit von Mediationsvergleichen festlegt. Wie bereits erwähnt wurde, orientierte sich die *Working Group II* bei der Ausarbeitung der Singapur Konvention an die New Yorker Konvention über die Anerkennung und Vollstreckung ausländischer Schiedssprüche.[648] Allerdings unterscheiden sich die Singapur Konvention, das Modellgesetz von 2018 und grundsätzlich die Mediation von der Schiedsgerichtsbarkeit durch grundlegende Merkmale, die sich möglicherweise auf den Begriff der Anerkennung auswirken können und in diesem Zusammenhang fraglich sein kann, inwieweit bei der Bindungswirkung von Mediationsvergleichen überhaupt von einer Anerkennung gesprochen werden kann. Denn im Gegensatz zur Schiedsgerichtsbarkeit legen das Modellgesetz von 2018 und die Singapur Konvention keinen räumlichen oder sachlichen Zusammenhang zwischen der Mediation und einem bestimmten Staat fest.[649] Die Anerkennung eines Schiedsspruchs nach dem Verständnis des New Yorker Übereinkommens bezieht sich auf ausländische Schiedssprüche, wo ein Ort des Schiedsverfahrens festgelegt ist und damit eine ortsgebundene Entscheidung nach sich zieht ("in accordance with the rules of procedure of the territory where the award is relied

---

647 Siehe den Abschnitt „Verbindlichkeit und Vollstreckbarkeit von Mediationsvergleichen" im Teil D, II, 7.

648 Siehe den Abschnitt „Systematik der Regelung" im Teil C, IV, 1.

649 Siehe den Abschnitt „Der örtliche Anwendungsbereich" im Teil D, I, 1 b).

upon")[650]. Danach werden die Wirkungen eines Schiedsspruchs durch das Recht des Staates gewährt, dem der Schiedsspruch untersteht.[651] Eine solche Rechtskraftwirkung kann jedoch nicht auch für Mediationsvergleiche gelten, wenn diese Verträge darstellen.[652] Welche Bindungswirkung ein Mediationsvergleich letztlich entfaltet, könnte dem dritten Abschnitt des Modellgesetzes von 2018 entnommen werden. Hierzu ist Art. 17 des Modellgesetzes heranzuziehen, welcher an Art. 15 angelehnt ist und im Gegensatz zu diesem aus zwei Absätzen besteht. Art. 17 Abs. 2 legt eine Einrede des Mediationsvergleichs in gerichtlichen oder schiedsgerichtlichen Verfahren fest. Daraus folgt, dass der Bindungswirkung von Mediationsvergleichen eine besondere Bedeutung zugesprochen wird und die Gerichte oder Schiedsgerichte einen Mediationsvergleich entscheidungserheblich zu berücksichtigen haben. Diese spezielle Bedeutung der Bindungswirkung von Mediationsvergleichen ist auch der Grund dafür gewesen, warum die *Working Group II* auf die Verwendung des Begriffs „recognition" verzichten wollte, jedoch durch Art. 17 Abs. 2 zum Ausdruck bringt, dass auch Mediationsvergleiche funktional anzuerkennen sind.[653]

b) Einrede des Mediationsvergleichs

Die Geltendmachung des Mediationsvergleichs als Einrede ermöglicht den Parteien, die Rechtsschutz suchen, dass Mediationsvergleiche vor den Gerichten oder Schiedsgerichten berücksichtigt werden.

Dabei wurde zunächst diskutiert, ob das Modellgesetz eine Regelung enthalten sollte, die vorsieht, inwieweit der Mediationsvergleich Rechtswirkungen entfaltet.[654] Jedoch einigte sich die *Working Group II* für die Aufnahme einer Vorschrift, die die Rechtswirkung eines Mediationsvergleichs bestimmt und für die Anerkennung und Vollstreckung als essentiell angesehen wurde.[655]

Art. 17 des Modellgesetzes ist inhaltlich an Art. 3 der Singapore Convention angelehnt. Auch Art. 3 Abs. 1 der Konvention bestimmt, dass die Vertragsstaaten

---

650 Vgl. Art. III der New Yorker Konvention.

651 MüKoZPO/Adolphsen, UNÜ Art. 3, Rn. 2.

652 MüKoBGB/Habersack, § 779, Rn. 37.

653 Vgl. auch *Alexander*, ZKM 2019, 160 (162); Draft Guide to Enactment (2018), para. 126.

654 *Binder*, International Commercial Arbitration and Mediation in UNCITRAL Model Law Jurisdictions, p. 649.

655 Vgl. *Binder*, International Commercial Arbitration and Mediation in UNCITRAL Model Law Jurisdictions, p. 649.

den Mediationsvergleich funktional anerkennen und vollstrecken.[656] Danach haben die Vertragsstaaten der Singapore Convention Mediationsvergleiche nicht nur nach Art. 3 Abs. 1 und Abs. 2 anzuerkennen und zu vollstrecken, sondern dies auch in Übereinstimmung mit ihren nationalen Verfahrensvorschriften. Damit legt auch die Singapore Convention kein bestimmtes Verfahren für die Anerkennung und Vollstreckung von Mediationsvergleichen fest und bestimmt, dass die Vertragsstaaten des Übereinkommens einen Mediationsvergleich in Übereinstimmung mit ihren Verfahrensvorschriften sowie unter den Regelungsbedingungen, die in der Singapore Convention festgelegt sind, zu vollstrecken und anerkennen haben[657]. Dies ermöglicht eine einheitliche Anerkennung und Vollstreckung von Mediationsvergleichen in den Vertragsstaaten des Übereinkommens.[658]

Einen anderen Ansatz verfolgt die New Yorker Convention, die die Anerkennung und Vollstreckung von Schiedssprüchen den Verfahrensvorschriften des jeweiligen Staates unterwirft.[659] Dadurch wird die Anerkennung und Vollstreckung von Schiedssprüchen auf einen bestimmten territorialen Bereich beschränkt.

Dies führt zu dem Unterschied zwischen der Singapore Convention und der New York Convention, dass die New York Convention den Wortlaut „shall recognize" und die Singapore Convention dagegen den Wortlaut „shall enforce" verwendet.[660] Damit zusammen hängt die generelle Unterscheidung der Mediation von der Schiedsgerichtsbarkeit sowie die Offenheit des örtlichen Bezuges im Hinblick auf Mediationsverfahren und Mediationsvergleiche, sodass hier im Gegensatz zur Schiedsgerichtsbarkeit kein räumlicher oder sachlicher Zusammenhang zwischen der Mediation und einem bestimmten Staat hergestellt wird.

5. Formale Kriterien für die Anerkennung und Vollstreckung von Mediationsvergleichen

Art. 18 des Modellgesetzes von 2018 stimmt mit Art. 4 der Singapore Convention überein. Für die Anerkennung und Vollstreckung von Mediationsvergleichen ist

---

656 Vgl. *Alexander*, ZKM 2019, 160 (162).

657 Im englischen Original: „in accordance with its rules of procedure and under the conditions laid down in this Convention".

658 *Alexander/Chong*, The Singapore Convention on Mediation – A Commentary, p. 70, para. 3.13.

659 Vgl. Art. III der New York Convention.

660 Vgl. Art. III der New York Convention sowie Art. 3 Abs. 1 der Singapore Convention.

erforderlich, dass die Partei, welche die Anerkennung und Vollstreckung nachsucht, formale Bedingungen erfüllt. Diese formalen Bedingungen sind in Art. 18 des Modellgesetzes festgehalten. Dort heißt es:

> A party *relying on a settlement agreement* under this section shall supply to the competent authority of this State:
>
> (a) The settlement agreement signed[661] by the parties;
>
> (b) Evidence that the settlement agreement resulted from mediation, *such as*:
>
> (i) The*mediator's signature* on the settlement agreement;
>
> (ii) A*document signed by the mediator indicating that the mediation was carried out*;
>
> (iii) An attestation by the institution that administered the mediation; or
>
> (iv) In the absence of (i), (ii) or (iii), any other evidence acceptable to the competent authority.

Durch die Verwendung des Ausdrucks „*relying on a settlement agreement*" wird verdeutlicht, dass nicht nur die Vollstreckung, sondern auch die Anerkennung von Mediationsvergleichen gemeint ist und eine Partei, die sich auf den Mediationsvergleich stützt, vorzulegen hat, dass der Mediationsvergleich von den Parteien unterzeichnet ist. Eines der maßgeblichen Kriterien stellt die Unterzeichnung des Mediationsvergleichs durch die Parteien dar.[662] Hierzu merkt die *Working Group II* an, dass durch die Unterzeichnung des Mediationsvergleichs der einvernehmliche Charakter der Mediation am ehesten resultieren würde.[663]

Des Weiteren muss hervorgehen, dass der Mediationsvergleich aus einem Mediationsverfahren entstanden ist.[664] Dieses Formerfordernis zielt darauf ab, einen Mediationsvergleich von anderen Verträgen zu unterscheiden.[665] Dazu stellt Art. 18 Abs. 1 lit. b verschiedene Möglichkeiten auf, wie ein solcher Nachweis erbracht werden kann: Danach könnte dies in Form einer Unterzeichnung des Mediationsvergleichs durch den Mediator[666], in Form eines Schreibens,

661 Hervorhebungen durch die Autorin.

662 Vgl. Art. 18 Abs. 1 lit. a des Modellgesetzes von 2018.

663 Auch der elektronische Geschäftsverkehr wird durch Art. 18 berücksichtigt, indem dieser die Verwendung elektronischer und anderer Kommunikationsmittel erlaubt, um die dortigen Formerfordernisse zu erfüllen, vgl. Art. 18 Abs. 2 des Modellgesetzes von 2018; Draft Guide to Enactment (2018), para. 130.

664 Vgl. Art. 18 Abs. 1 lit. b des Modellgesetzes von 2018.

665 Draft Guide to Enactment (2018), para. 132.

666 Vgl. Art. 18 Abs. 1 lit. b (i) des Modellgesetzes von 2018.

welches von dem Mediator unterzeichnet ist und aus dem hervorgeht, dass die Mediation durchgeführt wurde[667] sowie in Form eines Nachweises der zuständigen Stelle über die Durchführung der Mediation[668] oder bei Nichtvorliegen der oben genannten Voraussetzungen, in Form eines für die zuständige Stelle zulässig anderer Nachweis[669]. In diesem Zusammenhang betont die *Working Group II*, dass das Modellgesetz trotz der Auflistung von verschiedenen formalen Kriterien für die Anerkennung und Vollstreckung von Mediationsvergleichen den flexiblen Charakter des Mediationsverfahrens beibehält.[670]

Hinsichtlich des elektronischen Geschäftsverkehrs sieht Art. 18 Abs. 2 besondere Formerfordernisse für einen Mediationsvergleich vor:

> The requirement that a settlement agreement shall be *signed by the parties*[671] or, where applicable, the *mediator*, is met in relation to an *electronic communication* if:
>
> (a) A method is used *to identify the parties or the mediator and to indicate the parties' or mediator's intention* in respect of the information contained in the electronic communication; and
>
> (b) The method used is either:
>
> (i) As reliable as appropriate for the *purpose for which the electronic communication was generated* or communicated, in the light of all the circumstances, including any relevant agreement; or
>
> (ii) Proven in fact to have fulfilled the functions described in subparagraph (a) above, by itself or together with further evidence.

Art. 18 Abs. 2 verfolgt das Prinzip der funktionalen Äquivalenz für die Unterschrift der Parteien[672], welches der *UNCITRAL Convention on the Use of Electronic Communications in International Contracts*[673] entnommen ist. Das Prinzip

---

667 Vgl. Art. 18 Abs. 1 lit. b (ii) des Modellgesetzes von 2018.

668 Vgl. Art. 18 Abs. 1 lit. b (iii) des Modellgesetzes von 2018.

669 Vgl. Art. 18 Abs. 1 lit. b (iv) des Modellgesetzes von 2018.

670 Dies wird mit dem Wortlaut „such as" in Art. 18 Abs. 1 lit. (b) begründet, der den Parteien lediglich eine erläuternde Liste vorgeben soll, vgl. Draft Guide to Enactment (2018), para. 133.

671 Hervorhebungen durch die Autorin.

672 Im englischen Original: „functional equivalence principle for the signature of the parties on the settlement agreement", siehe *Binder*, International Commercial Arbitration and Mediation in UNCITRAL Model Law Jurisdictions, p. 653.

673 Vgl. Art. 9 Abs. 3 United Nations Convention on the Use of Electronic Communications in International Contracts.

der funktionalen Äquivalenz verkörpert bestimmte Grundregeln für den elektronischen Geschäftsverkehr hinsichtlich der Kriterien für die Feststellung der funktionalen Gleichwertigkeit zwischen elektronischer Kommunikation und Papierdokumenten – einschließlich „originaler" Papierdokumente – sowie zwischen elektronischen Authentifizierungsmethoden und handschriftlichen Unterschriften.[674] Hierzu ist die Anforderung, dass der Mediationsvergleich von den Parteien und dem Mediator zu unterzeichnen ist, in Bezug auf den elektronischen Geschäftsverkehr erfüllt, wenn die Parteien und der Mediator zu identifizieren sowie die Absicht der Parteien oder des Mediators in Bezug auf die in der elektronischen Kommunikation enthaltenen Informationen angegeben sind.[675] Hinsichtlich der weiteren Formerfordernisse in Art. 18 Abs. 2 wird auf die Kommentierungen zur *Convention on the Use of Electronic Communications in International Contracts* verwiesen.[676]

Nach Art. 18 Abs. 3 kann die zuständige Stelle eine Übersetzung des Mediationsvergleichs in die Amtssprache verlangen, wenn diese nicht in einer Amtssprache dieses Staates abgefasst wurde. Diese Vorgehensweise stammt aus Art. 35 Abs. 2 des Modellgesetzes über die Handelsschiedsgerichtsbarkeit.[677] Dazu enthält Art. 18 Abs. 3 folgenden Wortlaut:

> If the settlement agreement is not in an official language of this State, *the competent authority may request a translation*[678] thereof into such language.

Während sich Art. 18 Abs. 1 lit. a und b mit den formalen Kriterien für die Parteien befassen, die sie bei Einreichung eines Antrags vorzulegen haben, befasst sich Art. 18 Abs. 4 mit der Befugnis der zuständigen Stelle, bei der Prüfung eines Antrags bestimmte notwendige Unterlagen verlangen zu können.[679] Danach

---

674 Siehe *Explanatory note by the UNCITRAL secretariat on the United Nations Convention on the Use of Electronic Communications in International Contracts*, p. 15–16 para. 13, abzurufen unter https://uncitral.un.org/sites/uncitral.un.org/files/media-documents/uncitral/en/06-57452_ebook.pdf (zuletzt aufgerufen am 15.07.21).

675 Vgl. Art. 18 Abs. 2 lit. a des Modellgesetzes von 2018.

676 Siehe *Explanatory note by the UNCITRAL secretariat on the United Nations Convention on the Use of Electronic Communications in International Contracts*, p. 15–16 para. 13, abzurufen unter https://uncitral.un.org/sites/uncitral.un.org/files/media-documents/uncitral/en/06-57452_ebook.pdf (zuletzt aufgerufen am 15.07.21).

677 *Binder*, International Commercial Arbitration and Mediation in UNCITRAL Model Law Jurisdictions, p. 654.

678 Hervorhebung durch die Autorin.

679 Vgl. Draft Guide to Enactment (2018), para. 139.

kann die zuständige Stelle alle erforderlichen Unterlagen verlangen, um zu überprüfen, ob die Anforderungen des dritten Abschnitts des Modellgesetzes erfüllt sind:

> The *competent authority*[680] may require *any necessary document* in order to verify that the requirements of this section have been complied with.

Kritisiert wurde hierbei der Umstand, dass das Risiko besteht, die zuständige Stelle könnte zusätzliche Anforderungen stellen, die die Partei, die eine Anerkennung und Vollstreckung nachsucht, unangemessen belasten würde.[681] Dennoch einigte man sich, dass durch die Formulierung nur die notwendigen Unterlagen[682] gemeint sein sollen, die die zuständige Stelle von einer zusätzlichen Antragsanforderung abhalten soll.[683] Zudem wurde angemerkt, dass die Vorschrift in Verbindung mit Art. 18 Abs. 5 zu berücksichtigen ist, um mögliche Verzögerungen zu verhindern:[684]

> When considering the request for relief, the competent authority *shall act expeditiously*[685].

Zusammenfassend lässt sich aus Art. 18 des Modellgesetzes von 2018 entnehmen, dass die Parteien zum einen den Mediationsvergleich zu unterzeichnen haben und zum anderen darlegen müssen, dass ein Mediationsverfahren stattgefunden hat.

Hier orientierte sich die *Working Group II* an Art. IV des New Yorker Übereinkommens. Art. IV des Übereinkommens regelt die formalen Voraussetzungen, die ein Antragsteller erfüllen muss, um die Anerkennung und Vollstreckung eines Schiedsspruchs gemäß Art. III des Übereinkommens zu erwirken. Danach hat ein Antragsteller, der die Anerkennung und Vollstreckung eines Schiedsspruchs begehrt, dem Vollstreckungsgericht das Original oder eine ordnungsgemäß beglaubigte Kopie des Schiedsspruchs sowie die Vorlage der in Art. II des Übereinkommens genannten Schiedsvereinbarung vorzulegen.[686]

---

680 Hervorhebungen durch die Autorin.

681 UN-Doc. A/CN.9/929, para. 64; *Binder*, International Commercial Arbitration and Mediation in UNCITRAL Model Law Jurisdictions, p. 654.

682 Im englischen Original: „necessary document".

683 UN-Doc. A/CN.9/929, para. 64; *Binder*, International Commercial Arbitration and Mediation in UNCITRAL Model Law Jurisdictions, p. 654–655.

684 UN-Doc. A/CN.9/929, para. 61; *Binder*, International Commercial Arbitration and Mediation in UNCITRAL Model Law Jurisdictions, p. 655.

685 Hervorhebung durch die Autorin.

686 Vgl. Art. IV Abs. 1 der New York Convention.

Im Vergleich zu Art. IV des New Yorker Übereinkommens ist Art. 18 des Modellgesetzes von 2018 detaillierter ausformuliert. Hierzu werden in Art. 18 Abs. 1 verschiedene Möglichkeiten dargestellt, die aufzeigen, dass der Mediationsvergleich aus einem Mediationsverfahren resultiert. Zudem nimmt Art. 18 Abs. 2 auf den elektronischen Geschäftsverkehr Bezug. Hier könnte die Gefahr bestehen, dass die detaillierte Regelung dem flexiblen Charakter des Mediationsverfahrens widersprechen würde. Dennoch wird deutlich, dass das Modellgesetz im Hinblick auf die Anerkennung und Vollstreckung den Parteien bei der Auslegung von Art. 18 einen Handlungsspielraum überlässt und somit vielmehr erläuternde Regelungsbedingungen zur Verfügung stellt.

6. Aussetzung der Durchsetzung von Mediationsvergleichen

a) Das Problem

Das Modellgesetz befasst sich neben den allgemeinen Formerfordernissen, die für die Vollstreckung von Mediationsvergleichen zu beachten sind, auch mit den möglichen Auswirkungen von Mediationsvergleichen auf Gerichts- oder Schiedsgerichtsverfahren, die im Zusammenhang mit Mediationsvergleichen im Durchsetzungsverfahren entstehen können.

Hierzu kam es innerhalb der *Working Group II* zu einer großen Meinungsverschiedenheit. Eine Ansicht vertrat die Auffassung, dass es nicht notwendig sei, überhaupt einen Zusammenhang zwischen Gerichts- oder Schiedsgerichtsverfahren und Mediationsvergleichen im Durchsetzungsverfahren herzustellen, da sie sich mit Fragen anderer Art befassen.[687] Eine andere Ansicht vertrat die Auffassung, dass das Modellgesetz von 2018 das Vollstreckungsgericht verpflichten sollte, Gerichtsentscheidungen zu berücksichtigen.[688] In diesem Zusammenhang ist Art. 14 des Modellgesetzes von 2018 heranzuziehen, welcher den Parteien das Ermessen einräumt, ein schiedsgerichtliches oder gerichtliches Verfahren einzuleiten, soweit dies zur Wahrung ihrer Rechte erforderlich ist. Hierzu ist es notwendig, dass das Modellgesetz im Hinblick auf das Durchsetzungsverfahren auch eine Verbindung zu möglichen Gerichts- und Schiedsverfahren herstellt. Durch Art. 20 vermeidet das Modellgesetz von 2018 eine Regelungslücke, indem sich ein Gerichts- oder Schiedsverfahren im Zusammenhang mit einem

---

687 UN-Doc. A/CN.9/861, para. 104.

688 UN-Doc. A/CN.9/861, para. 104; UN-Doc. A/CN.9/867, paras. 122–131; UN-Doc. A/CN.9/867, paras. 168–169.

Mediationsvergleich auf den nach Art. 18 des Modellgesetzes angestrebten Rechtsschutz auswirken kann.

Hierbei war sich die *Working Group II* einig, sich an den Vorschriften des New Yorker Übereinkommens sowie an Art. 36 Abs. 2 des Modellgesetzes über die Handelsschiedsgerichtsbarkeit zu orientieren. Art. V Abs. 1 lit. e und Art. VI des New Yorker Übereinkommens erlaubt es den nationalen Gerichten, die Anerkennung oder Vollstreckung eines Schiedsspruchs zu verweigern, wenn die sich der Vollstreckung widersetzende Partei vorträgt, dass der Schiedsspruch für die Parteien noch nicht bindend geworden ist[689] oder aufgehoben oder ausgesetzt wurde[690]. Art. 36 Abs. 2 ist hieran inhaltlich angenähert und bestimmt, dass ein Gericht, bei dem ein Antrag gestellt wird, den Schiedsspruch aufzuheben und bei dem die Anerkennung und Vollstreckung geltend gemacht wird, in Erwägung ziehen kann, seine Entscheidung auszusetzen:

> If an application for setting aside or suspension of an award has been made to a court referred to in paragraph (1)(a)(v) of this article, the court where recognition or *enforcement is sought* may, if it considers it proper, *adjourn its decision*[691] and may also, on the application of the party claiming recognition or enforcement of the award, order the other party to provide appropriate security.

Danach wird dem Gericht das Ermessen eingeräumt, das Verfahren auszusetzen.[692] Dieses Ermessen räumt auch Art. 20 des Modellgesetzes von 2018 einem Gericht ein, im Hinblick auf die Anerkennung und Vollstreckung von Mediationsvergleichen das Verfahren auszusetzen:

> If an *application or a claim relating to a settlement agreement*[693] has been made to a court, an arbitral tribunal or any other competent authority *which may affect the relief being sought* under article 18, the competent authority of this State where such *relief is sought* may, if it considers it proper, adjourn the decision and may also, on the request of a party, order the other party to give suitable security.

Die *Working Group II* zielte bei der Ausarbeitung des Art. 20 darauf ab, dass die Vorschrift sowohl dann gelten sollte, wenn die Vollstreckung eines Mediationsvergleichs nachgesucht wird, als auch dann, wenn dieser als Einrede[694] geltend

689 Vgl. Art. V Abs. 1 lit. e 1. HS der New Yorker Convention.

690 Vgl. Art. V Abs. 1 lit. e 2. HS der New Yorker Convention.

691 Hervorhebung durch die Autorin.

692 In Frankreich dagegen wird das Vollstreckungsverfahren ausgesetzt, vgl. Art. 1506 Code de procédure civile, abzurufen unter https://www.legifrance.gouv.fr/codes/article_lc/LEGIARTI000006412715/2005-01-01 (zuletzt aufgerufen am 16.07.21).

693 Hervorhebungen durch die Autorin.

694 Vgl. Art. 17 Abs. 2 des Modellgesetzes von 2018.

gemacht wird.[695] Im Unterschied zu Art. 36 Abs. 2 des Modellgesetzes über die Handelsschiedsgerichtsbarkeit, der auf das Gericht abstellt, bei dem die Anerkennung und Vollstreckung geltend gemacht wird[696], bezieht sich Art. 20 des Modellgesetzes von 2018 auf das Gericht, bei dem Rechtsschutz nachgesucht wird[697].Somit wird deutlich, dass von Art. 20 des Modellgesetzes von 2018 nicht ausschließlich das Gericht erfasst ist, bei dem die Vollstreckung des Mediationsvergleichs geltend gemacht wird, sondern auch das Gericht, bei dem sich eine Partei des Mediationsverfahrens auf den Mediationsvergleich als Einrede beruft.[698]

b) Gründe für die Aussetzung

Die Möglichkeit einer Aussetzung des Verfahrens im Durchsetzungsverfahren ist sowohl in Art. 20 des Modellgesetzes als auch in Art. 6 der Singapore Convention festgelegt. Es wird deutlich, dass sowohl Art. 20 des Modellgesetzes als auch Art. 6 der Singapore Convention eine Verbindung zu den formalen Kriterien für die Anerkennung und Vollstreckung von Mediationsvergleichen herstellen.[699] Danach kann eine Aussetzung der Anerkennung und Vollstreckung von Mediationsvergleichen begründet sein, wenn sich das Gerichts- oder Schiedsverfahren auf den nach Art. 18 des Modellgesetzes nachgesuchten Rechtsschutz auswirken kann.

c) „Aussetzungsverfahren"

Art. 20 des Modellgesetzes stellt im Hinblick auf die Aussetzung der Anerkennung und Vollstreckung von Mediationsvergleichen, wenn ein Gerichtsverfahren anhängig ist, eine kurze Vorschrift dar, die sich nicht auf das „Aussetzungsverfahren" selbst bezieht, sondern lediglich dem Vollstreckungsgericht ein Ermessen einräumt. Das Verfahren ist dann auszusetzen, um zum einen widersprechende Entscheidungen zu vermeiden und zum anderen den in Art. 18 nachgesuchten Rechtsschutz sicherzustellen.

---

695 UN-Doc. A/CN.9/934, para. 69; Draft Guide to Enactment and Use of the UNCITRAL Model Law on International Commercial Mediation and International Settlement Agreements Resulting from Mediation (2018), para. 167.

696 Im englischen Original: „enforcement is sought".

697 Im englischen Original: „relief is sought".

698 Siehe auch UN-Doc. A/CN.9/934, para. 69.

699 Vgl. Art. 18 des Modellgesetzes von 2018.

Aufgrund der verschiedenen Rechtsordnungen wäre eine Regelung hinsichtlich der Durchführungsweise, wie das Vollstreckungsverfahren auszusetzen ist, riskant gewesen. Vielmehr wird durch das Einräumen eines Ermessenspielraums das Vertrauen in die Mediation gestärkt. Es wird nicht nur deutlich, dass durch eine Aussetzung des Verfahrens der gesuchte Rechtsschutz in Art. 18 des Modellgesetzes sichergestellt werden soll, sondern auch der Schutz vor Gerichts- oder Schiedsverfahren, während ein Mediationsverfahren anhängig ist. Die Aussetzung des Verfahrens nach Art. 20 des Modellgesetzes von 2018 führt dazu, dass die Parteien nicht befürchten müssen, dass ein Gerichts- oder Schiedsverfahren ihren gesuchten Rechtsschutz in Art. 18 des Modellgesetzes umgeht, wenn das Durchsetzungsverfahren noch anhängig ist.

d) Gründe für die Versagung der Anerkennung und Vollstreckung

Im Zusammenhang auf das oben Gesagte hinsichtlich der Anerkennung und Vollstreckung von Mediationsvergleichen sollen folgend einige Gründe für die Versagung der Anerkennung und Vollstreckung erläutert werden. Hierzu enthält Art. 19 des Modellgesetzes von 2018 einige Gründe für die Versagung der Anerkennung und Vollstreckung von Mediationsvergleichen und spiegelt Art. 5 der Singapore Convention wider.[700]

Hinsichtlich der inhaltlichen Struktur von Art. 19 ist anzumerken, dass die Versagungsgründe sich wie in Art. 5 der Singapore Convention ebenfalls in drei Kategorien einteilen lassen: Versagungsgründe im Hinblick auf den Mediationsvergleich[701], in Bezug auf den Mediator[702] sowie auf die öffentliche Ordnung und den „Streitgegenstand"[703]. Die Versagungsgründe sind in diesem Zusammenhang nicht zwingend.[704] Die *Working Group II* einigte sich, dass die in dem Modellgesetz vorzusehenden Gründe abschließend und nicht umständlich umzusetzen sein sollen, um eine einfache und effiziente Überprüfung der Gründe für die Versagung der Anerkennung und Vollstreckung zu ermöglichen.[705] Hierbei soll der Rechtsschutz nicht nur abgelehnt werden, wenn die

---

700 Hinsichtlich der Ablehnungsgründe in Art. 5 der Singapore Convention wird auf den Abschnitt „Ablehnungsgründe" im Teil C, IV, 2 d) hingewiesen.

701 Vgl. Art. 19 Abs. 1 lit. a bis d des Modellgesetzes von 2018.

702 Vgl. Art. 19 Abs. 1 lit. e und f des Modellgesetzes von 2018.

703 Vgl. Art. 19 Abs. 2 des Modellgesetzes von 2018.

704 Die Anerkennung und Vollstreckung von Mediationsvergleichen kann versagt werden; Im englischen Original: „*may* refuse", Hervorhebung durch die Autorin.

705 UN-Doc. A/CN.9/861, para. 93; UN-Doc. A/CN.9/WG.II/WP.198, para. 34.

Anerkennung und Vollstreckung nach Art. 17 Abs. 1 des Modellgesetzes begehrt wird, sondern auch wenn der Mediationsvergleich als Einrede nach Art. 17 Abs. 2 geltend gemacht wird.[706]

Die *Working Group II* zielte bei der Ausarbeitung des Art. 19 darauf ab, den Standard für die Anerkennung und Vollstreckung aufgrund der Versagungsgründe dennoch hoch zu halten und orientierte sich an dem Standard der Anerkennung und Vollstreckung von Schiedssprüchen nach Art. 36 des Modellgesetzes über die Handelsschiedsgerichtsbarkeit.[707] Dies sollte dadurch erreicht werden, dass die Versagungsgründe zwar abschließend sind, dennoch auch hier die Flexibilität der Mediation zu wahren ist.[708]

aa) Ablehnungsgründe in Bezug auf den Mediationsvergleich

Im Hinblick auf die Ablehnungsgründe in Bezug auf den Mediationsvergleich enthält Art. 19 Abs. 1 lit. a bis d folgenden Wortlaut:

> The competent authority of this State *may refuse*[709] to grant relief at the request of the party against whom the relief is sought only if that party furnishes to the competent authority proof that:
>
> (a) A*party to the settlement agreement* was under some *incapacity*;
>
> (b) The settlement agreement sought to be relied upon:
>
> (i) Is*null and void*, inoperative or incapable of being performed under the law to which the parties have validly subjected it or, failing any indication thereon, under the law deemed applicable by the competent authority;
>
> (ii) Is*not binding*, or is *not final*, according to its terms; or
>
> (iii) Has been *subsequently modified*;
>
> (c) The obligations in the settlement agreement:
>
> (i) Have been performed; or
>
> (ii) Are *not clear or comprehensible*;
>
> (d) Granting relief would be *contrary to the terms of the settlement agreement*;...

---

706 Vgl. Draft Guide to Enactment (2018), para. 143.

707 UN-Doc. A/CN.9/867, para. 148; *Binder*, International Commercial Arbitration and Mediation in UNCITRAL Model Law Jurisdictions, p. 657.

708 UN-Doc. A/CN.9/WG.II/WP.198, para. 34; UN-Doc. A/CN.9/861, para. 93.

709 Hervorhebungen erfolgen durch die Autorin.

Art. 19 Abs. 1 lit. a sieht vor, dass die Geschäftsunfähigkeit einer Partei, einen Mediationsvergleich abzuschließen, einen Grund für die Ablehnung des Rechtsschutzes darstellt.[710]

Des Weiteren ist die Anerkennung und Vollstreckung eines Mediationsvergleichs zu versagen, wenn der Mediationsvergleich nichtig oder unwirksam ist, unter dem Recht dem die Parteien es unterstellt haben.[711] Hier besteht eine inhaltliche Ähnlichkeit zu Art. 5 Abs. 1 lit. b (i) der Singapore Convention, wonach ebenfalls die Anerkennung und Vollstreckung abzulehnen ist, wenn der Mediationsvergleich nichtig oder unwirksam ist, grundsätzlich unter dem Recht dem die Parteien es unterstellt haben.[712] Das bedeutet, dass nach dem Wortlaut des Modellgesetzes von 2018 sowie der Singapore Convention davon ausgegangen werden kann, dass die Parteien das für den Mediationsvergleich anwendbare Recht wählen können.[713]

Nach Art. 19 Abs. 1 lit. b (ii) ist die Anerkennung und Vollstreckung ferner zu versagen, wenn der Mediationsvergleich seinem Inhalt nach nicht bindend oder nicht abschließend ist.[714]

Zudem ist die Anerkennung und Vollstreckung zu versagen, wenn die Vertragspflichten bereits erfüllt worden oder nicht bestimmt genug oder nicht verständlich formuliert worden sind.[715]

Nach Art. 19 Abs. 1 lit. d liegt ein Ablehnungsgrund ferner vor, wenn die Gewährung von Rechtsschutz[716] den Vertragsbestimmungen widersprechen

---

710 Die Geschäftsunfähigkeit stellt in mehreren Rechtsordnungen einen Grund für die Versagung der Vollstreckung sowie für das Vorliegen eines unwirksamen Vertrags dar, siehe UN-Doc. A/CN.9/867, para. 152.

711 Vgl. Art. 19 Abs. 1 lit. b (i) des Modellgesetzes von 2018.

712 Hinsichtlich der Problematik des auf den Mediationsvergleich anwendbaren Rechts wird auf das folgende Kapitel „Das auf den Mediationsvergleich anwendbare Recht“ verwiesen.

713 Für den Fall, dass die Parteien kein anwendbares Recht vereinbart haben, enthalten Art. 19 Abs. 1 lit. b (i) des Modellgesetzes sowie Art. 5 Abs. 1 lit. b (i) der Singapore Convention einen Zusatz.

714 Die *Working Group II* merkt hinsichtlich des Zwecks von Art. 19 Abs. 1 lit. b (ii) an, dass dieser angesichts der Tatsache ausgearbeitet wurde, dass es einige Fälle gibt, in denen die Parteien nach Abschluss der Mediation nicht beabsichtigen, die darin enthaltenen Verpflichtungen durchzusetzen, sondern einen Mediationsvergleich als Rahmen formulieren, um ihre zukünftige Beziehung zu gestalten und die gegenseitigen Verpflichtungen zu klären, UN-Doc. A/CN.9/934, para. 46.

715 Vgl. Art. 19 Abs. 1 lit. c (i) und (ii) des Modellgesetzes von 2018.

716 Im englischen Original: „granting relief“.

würde.[717] Diese Bestimmung beruht auf den Gestaltungsmöglichkeiten der Parteien.[718]

Die Ablehnungsgründe in Bezug auf den Mediationsvergleich stellen somit vertragsbezogene Einwendungen dar, die besonders innerhalb Art. 19 Abs. 1 lit. b zu Überschneidungen führen können.[719]

bb) Ablehnungsgründe in Bezug auf den Mediator

Im Hinblick auf die Ablehnungsgründe in Bezug auf den Mediator enthält Art. 19 zwei Gründe, die auf das Verhalten des Mediators basieren:

> There was a *serious breach by the mediator of standards applicable to the mediator or the mediation*[720] without which breach that party would not have entered into the settlement agreement; or
>
> There was a *failure by the mediator to disclose to the parties circumstances that raise justifiable doubts as to the mediator's impartiality or independence* and such failure to disclose had a material impact or undue influence on a party without which failure that party would not have entered into the settlement agreement.

Der erste Grund in Bezug auf das Fehlverhalten des Mediators für eine Versagung der Anerkennung und Vollstreckung liegt vor, wenn ein schwerwiegender Verstoß des Mediators gegen die Grundregeln[721] vorliegt, die für ihn oder die Mediation gelten und ohne deren Missachtung die betroffene Partei den Mediationsvergleich nicht getroffen hätte.[722]

Der zweite Ablehnungsgrund in Bezug auf das Fehlverhalten des Mediators ist gegeben, wenn der Mediator versäumt, den Parteien Umstände offenzulegen, die begründete Zweifel an der Unparteilichkeit oder Unabhängigkeit des Mediators aufkommen lassen und die fehlende Offenlegung eine bedeutende Auswirkung oder eine unangemessene Beeinflussung der Partei zur Folge hatte, ohne die diese Partei den Mediationsvergleich nicht geschlossen hätte.[723]

---

717 Siehe hierzu ausführlich UN-Doc. A/CN.9/896, paras. 92–95.

718 Vgl. auch Draft Guide to Enactment (2018), para. 156.

719 Hintergrund ist, dass solche vertragsbezogenen Einwendungen in mehreren Rechtsordnungen anerkannt sind und somit eine inhaltliche Ähnlichkeit zueinander darstellen, vgl. auch *Alexander*, ZKM 2019, 160 (163).

720 Hervorhebungen durch die Autorin.

721 Vgl. Art. 19 Abs. 1 lit. e des Modellgesetzes von 2018; Im englischen Original „standards"; Gemeint sind z.B. die von den Parteien festgelegten Standards, UN-Doc. A/CN.9/901, para. 80.

722 Vgl. Art. 19 Abs. 1 lit. e des Modellgesetzes von 2018.

723 Vgl. Art. 19 Abs. 1 lit. f des Modellgesetzes von 2018.

Es wird deutlich, dass Art. 19 betreffend der Ablehnungsgründe in Bezug auf den Mediator auf das Verhalten des Mediators abstellt.[724] Dabei genügt jedoch nicht das Fehlverhalten des Mediators alleine. Es wird verlangt, dass das Fehlverhalten eine Auswirkung auf den Mediationsvergleich aufzeigt.[725] D.h., dass das Fehlverhalten derart schwerwiegend sein müsste, dass die Parteien ohne dieses den Mediationsvergleich nicht geschlossen hätten. Der Anwendungsbereich von Art. 19 Abs. 1 lit. e ist daher auf Fälle beschränkt, in denen sich das Fehlverhalten des Mediators unmittelbar auf den Mediationsvergleich ausgewirkt hat. In diesem Zusammenhang wurde in der *Working Group II* auf die Notwendigkeit hingewiesen, den Begriff *„standards applicable to the mediator"* zu erläutern.[726] Da sich solche *„standards"* im Laufe der Zeit ändern können, wurde vorgeschlagen, dass die Working Group II in Erwägung ziehen sollte, dass unterschiedliche *„standards"* gemeint sein können.[727] Neben dem bestehenden Modellgesetz von 2002, welcher in Bezug auf die Tätigkeit des Schlichters bereits Grundprinzipien festlegte, können die *Draft UNCITRAL Notes on Mediation* herangezogen werden, in denen einige allgemeine Grundsätze hinsichtlich der Tätigkeit des Mediators enthalten sind.[728]

Der Anwendungsbereich von Art. 19 Abs. 1 lit. f ist ebenfalls auf Fälle beschränkt, in denen die Verletzung durch den Mediator zur Offenlegung bestimmter Umstände Auswirkungen auf den Abschluss des Mediationsvergleichs der Parteien hat.[729] Der Unterschied zu Art. 19 Abs. 1 lit. e besteht darin, dass der Ablehnungsgrund nach Art. 19 Abs. 1 lit. f dem anerkennenden Gericht ermöglicht, die Gewährung von Rechtsschutz auch dann zu verweigern, wenn die für den Mediator geltenden „standards" nicht notwendigerweise eine Offenlegungspflicht vorsehen.[730]

---

724 Gemeint sind somit die Ethik – und Verhaltensstandards von Mediatoren, vgl. Draft UNCITRAL Notes on Mediation, paras. 33–35.

725 Vgl. UN-Doc. A/CN.9/896, para. 194.

726 UN-Doc. A/CN.9/WG.II/WP.202, para. 47.

727 Siehe UN-Doc. A/CN.9/WG.II/WP.202, para. 47.

728 Vgl. Draft UNCITRAL Notes on Mediation, paras. 33–35.

729 UN-Doc. A/CN.9/901, para. 84.

730 Vgl. hierzu UN-Doc. A/CN.9/901, para. 85.

cc) Ablehnungsgründe in Bezug auf die öffentliche Ordnung und den Streitgegenstand

Hinsichtlich der Versagung der Anerkennung und Vollstreckung von Mediationsvergleichen durch Ablehnungsgründe in Zusammenhang mit der öffentlichen Ordnung sowie dem Streitgegenstand sieht Art. 19 Abs. 2 folgendes vor:

> The competent authority of this State may also refuse to grant relief if it finds that:
>
> (a) Granting relief would be *contrary to the public policy of this State*[731]; or
>
> (b) The *subject matter of the dispute is not capable* of settlement by mediation *under the law of this State.*

Gem. Art. 19 Abs. 2 lit. a kann ein zuständiges Gericht die Durchsetzung eines Mediationsvergleichs verweigern, wenn diese im Widerspruch zur öffentlichen Ordnung des Staates steht, in dem die Anerkennung und Vollstreckung angestrebt wird.[732]

In diesem Zusammenhang stellte sich die *Working Group II* besonders die Frage, wie das auf die Einreden im Vollstreckungsverfahren anwendbare Recht in dem Modellgesetz behandelt werden sollte.[733] Nachdem sich herausstellte, dass das Recht des zugrunde liegenden Vertrags, unter dem die Streitigkeit entstanden ist, sich von dem für den Mediationsvergleich geltenden Recht unterscheiden könnte, was zu Unsicherheit hinsichtlich des anwendbaren Rechts führen könnte, sodass allgemein die Auffassung vertreten wurde, dass das Modellgesetz nicht das auf die Einreden im Vollstreckungsverfahren anwendbare Recht behandeln sollte.[734] Dabei wurde angenommen, dass das zuständige Gericht in der Regel die Kollisionsnormen am Ort der Vollstreckung anwenden und ggf. das durch die Rechtswahl der Parteien anwendbare Recht berücksichtigen würde.[735] Damit steht dieser Ablehnungsgrund im Zusammenhang mit den Grundsätzen des internationalen Privatrechts zusammen.[736]

Art. 19 Abs. 2 lit. b sieht ferner vor, dass das zuständige Gericht die Anerkennung und Vollstreckung eines Mediationsvergleichs versagen kann, wenn der

731 Hervorhebungen durch die Autorin.

732 Die öffentliche Ordnung soll sowohl materielle als auch verfahrensrechtliche Aspekte umfassen, Draft Guide to Enactment (2018), para. 164.

733 Siehe UN-Doc. A/CN.9/867, para. 147.

734 UN-Doc. A/CN.9/861, paras. 101–102; UN-Doc. A/CN.9/867, paras. 147–150.

735 Vgl. UN-Doc. A/CN.9/861, para. 102.

736 Vgl. auch *Alexander*, ZKM 2019, 160 (163).

Streitgegenstand nach dem Recht dieses Staates nicht im Wege eines Mediationsverfahrens abgehandelt werden darf.

dd) Zusammenfassung

Zusammenfassend ist festzustellen, dass die in Art. 19 des Modellgesetzes von 2018 enthaltenen Gründe für die Ablehnung der Anerkennung und Vollstreckung von Mediationsvergleichen eine inhaltliche Wiedergabe der in Art. 5 der Singapore Convention enthaltenen Gründe für die Versagung der Anerkennung und Vollstreckung darstellen. Für die Ausarbeitung dieser Versagungsgründe orientierte sich die *Working Group II* an die in Art. 36 des Modellgesetzes über die Handelsschiedsgerichtsbarkeit bzw. an Art. V des New Yorker Übereinkommens enthaltenen Gründe für die Versagung der Anerkennung und Vollstreckung von Schiedssprüchen. Hierbei lassen sich folgende Gemeinsamkeiten und Unterschiede feststellen:

Im Hinblick auf die in Art. 19 enthaltenen Ablehnungsgründe in Bezug auf den Mediationsvergleich ist anzumerken, dass Art. 36 ebenfalls Gründe für die Ablehnung der Anerkennung und Vollstreckung von Schiedssprüchen in Bezug auf den Vertrag enthält.[737] Ablehnungsgründe wie die Geschäftsunfähigkeit der Parteien, Nichtigkeit, Unwirksamkeit oder Undurchführbarkeit der Schiedsvereinbarung sieht das Modellgesetz über die Handelsschiedsgerichtsbarkeit für die Versagung der Anerkennung und Vollstreckung von Schiedssprüchen vor.[738] Der entscheidende Unterschied liegt darin, dass Art. 36 Abs. 1 lit. a (i) des Modellgesetzes über die Handelsschiedsgerichtsbarkeit nur von einer nichtigen, unwirksamen oder undurchführbaren Schiedsvereinbarung und nicht vom Schiedsspruch ausgeht. Dennoch hat die *Working Group II* hier einige Begriffe für die Ablehnungsgründe in Bezug auf den Mediationsvergleich übernommen.[739]

---

737 Vgl. Art. 36 Abs. 1 lit. a des Modellgesetzes über die Handelsschiedsgerichtsbarkeit.

738 Vgl. Art. 36 Abs. 1 lit. a (i) des Modellgesetzes über die Handelsschiedsgerichtsbarkeit.

739 Vgl. Art. 19 Abs. 1 lit. b des Modellgesetzes von 2018; Hinsichtlich der Übernahme der Begriffe für die Ablehnungsgründe in Bezug auf den Mediationsvergleich kommentiert die UN-Kommission wie folgt: „*During the discussion on possible defences, questions were raised with regard to situations where the settlement agreement might not necessarily be the final resolution of the dispute, as it was modified, amended or terminated by the parties, as it was found to be null and void by a competent authority or where the obligations therein were partially or fully performed by the parties, or were conditional. One view was that those issues could constitute possible defences, which could be handled by the enforcing authority in a flexible manner. Another suggestion was that those issues could be resolved by including a finality aspect in the definition of settlement agreements and as a consequence, excluding from the scope of the instrument*

Dies führt nicht nur dazu, dass die Ablehnungsgründe in Art. 19 Abs. 1 lit. b sich überschneiden können, sondern auch zu materiellrechtlichen – vertragsbezogenen Angaben in Bezug auf einen Mediationsvergleich.

In diesem Zusammenhang ist auf Art. 19 Abs. 1 lit. c (i) und (ii) einzugehen, welcher die Anerkennung und Vollstreckung von Mediationsvergleichen ablehnt, wenn die in dem Vergleich enthaltenen Pflichten bereits erfüllt worden oder nicht bestimmt genug sowie nicht verständlich formuliert worden sind. In einigen Rechtsordnungen ist es üblich, dass solche vertragsbezogenen Merkmale grundsätzlich ausgelegt werden können.[740] Das Modellgesetz von 2018 dagegen sieht in einem solchen Fall die Versagung der Anerkennung und Vollstreckung von Mediationsvergleichen vor. Ein solcher Ablehnungsgrund ist in Art. 36 des Modellgesetzes über die Handelsschiedsgerichtsbarkeit nicht enthalten. Hier wird besonders deutlich, dass das Modellgesetz von 2018 zwar teilweise die für das justizähnliche Verfahren der Schiedsgerichtsbarkeit enthaltenen Ablehnungsgründe zur Orientierung vorgenommen hat, dennoch maßgebliche Unterschiede für das Mediationsverfahren setzt.

Ein weiterer Unterschied liegt darin, dass Art. 36 die Ablehnungsgründe ausdrücklich für die Anerkennung und Vollstreckung des Schiedsspruchs[741] vorsieht. Art. 19 des Modellgesetzes von 2018 dagegen bezieht sich nach dem Wortlaut lediglich auf die Gewährung des Rechtsschutzes[742]. In diesem Zusammenhang könnte Art. 19 jedoch dahingehend ausgelegt werden, dass die Gründe für die Versagung der Gewährung des Rechtsschutzes sich auch auf die Wirksamkeit des Mediationsvergleiches außerhalb des Vollstreckungsverfahrens beziehen.[743]

7. Das auf den Mediationsvergleich anwendbare Recht

Fraglich ist, welches Recht auf den Mediationsvergleich anwendbar ist. Grundsätzlich ist hierzu anzumerken, dass das Modellgesetz von 2018 keine allgemeine Vorschrift hinsichtlich des anwendbaren Rechts enthält.[744] Allenfalls können

---

any settlement agreement that had been modified or amended.", siehe UN-Doc. A/CN.9/861, para. 91.

740 Am Beispiel von Deutschland ist anzumerken, dass nach §§ 133, 157 BGB Verträge nach dem Grundsatz von Treu und Glauben auszulegen sind.

741 Im englischen Original: „Recognition or enforcement of an arbitral award".

742 Im englischen Original: „to grant relief".

743 Dafür spricht, dass das Modellgesetz in Art. 17 bestimmt, dass der Mediationsvergleich sowohl zu vollstrecken als auch funktional anzuerkennen ist.

744 Vgl. Draft Guide to Enactment (2018), para. 145.

dem Modellgesetz Andeutungen entnommen werden, die auf die Anwendbarkeit hindeuten lassen.[745] Hinsichtlich weiterer Anhaltspunkte sind andere UNCITRAL-Rechtsquellen, wie die Singapore Convention sowie die rechtsähnliche Regelung der *Draft UNCITRAL Mediation Rules*, in Bezug auf das anwendbare Recht heranzuziehen. Bevor hierauf ausführlich einzugehen ist, soll zur Rechtsnatur eines Mediationsvergleichs Stellung bezogen werden, die für das anwendbare Recht von Relevanz sein kann.

a) Rechtsnatur

Der Mediationsvergleich stellt die Einigung der Parteien über das Ergebnis des Mediationsverfahrens dar.[746] Dieser enthält die Vertragspflichten zur Beilegung der Streitigkeit und ist von den Parteien schriftlich zu vereinbaren.[747] Fraglich ist, ob der Mediationsvergleich eine privatrechtliche oder verfahrensrechtliche Vereinbarung darstellt.

Gegen eine privatrechtliche Vereinbarung, also gegen einen rein materiellrechtlichen Vertrag, spricht die Behandlung des Mediationsvergleichs durch das Modellgesetz von 2018 sowie die Singapore Convention. Sowohl Art. 16 Abs. 1 des Modellgesetzes von 2018 als auch Art. 1 Abs. 1 der Singapore Convention legen den Mediationsvergleich als eine Einigung der Parteien eines Mediationsverfahrens über das Ergebnis des Verfahrens fest. Des Weiteren orientierte sich die *Working Group II* bei der Ausarbeitung des Modellgesetzes von 2018 sowie bei dem Entwurf der Singapore Convention am Modellgesetz über die Handelsschiedsgerichtsbarkeit bzw. am New Yorker Übereinkommen.[748] Das bedeutet, dass bereits hier der Gedanke vorlag, dass eine Ähnlichkeit zwischen einem Mediationsvergleich und einem Schiedsspruch besteht. Zum einen liegt eine inhaltliche Anlehnung im Hinblick auf die formellen sowie inhaltlichen Anforderungen an einen Schiedsspruch vor, zum anderen entfaltet ein Mediationsvergleich ähnliche Wirkungen wie ein Schiedsspruch.[749] Dennoch hat die

745 Wie z.B. Art. 19 Abs. 1 lit. (b) (i).

746 Vgl. Art. 16 Abs. 1 des Modellgesetzes von 2018.

747 Vgl. Art. 8 der *Draft UNCITRAL Mediation Rules*.

748 Gerade im Hinblick auf den neuen Abschnitt des Modellgesetzes von 2018 orientierte sich die *Working Group II* an einzelne Vorschriften des Modellgesetzes über die Handelsschiedsgerichtsbarkeit in Bezug auf die Anerkennung und Vollstreckung von Schiedssprüchen.

749 Ein Mediationsvergleich ist, wie auch ein Schiedsspruch, nicht nur zu vollstrecken, sondern auch funktional anzuerkennen, vgl. Art. 3 Abs. 1 der Singapore Convention.

vorliegende Untersuchung gezeigt, dass das Modellgesetz von 2018 den Unterschied zwischen der Mediation und dem justizähnlichen Verfahren der Schiedsgerichtsbarkeit wahrt, sodass zu beachten ist, dass die Mediationsvergleiche zwar auch wie Schiedssprüche anerkannt werden, jedoch die Wirkung der Anerkennung von Mediationsvergleichen eine andere ist als die Anerkennung von Schiedssprüchen.[750]

Ferner besteht hinsichtlich der Gründe für die Versagung der Anerkennung und Vollstreckung von Mediationsvergleichen eine Ähnlichkeit zu den Ablehnungsgründen der Anerkennung und Vollstreckung von Schiedssprüchen.[751]

Gegen einen rein verfahrensrechtlichen Prozessvertrag ist einzuwenden, dass das Modellgesetz von 2018 dem Mediationsvergleich mehrere materiellrechtliche Eigenschaften zuteilt. Dies wird besonders an der Bindungswirkung des Mediationsvergleichs deutlich, die in Art. 17 Abs. 2 des Modellgesetzes bestimmt ist. Des Weiteren enthält das Modellgesetz im Hinblick auf die Versagung der Anerkennung und Vollstreckung von Mediationsvergleichen einige materiell-rechtlich vertragsbezogene Merkmale, die eine Ablehnung der Anerkennung und Vollstreckung eines Mediationsvergleichs begründen können.[752]

Schließlich kann nicht von einem rein materiell-rechtlichen oder rein verfahrensrechtlichen Vertrag ausgegangen werden. Vielmehr ist der Mediationsvergleich als ein materiell-rechtlicher Vertrag mit verfahrensrechtlichen Eigenschaften einzustufen.[753] Dabei ist anzunehmen, dass die materiell-rechtlichen Aspekte besonders in Bezug auf die Bindungswirkung des Mediationsvergleichs[754] relevant werden können sowie die verfahrensrechtlichen Merkmale in Bezug auf die Vollstreckung des Mediationsvergleichs[755] wesentlich zum Ausdruck kommen.

b) Anwendbares Recht

Da nun eben festgestellt wurde, dass es sich bei dem Mediationsvergleich um einen materiell-rechtlichen Vertrag mit verfahrensrechtlichen Eigenschaften

---

750 Vgl. den Abschnitt „Verbindlichkeit und Vollstreckbarkeit von Mediationsvergleichen" im Teil D, II, 7.

751 Vgl. Art. 19 des Modellgesetzes von 2018 sowie Art. 36 des Modellgesetzes über die Handelsschiedsgerichtsbarkeit.

752 Vgl. Art. 19 Abs. 1 lit. b des Modellgesetzes von 2018.

753 MüKoBGB/Habersack, § 779 Rn. 74.

754 Vgl. Art. 17 Abs. 2 des Modellgesetzes von 2018.

755 Vgl. Art. 17 Abs. 1 des Modellgesetzes von 2018.

handelt, ist zu hinterfragen, ob z.B. die Rom I-VO[756] das auf den Mediationsvergleich anwendbare Recht bestimmt. Diese Verordnung gilt für vertragliche Schuldverhältnisse in Zivil- und Handelssachen, die eine Verbindung zum Recht verschiedener Staaten aufweisen.[757] Gegen die Anwendbarkeit der Rom I-VO auf Mediationsvergleiche spricht, dass es sich bei dem Mediationsvergleich um einen materiell-rechtlichen Vertrag mit verfahrensrechtlichen Eigenschaften handelt und dieser nicht mit vertraglichen Schuldverhältnissen i.S.v. Art. 1 Abs. 1 Rom I-VO vergleichbar ist. Zudem schließt die Rom I-VO Schiedsvereinbarungen vom Anwendungsbereich der Verordnung aus.[758] Zwar ist hier die Rede von Schiedsvereinbarungen, dennoch ist vor dem Hintergrund der Ähnlichkeit eines Mediationsvergleichs zu einem Schiedsspruch auszulegen, dass sich auch ein Mediationsvergleich nicht für den Anwendungsbereich der Verordnung eignet.[759] Aus den genannten Gründen ist die Anwendbarkeit der Rom I-VO auf Mediationsvergleiche abzulehnen.

Wie bereits oben erwähnt wurde, können dem Modellgesetz von 2018 nur wenige Hinweise entnommen werden, die auf das anwendbare Recht hindeuten lassen. Hierzu ist vor allem Art. 19 Abs. 1 lit. b (i) des Modellgesetzes von 2018 heranzuziehen, nach dem die Anerkennung und Vollstreckung des Mediationsvergleichs abzulehnen ist, wenn diese unter dem Recht, dem die Parteien es unterstellt haben, nichtig oder unwirksam ist. Das bedeutet, dass das Modellgesetz hier von einer Rechtswahl der Parteien ausgeht. Eine ähnliche Vorschrift ist auch in der Singapore Convention enthalten.[760] Haben die Parteien keine Rechtswahl betreffend das anwendbare Recht getroffen, sieht Art. 19 Abs. 1 lit. b (i) eine Auffangregelung vor.[761] Somit geht das Modellgesetz von 2018 sowie die Singapore Convention von dem Grundsatz aus, dass die Parteien das auf den Mediationsvergleich anwendbare Recht wählen.

---

756 Verordnung (EG) Nr. 593/2008 des Europäischen Parlaments und des Rates vom 17. Juni 2008 über das auf vertragliche Schuldverhältnisse anzuwendende Recht (Rom I), enthalten in Amtsblatt L 177 vom 04.07.2008, S. 6, ber. Amtsblatt L 309 vom 24.11.2009, S. 87.

757 Vgl. Art. 1 Abs. 1 Rom I-VO.

758 Vgl. Art. 1 Abs. 2 lit. e Rom I-VO.

759 Die kollisionsrechtliche Behandlung auf Grundlage der Rom I-VO, vgl. *Wentzel*, Internationale Mediation, S. 224 ff.

760 Vgl. Art. 5 Abs. 1 lit. b (i) der Singapore Convention.

761 Vgl. hierzu auch Art. 5 Abs. 1 lit. b (i) der Singapore Convention.

IV. Zusammenfassung

Folgend soll im Hinblick auf das Modellgesetz von 2018 eine Zusammenfassung angegeben werden:

Hinsichtlich der Struktur zeichnet sich das Modellgesetz von 2018 im Unterschied zum bestehenden Modellgesetz von 2002 dadurch aus, dass dieses in drei Abschnitte unterteilt ist und jedes dieser Abschnitte seinen eigenen Anwendungsbereich bestimmt. Dies führt dazu, dass den erlassenden Staaten die Möglichkeit gegeben wird, einzelne Abschnitte des Modellgesetzes zu übernehmen.[762] Die ersten beiden Abschnitte des Modellgesetzes von 2018 stellen im Wesentlichen eine Wiedergabe der Vorschriften des bestehenden Modellgesetzes von 2002 dar. Diese unterscheiden sich im Wortlaut darin, dass das Modellgesetz von 2018 den Begriff *Conciliation* durch *Mediation* ersetzt. Diese Änderung der Terminologie soll nach dem Verständnis des Modellgesetzes von 2018 keine inhaltlichen sowie begrifflichen Auswirkungen mit sich bringen. Vielmehr wird hierdurch die tatsächliche und praktische Verwendung der Begriffe nur deshalb angepasst, um die Förderung und Bekanntheit des Modellgesetzes von 2018 zu erleichtern. Des Weiteren zeichnet sich das Modellgesetz von 2018 durch den neuen dritten Abschnitt aus, welcher Regelungsbedingungen für die Vollstreckung von Mediationsvergleichen zum Gegenstand hat und sich hierdurch von dem bestehenden Modellgesetz von 2002 abhebt.

Inhaltlich ist anzumerken, dass das Modellgesetz von 2018 weiterhin wie bereits das bestehende Modellgesetz von 2002 keinen „Ort des Mediationsverfahrens" festlegt. Hier wird an der bisherigen Argumentationsgrundlage festgehalten, nach der die Parteien oft nicht formell einen „Ort der Mediation" bestimmen und die Mediation an mehreren Orten durchgeführt werden kann, sodass die Verfasser des Modellgesetzes es für problematisch hielten, einen „Ort der Mediation" als Grundlage für die Anwendung des Modellgesetzes festzulegen.

Hinsichtlich des Mediationsverfahrens hält das Modellgesetz von 2018 an den im Modellgesetz von 2002 enthaltenen Vorschriften zum Schlichtungsverfahren fest. Diese sind im zweiten Abschnitt des Modellgesetzes von 2018 enthalten. Darin befindet sich auch Art. 15 des Modellgesetzes, der die Bindungswirkung und Vollstreckung von Mediationsvergleichen bestimmt.[763] Fragwürdig ist,

762 Hierzu wird auf das Länderbeispiel Georgien hingewiesen, welches den dritten Abschnitt des Modellgesetzes nicht übernommen hat, siehe den Abschnitt „Umsetzung des UNCITRAL-Modellgesetzes von 2018 am Beispiel von Georgien" im Teil B, IV, 2 b).

763 Vgl. hierzu den Abschnitt „Außenwirkung der Mediation" im Teil D, II, 4.

warum der zweite Abschnitt des Modellgesetzes von 2018 eine Vorschrift wie Art. 15, der die Bindungswirkung und Vollstreckung von Mediationsvergleichen bestimmt, enthält, wenn inzwischen der dritte Abschnitt ausschließlich Regelungen in Bezug auf den Mediationsvergleich bestimmt. Durch seine systematische Stellung stellt Art. 15 eine Verbindung zwischen den zweiten und dritten Abschnitt des Modellgesetzes her. Ferner merkt die Kommission an, dass eine allgemeine Regelung wie Art. 15, die vom dritten Abschnitt getrennt ist und festlegt, dass Mediationsvergleiche verbindlich und durchsetzbar sind, umso stärker die Bedeutung der Vollstreckbarkeit verdeutlicht.

In diesem Zusammenhang ist auf den dritten Abschnitt des Modellgesetzes einzugehen. Dieser legt Regelungsbedingungen für die Anerkennung und Vollstreckung von Mediationsvergleichen fest.[764] Dennoch werden einige Aspekte vom Modellgesetz nicht erfasst.[765] Dazu gehört das auf den Mediationsvergleich anwendbare Recht. Auch die Singapore Convention enthält keine allgemeine Vorschrift in Bezug auf das anwendbare Recht.[766] Jedoch können sowohl dem Modellgesetz als auch der Singapore Convention unterschiedliche Anhaltspunkte für das auf den Mediationsvergleich anwendbare Recht entnommen werden. In diesem Zusammenhang sind die Vorschriften hinsichtlich der Versagung der Anerkennung und Vollstreckung heranzuziehen. Danach ist auch dann die Anerkennung und Vollstreckung eines Mediationsvergleichs zu versagen, wenn dieser unter dem Recht, dem die Parteien es unterstellt haben, nichtig oder unwirksam ist.[767] Das Modellgesetz geht von dem Rechtsgedanken aus, dass die Parteien durch ihre Rechtswahlfreiheit das auf den Mediationsvergleich anwendbare Recht wählen können.[768]

Ferner wird kein bestimmtes Verfahren für die Umsetzung der Anerkennung und Vollstreckung vorgeschrieben. Vielmehr ist die Art und Weise, wie genau dies auszusehen hat, von den einschlägigen Verfahrensregeln der erlassenden

764 Nach Art. 17 des Modellgesetzes von 2018 sind Mediationsvergleiche nicht nur zu vollstrecken, sondern auch funktional anzuerkennen.

765 Es wird deutlich, dass das Modellgesetz von 2018 durch die Ergänzung des dritten Abschnitts zwar mehr regelt als das bestehende Modellgesetz von 2002, dennoch einige Aspekte nicht umfasst.

766 Hier wird auf den Abschnitt „Das auf den Mediationsvergleich anwendbare Recht" im Teil D, III, 7 verwiesen.

767 Vgl. Art. 19 Abs. 1 lit. b (i) des Modellgesetzes von 2018 sowie Art. 5 Abs. 1 lit. b (i) der Singapore Convention.

768 Auch die Singapore Convention zeigt diesen Gedanken auf, siehe Art. 5 Abs. 1 lit. b (i) der Singapore Convention.

Staaten festzulegen. Auch die Singapore Convention, die ausschließlich die grenzüberschreitende Vollstreckung von Mediationsvergleichen zum Gegenstand hat, schreibt kein bestimmtes Verfahren für die Anerkennung und Vollstreckung vor.[769] Da eine Harmonisierung im Bereich des Vollstreckungsverfahrens aufgrund der verschiedenen Rechtsordnungen schwierig erscheint, zielt das Modellgesetz von 2018 darauf ab, durch das Bereitstellen der neuen Vorschriften in Bezug auf internationale Mediationsvergleiche den Einsatz der Mediation und die grenzüberschreitende Vollstreckung von Mediationsvergleichen zu fördern. Zusammen mit der Singapore Convention soll ein grenzüberschreitender Durchsetzungsmechanismus bereitgestellt werden, der zwar kein bestimmtes Verfahren für die Art und Weise vorschreibt, dennoch Anforderungen bestimmt, die ein beschleunigtes Vollstreckungssystem fördern sollen. Gleichzeitig soll durch das überarbeitete Modellgesetz sowie der Singapore Convention die Mediation zu einer größeren Bekanntheit verholfen werden, indem ein grenzüberschreitender Durchsetzungsmechanismus bereitgestellt wird, der auf den erzielten Erfolg absieht, den das New Yorker Übereinkommen für die Schiedsgerichtsbarkeit erreichte. Das Modellgesetz sowie die Singapore Convention erfüllen die Voraussetzungen, um eine ähnliche Vorgehensweise hervorzurufen wie schon das Modellgesetz und das New Yorker Übereinkommen für Schiedsverfahren erzielten.[770] Das Zusammenspiel des Modellgesetzes von 2018 und der Singapore Convention kann zu einem hohen Maß an Harmonisierung beitragen, um einen einheitlichen Standard im Hinblick auf das Mediationsverfahren sowie die grenzüberschreitende Vollstreckung von Mediationsvergleichen zu gewährleisten. Hierbei spielen die unterschiedlichen Funktionen der zwei Regelwerke eine wesentliche Rolle.[771] Während das Modellgesetz besonders sinnvoll für Staaten ist, die noch über keine allgemeinen Regelungsvorschriften für das Mediationsverfahren verfügen, stellt die Singapore Convention einen Rechtsrahmen für die Anerkennung und Vollstreckung von Mediationsvergleichen zur Verfügung.

Die Mediation hat das Potenzial, sich auf internationaler Ebene zu einer „echten" Alternative zur Schiedsgerichtsbarkeit zu entwickeln. Hierzu können die wesentlichen Eigenschaften der Mediation beitragen, die für die Parteien von großem Vorteil sein können. Der flexible Charakter der Mediation trägt dazu

769 Vgl. Art. 3 Abs. 1 der Singapore Convention.

770 Siehe hierzu auch *Duve*, Das UNCITRAL Model Law on International Commercial Conciliation – ein Erfolgsmodell?, in: Recht gestern und heute, S. 242.

771 Vgl. *Alexander*, ZKM 2019, 160 (164).

bei, dass die erlassenden Staaten das Modellgesetz mit Modifikationen umsetzen können. Zudem stellt das Mediationsverfahren im Gegensatz zum Schieds- und Gerichtsverfahren eine kostengünstigere Alternative dar. Entscheidend ist jedoch, dass die Mediation eine zukunftsorientierte und interessengerechte Beziehung der Parteien anstrebt. Das Modellgesetz von 2018 ist zwar besonders im Hinblick auf die Anerkennung und Vollstreckung von Mediationsvergleichen an das justizähnliche Verfahren der Schiedsgerichtsbarkeit angelehnt, jedoch hat das Modellgesetz von 2018 einige wesentliche detailreiche Änderungen für das Mediationsverfahren sowie für die Anerkennung und Vollstreckung von Mediationsvergleichen vorgenommen, sodass die Mediation seinen flexiblen Charakter wahrt und ein einzigartiges Verfahren der alternativen Streitbeilegung darstellt.

Dennoch ist gleichzeitig festzustellen, dass das Modellgesetz von 2018 eine gewisse Unentschiedenheit aufzeigt. Dafür können mehrere Gründe verantwortlich sein: Eines der Gründe mag Art. 15 des Modellgesetzes sein. Auch wenn nach Ansicht der *Working Group II* Art. 15 die Verbindung zwischen den zweiten und dritten Abschnitt herstellen soll, wird deutlich, dass dies nicht unbedingt notwendig gewesen wäre. Denn wenn die Möglichkeit besteht, dass die Abschnitte des Modellgesetzes getrennt von den erlassenden Staaten umgesetzt werden können, wird durch Art. 15 nicht mehr die Verbindung zum dritten Abschnitt hergestellt, wenn ein Staat den dritten Abschnitt des Modellgesetzes nicht umsetzt.[772] Ein weiteres Argument für die Unentschiedenheit des Modellgesetzes können die Abschnitte eins und zwei des Modellgesetzes darstellen, die eine Wiedergabe des bestehenden Modellgesetzes von 2002 vorstellen.[773]

---

772 Auch hier wird auf das Länderbeispiel Georgien hingewiesen, welches den dritten Abschnitt des Modellgesetzes nicht übernommen hat, siehe den Abschnitt „Umsetzung des UNCITRAL-Modellgesetzes von 2018 am Beispiel von Georgien“ im Teil B, IV, 2 b).

773 Dazu muss jedoch angemerkt werden, dass dies vor dem Hintergrund der bereits erfolgten Umsetzung des bestehenden Modellgesetzes von 2002 in mehreren Staaten auch nicht zu verhindern war.

V. Draft Guide to Enactment and Use of the UNCITRAL Model Law on International Commercial Mediation and International Settlement Agreements Resulting from Mediation (2018) (im Folgenden: Draft Guide to Enactment (2018))

Aktuell arbeitet das UN-Sekretariat an einer Überarbeitung des Guide To Enactment (2002).[774] Der Draft Guide to Enactment (2018) soll das UNCITRAL-Modellgesetz von 2018 begleiten und besonders hinsichtlich seiner neuen Vorschriften ausführlich Bezug nehmen. Dazu gehören vor allem die Änderung des Begriffs *Conciliation* zu *Mediation* und seine terminologische Bedeutung sowie der neue dritte Abschnitt betreffend Mediationsvergleiche.

Es ist zu vermuten, dass UNCITRAL mit dem Draft Guide to Enactment (2018) ihren Schwerpunkt auf den neuen „Section 3" des Modellgesetzes von 2018 legt und sich hier speziell um die Klärung der Bedeutung des Regelungsrahmens hinsichtlich der Mediationsvergleiche bemüht. Diese Erwartungen werden aktuell jedoch nicht erfüllt. Enttäuschend ist, dass ein Großteil des Draft Guide to Enactment (2018) auf den Guide to Enactment (2002) aufbaut und sowohl strukturell als auch inhaltlich äußerst an diesen angelehnt ist. Empfohlen wird eine ausführliche Erweiterung des Guide to Enactment (2002) statt einer oberflächlichen Bezugnahme auf die Vorschriften des Modellgesetzes von 2002. Vielmehr sollte ausschließlich eine ausführliche Bezugnahme auf die neuen Regelungen des Modellgesetzes von 2018 und damit besonders auf den neuen „Section 3" betreffend die Mediationsvergleiche sichergestellt werden. Hinsichtlich der Vorschriften, die keine Änderungen vorweisen, wird die Bezugnahme auf den Guide to Enactment (2002) empfohlen. Hierdurch würde die Bedeutung des neuen Regelungsrahmens betreffend die Mediationsvergleiche an mehr Transparenz gewinnen.

774 Die Kommission stimmte auf ihrer 51. Sitzung vom 25. Juni bis 13. Juli 2018 der Ausarbeitung des Draft Guide to Enactment (2018) überein.

E. Zum Vergleich: Das europäische und deutsche Mediationsrecht

Vergleichend zum Modellgesetz von 2018 werden nachfolgend die europäische Mediationsrichtlinie, die Richtlinie über alternative Streitbeilegung in Verbraucherangelegenheiten sowie das deutsche Mediationsgesetz herangezogen. In einer Zusammenfassung soll untersucht werden, ob aus dem Vergleich Anhaltspunkte für eine Weiterentwicklung des Modellgesetzes von 2018 begründet werden können.

I. Die europäische Mediationsrichtlinie

1. Allgemein

Wie auch das Modellgesetz von 2018 spiegelt die europäische Mediationsrichtlinie das Bestreben nach einem einheitlichen Rechtsrahmen für die Nutzung der Mediation wider.[775] Sinn und Zweck der Mediationsrichtlinie ist es, den Zugang zur alternativen Streitbeilegung zu erleichtern und die gütliche Beilegung von Streitigkeiten zu fördern, indem zur Nutzung der Mediation angehalten und für ein ausgewogenes Verhältnis zwischen Mediation und Gerichtsverfahren gesorgt wird.[776] In diesem Zusammenhang zielt die Mediationsrichtlinie ferner darauf ab, in Bezug auf die Verfügbarkeit von Mediationsleistungen zum reibungslosen Funktionieren des Binnenmarkts beizutragen.[777]

Die Mediationsrichtlinie ist grundsätzlich auf grenzüberschreitende Sachverhalte mit europäischen Bezug beschränkt und zeichnet sich anders als das Modellgesetz von 2018 durch ihren grenzüberschreitenden Charakter[778] aus.[779]

775 Vor dem Entwurf der Mediationsrichtlinie legte die Kommission ein Grünbuch über alternative Verfahren zur Streitbeilegung im Zivil- und Handelsrecht vor, in dem die bestehende Situation im Bereich der alternativen Streitbeilegungsverfahren in den Mitgliedsstaaten dargestellt wird, Grünbuch der Kommission der europäischen Gemeinschaften über alternative Verfahren zur Streitbeilegung im Zivil- und Handelsrecht vom 19. April 2002, KOM (2002) 196 endg.; vgl. auch Erwägungsgrund Nr. 4 der Mediationsrichtlinie.

776 Vgl. Art. 1 Abs. 1 der Mediationsrichtlinie.

777 Erwägungsgrund Nr. 5 der Mediationsrichtlinie.

778 Die Mediationsrichtlinie stellt lediglich einen europäischen Rechtsrahmen dar und entfaltet somit keine globale Reichweite wie das Modellgesetz von 2018.

779 Vgl. Art. 1 Abs. 2 der Mediationsrichtlinie.

Dennoch wird in der Präambel der Mediationsrichtlinie deutlich, dass der europäische Gesetzgeber den räumlichen Anwendungsbereich der Richtlinie weiter ausgedehnt hätte, indem er darstellt, dass die Bestimmungen dieser Richtlinie nur für die Mediation bei grenzüberschreitenden Sachverhalten gelten, den europäischen Mitgliedsstaaten es jedoch freistehe, die Bestimmungen auch auf interne Mediationsverfahren anzuwenden.[780] Hier besteht eine Parallele zum Modellgesetz von 2018, welches den erlassenden Staaten die Möglichkeit einräumt, dass Modellgesetz auch auf das nicht internationale Mediationsverfahren auszuweiten.[781]

Im Hinblick auf die Bestimmung des Vorliegens einer grenzüberschreitenden Streitigkeit sieht die Mediationsrichtlinie ähnliche Regelungsbedingungen wie das Modellgesetz von 2018 hinsichtlich internationaler Mediationsfälle vor. Beide Rechtsgrundlagen stellen grundsätzlich auf den Ort der Niederlassung der Parteien ab.[782] Hierbei ist für das Vorliegen einer grenzüberschreitenden Streitigkeit nach der Mediationsrichtlinie als auch nach dem Modellgesetz für das Vorliegen der Internationalität der Mediation der Zeitpunkt maßgeblich, in dem die Parteien eine Mediationsvereinbarung zur Durchführung der Mediation treffen.

Im Unterschied zum Modellgesetz von 2018, welcher ausschließlich auf die Anwendung von Streitigkeiten in Handelssachen beschränkt ist, umfasst der Anwendungsbereich der Mediationsrichtlinie sowohl Zivil- als auch Handelssachen.[783] Damit ist der Anwendungsbereich der Mediationsrichtlinie weiter gefasst. Der Präambel der Mediationsrichtlinie ist jedoch zu entnehmen, dass Bereiche wie das Familien- und Arbeitsrecht vom Anwendungsbereich der Mediationsrichtlinie ausgeschlossen sind.[784] Der dritte Abschnitt des Modellgesetzes von 2018 schließt ebenfalls ausdrücklich das Familien- und Arbeitsrecht vom Anwendungsbereich aus.[785]

---

780 Erwägungsgrund Nr. 8 der Mediationsrichtlinie.

781 Vgl. Fußnote 3 zu Art. 3 Abs. 1 des Modellgesetzes von 2018.

782 Eine grenzüberschreitende Streitigkeit ist nach Art. 2 der Mediationsrichtlinie immer dann anzunehmen, wenn die Parteien ihren Wohnsitz bzw. ihren gewöhnlichen Aufenthalt in unterschiedlichen Mitgliedsstaaten haben.

783 Vgl. Art. 1 Abs. 1 des Modellgesetzes von 2018 sowie Art. 1 Abs. 2 der Mediationsrichtlinie.

784 Vgl. Erwägungsgrund Nr. 10 der Mediationsrichtlinie.

785 Vgl. Art. 16 Abs. 2 lit. b des Modellgesetzes von 2018.

2. Kurzer Überblick über die Mediationsrichtlinie

Folgend soll ein Überblick über die Kernregelungen[786] der Mediationsrichtlinie gegeben werden. In diesem Zusammenhang wird ein Vergleich zum Modellgesetz von 2018 erfolgen.

a) *Vollstreckbarkeit einer im Mediationsverfahren erzielten Vereinbarung, Art. 6*

(1) Die Mitgliedstaaten stellen sicher, dass von den Parteien - oder von einer Partei mit ausdrücklicher Zustimmung der anderen - beantragt werden kann, dass der Inhalt einer im Mediationsverfahren erzielten schriftlichen Vereinbarung *vollstreckbar*[787] gemacht wird. Der Inhalt einer solchen Vereinbarung wird vollstreckbar gemacht, es sei denn, in dem betreffenden Fall steht der Inhalt der Vereinbarung dem Recht des Mitgliedstaats, in dem der Antrag gestellt wurde, entgegen oder das Recht dieses Mitgliedstaats sieht die Vollstreckbarkeit des Inhalts nicht vor.

(2) Der Inhalt der Vereinbarung kann *von einem Gericht oder einer anderen zuständigen öffentlichen Stelle durch ein Urteil oder eine Entscheidung oder in einer öffentlichen Urkunde* nach dem Recht des Mitgliedstaats, in dem der Antrag gestellt wurde, vollstreckbar gemacht werden.

(3) Die Mitgliedstaaten teilen der Kommission mit, welche Gerichte oder sonstigen öffentlichen Stellen zuständig sind, einen Antrag nach den Absätzen 1 und 2 entgegenzunehmen.

(4) Die *Vorschriften für die Anerkennung und Vollstreckung* einer nach Absatz 1 vollstreckbar gemachten Vereinbarung in einem anderen Mitgliedstaat werden durch diesen Artikel *nicht berührt*.

Eine der Kernregelungen der Mediationsrichtlinie stellt die Vollstreckbarkeit von Mediationsvergleichen nach Art. 6 dar.[788] Hier ist im Unterschied zum Modellgesetz von 2018, welches die Anerkennung und Vollstreckung von Mediationsvergleichen bestimmt, ausdrücklich die Zwangsvollstreckung gemeint.[789]

786 Stellt die maßgeblichen Vorschriften der Mediationsrichtlinie nach Ansicht der Autorin dar.

787 Jegliche Hervorhebungen erfolgen durch die Autorin.

788 Siehe auch *Wagner/Thole*, Die europäische Mediations-Richtlinie, in: Die richtige Ordnung, Festschrift für Jan Kropholler zum 70. Geburtstag, S. 926.

789 Vgl. den Wortlaut „Vollstreckbarkeit" in Art. 6 der Mediationsrichtlinie.

Danach soll eine im Mediationsverfahren erzielte Vereinbarung, die in einem Mitgliedstaat vollstreckbar gemacht wurde, gemäß dem anwendbaren Gemeinschaftsrecht oder nationalen Recht in den anderen Mitgliedstaaten anerkannt und für vollstreckbar erklärt werden.[790]

Während das Modellgesetz von 2018 den Begriff des Mediationsvergleichs[791] verwendet, ist dieser Begriff in der Mediationsrichtlinie nicht enthalten. Hier wird auf den Begriff Vereinbarung abgestellt.

Ferner sieht Art. 6 Abs. 2 der Mediationsrichtlinie vor, dass der Inhalt der Vereinbarung von einem Gericht oder einer anderen zuständigen öffentlichen Stelle durch ein Urteil oder eine Entscheidung oder in einer öffentlichen Urkunde nach dem Recht des Mitgliedstaats, in dem der Antrag gestellt wurde, vollstreckbar gemacht werden kann. Dagegen sieht das Modellgesetz von 2018 von einem Überprüfungsverfahren an dem Ort, an dem der Mediationsvergleich geschlossen wurde, ab.[792]

Des Weiteren erwähnt der europäische Gesetzgeber in seiner Präambel, wie eine solche Vollstreckbarkeit erfolgen könnte. Dies könnte beispielsweise auf Grundlage der Brüssel Ia-VO[793] oder Brüssel IIa-VO[794] erfolgen.[795] Zwar erwähnt der Gesetzgeber in seiner Präambel die Anerkennung und Vollstreckung von Abschlussvereinbarungen, regelt in Art. 6 der Mediationsrichtlinie jedoch vorrangig die Vollstreckbarkeit. Das bedeutet, dass die Mediationsrichtlinie im Unterschied zum Modellgesetz von 2018 die Art und Weise, wie die Vollstreckbarkeit erfolgen könnte, bestimmt.

Es könnte hier der Eindruck entstehen, dass der europäische Gesetzgeber durch die Bestimmung, wie die Vollstreckbarkeit erfolgen könnte, im Unterschied zum Modellgesetz von 2018 darauf abzielt, das Mediationsverfahren so geregelt wie möglich zu gestalten, welches einem Gerichtsverfahren

---

790 Erwägungsgrund Nr. 20 der Mediationsrichtlinie.

791 Im englischen Original: „settlement agreement“.

792 Hier wird auf den Abschnitt „Der örtliche Anwendungsbereich“ im Teil D, I, 1 b) verwiesen.

793 Verordnung (EU) Nr. 1215/2012 des Europäischen Parlaments und des Rates vom 12. Dezember 2012 über die gerichtliche Zuständigkeit und die Anerkennung und Vollstreckung von Entscheidungen in Zivil- und Handelssachen.

794 Verordnung (EG) Nr. 2201/2003 des Rates vom 27. November 2003 über die Zuständigkeit und die Anerkennung und Vollstreckung von Entscheidungen in Ehesachen und in Verfahren betreffend die elterliche Verantwortung und zur Aufhebung der Verordnung (EG) Nr. 1347/2000.

795 Erwägungsgrund Nr. 20 der Mediationsrichtlinie.

gleichkommen würde. Dazu könnte auch der Umstand sprechen, dass hier ausdrücklich die Zwangsvollstreckung bestimmt wird.

Dies ist jedoch zu verneinen. Vielmehr liegt der Zweck der Mediationsrichtlinie darin, den Parteien lediglich eine gewisse Sicherheit zu bieten, indem die Parteien die Vollstreckbarkeit von im Mediationsverfahren erzielten Vereinbarungen beantragen können und damit einen Vollstreckungstitel erlangen. Dies soll für den Fall gelten, wenn einer der Parteien sich nicht an die gemeinsam gefundene Lösung haltet und damit nicht die betroffene Mediationsvereinbarung erfüllt.

Das Mediationsverfahren ist nach der Mediationsrichtlinie in der Weise konstruiert, dass es möglicherweise nicht nötig sein wird, die im Mediationsverfahren erzielte Vereinbarung zu vollstrecken, wenn bereits eine „ausgearbeitete Vereinbarung den Parteien ohnehin eine hinreichende Ausgangslage sichert".[796] Immerhin handelt es sich um ein lösungsorientiertes Verfahren.[797] Deshalb liegt der Zweck der Mediationsrichtlinie nicht ausschließlich darin, bloß die Vereinbarung zu vollstrecken, um daraus einen Vollstreckungstitel zu erlangen. Das Augenmerkmal liegt auf das Hinarbeiten einer zukunftsorientierten Lösung für die Parteien. Jedoch sollte von den Mitgliedstaaten sichergestellt werden, dass die Parteien einer im Mediationsverfahren erzielten Vereinbarung veranlassen können, dass der Inhalt der Vereinbarung vollstreckbar gemacht wird.[798] Diesen Rechtsgedanken verfolgt auch das Modellgesetz von 2018. Durch die Ergänzung des dritten Abschnitts des Modellgesetzes soll das Vertrauen der Parteien in das Mediationsverfahren gestärkt werden, indem Regelungsbedingungen für die Anerkennung und Vollstreckung von Mediationsvergleichen bereitgestellt werden.

b) Vertraulichkeit der Mediation, Art. 7

(1) Da die Mediation in einer Weise erfolgen soll, die die *Vertraulichkeit wahrt*[799], gewährleisten die Mitgliedstaaten, sofern die Parteien nichts anderes vereinbaren, dass *weder Mediatoren noch in die Durchführung des Mediationsverfahrens eingebundene Personen gezwungen* sind, in *Gerichts- oder*

796 *Serbu,* Das deutsche Mediationsgesetz im europäischen Kontext, S. 62; Vgl. hierzu auch *Risse/Bach,* SchiedsVZ 2011, 14 (19).

797 *Ewert,* Grenzüberschreitende Mediation in Zivil- und Handelssachen, S. 141; Vgl. auch *Gullo,* Mediation unter der Herrschaft des Rechts?, S. 200.

798 Erwägungsgrund Nr. 19 der Mediationsrichtlinie.

799 Hervorhebungen erfolgen durch die Autorin.

Schiedsverfahren in Zivil- und Handelssachen *Aussagen* zu Informationen zu machen, die sich aus einem Mediationsverfahren oder im Zusammenhang mit einem solchen ergeben, es sei denn,

a) dies ist *aus vorrangigen Gründen der öffentlichen Ordnung (ordre public) des betreffenden Mitgliedstaats geboten*, um insbesondere den Schutz des Kindeswohls zu gewährleisten oder eine Beeinträchtigung der physischen oder psychischen Integrität einer Person abzuwenden, oder

b) die*Offenlegung* des Inhalts der im Mediationsverfahren erzielten Vereinbarung ist *zur Umsetzung oder Vollstreckung dieser Vereinbarung erforderlich.*

(2) Absatz 1 steht dem *Erlass strengerer Maßnahmen durch die Mitgliedstaaten* zum Schutz der Vertraulichkeit der Mediation nicht entgegen.

Eine weitere Kernregelung der Mediationsrichtlinie stellt die Vertraulichkeit der Mediation nach Art. 7 dar. Die Vertraulichkeit soll durch ein Aussageverweigerungsrecht für die Mediatoren und andere in die Durchführung des Mediationsverfahrens eingebundene Personen in Gerichts- oder Schiedsverfahren geschützt werden. Eine ähnliche Vorschrift ist auch im Modellgesetz von 2018 enthalten.[800] Das bedeutet, dass beide Rechtsquellen ein Zeugnisverweigerungsrecht nicht nur für Mediatoren vorsehen, sondern auch für jede im Verfahren eingebundene Person.

Allerdings wirkt das Aussageverweigerungsrecht hier im Unterschied zum Modellgesetz von 2018 nicht absolut. Nach der Mediationsrichtlinie kann das Aussageverweigerungsrecht durch Parteivereinbarung beschränkt werden.[801] Jedenfalls begründet Art. 7 Abs. 1 aus dem Aussageverweigerungsrecht keine Verschwiegenheitspflicht des Mediators und der übrigen Personen.[802] Nach Art. 7 Abs. 2 steht es den Mitgliedsstaaten frei, strengere Maßnahmen zum Schutz der Vertraulichkeit der Mediation zu erlassen.

Durch ein Aussageverweigerungsrecht des Mediators und damit um die Nichtverwendung von Aussagen und Beweisen, die aus dem Mediationsverfahren hervorgehen, wird ermöglicht, dass der Mediator weiterhin auch nach Abschluss des Mediationsverfahrens seinen Neutralitätspflichten gerecht wird.[803] Dieser Rechtsgedanke ist auch im Modellgesetz von 2018 verankert.[804]

---

800 Vgl. Art. 11 des Modellgesetzes von 2018.

801 Vgl. den Wortlaut in Art. 7 der Mediationsrichtlinie.

802 *Gullo,* Mediation unter der Herrschaft des Rechts?, S. 255; Vgl. hierzu auch Art. 11 Abs. 3 des Modellgesetzes von 2018.

803 *Serbu,* Das deutsche Mediationsgesetz im europäischen Kontext, S. 67.

804 Vgl. hierzu auch Art. 13 des Modellgesetzes von 2018.

c) *Auswirkung der Mediation auf Verjährungsfristen, Art. 8*

Der Wortlaut von Art. 8 der Mediationsrichtlinie lautet wie folgt:

(1) Die Mitgliedstaaten stellen sicher, dass die Parteien, die eine Streitigkeit im Wege der Mediation beizulegen versucht haben, im Anschluss daran *nicht durch das Ablaufen der Verjährungsfristen während des Mediationsverfahrens daran gehindert werden, ein Gerichts- oder Schiedsverfahren*[805] hinsichtlich derselben Streitigkeit *einzuleiten.*

(2) *Bestimmungen über Verjährungsfristen* in internationalen Übereinkommen, denen Mitgliedstaaten angehören, bleiben von Absatz 1 *unberührt.*

Das Mediationsverfahren hat nach Art. 8 Abs. 1 auf Verjährungsfristen dahingehend die Auswirkung, dass die Parteien, die eine Streitigkeit im Wege der Mediation beizulegen versucht haben, im Anschluss daran nicht durch das Ablaufen der Verjährungsfristen während des Mediationsverfahrens daran gehindert werden, ein Gerichts- oder Schiedsverfahren hinsichtlich derselben Streitigkeit einzuleiten. Damit sieht die Vorschrift eine Verjährungshemmung während des Mediationsverfahrens vor.[806]

Im Unterschied zum Modellgesetz von 2018, welches hinsichtlich der Hemmung der Verjährung eine Auslegungshilfe in Form einer Fußnote[807] enthält, die vorsieht, dass die erlassenden Staaten hinsichtlich der Verjährungshemmung eine Vorschrift aufnehmen können, ist in der Mediationsrichtlinie diesbezüglich eine ausdrückliche Regelung enthalten.

Dazu legt das Modellgesetz von 2018 hinsichtlich des Beginns der Verjährungshemmung auf den Beginn des Mediationsverfahrens ab.[808] Hinsichtlich der Frage, wann die Verjährungshemmung beginnen und enden soll, macht der europäische Gesetzgeber keine Angaben. Stattdessen überlässt er es den Mitgliedsstaaten, sicherzustellen, dass den Parteien für die Durchsetzung ihrer Rechte während eines Mediationsverfahrens keine Verjährung im Wege steht.[809]

---

805 Hervorhebungen erfolgen durch die Autorin.

806 *Eidenmüller/Prause*, NJW 2008, 2737 (2740).

807 Vgl. Fußnote 4 zu Art. 5 des Modellgesetzes von 2018.

808 Vgl. Art. 5 Abs. 1 des Modellgesetzes von 2018.

809 Vgl. Art. 8 Abs. 1 der Mediationsrichtlinie.

3. Zusammenfassung

Aus dem Vergleich der Mediationsrichtlinie und des UNCITRAL-Modellgesetzes von 2018 geht hervor, dass die Mediationsrichtlinie mit ihrem grenzüberschreitenden Charakter und das Modellgesetz mit ihrem internationalen Charakter inhaltliche Ähnlichkeiten aufzeigen, dennoch Unterschiede sowohl im Wortlaut als auch inhaltlich bestehen.[810]

Fraglich ist, ob der Binnenmarkt durch die Mediationsrichtlinie tatsächlich gefördert wird oder der Zugang zum Recht weiterhin erschwert bleibt. In diesem Zusammenhang ist auch die Frage zu klären, ob hier, wie bei dem Modellgesetz von 2018, Anhaltspunkte für eine gewisse Unentschiedenheit bestehen. Hierfür können einige Gründe bestehen:

Das Ziel der Mediationsrichtlinie ist es, den Zugang zur alternativen Streitbeilegung zu erleichtern und die gütliche Beilegung von Streitigkeiten zu fördern, indem für die Nutzung der Mediation angehalten und für ein ausgewogenes Verhältnis zwischen Mediation und Gerichtsverfahren gesorgt wird. Um den Zugang zum Recht und damit zur alternativen Streitbeilegung zu erleichtern, hat der europäische Gesetzgeber die rechtlichen Rahmenbedingungen harmonisieren wollen. Dies ist jedoch nur für einige Aspekte des Mediationsverfahrens erfolgt.[811] Möglicherweise heißt die Mediationsrichtlinie auch deshalb „Richtlinie … *über bestimmte Aspekte*[812] der Mediation …". Bis hierhin könnte dies für einen erleichterten Zugang noch positiv bewertet werden, sodass den Staaten zwar Rahmenregelungen auferlegt werden, damit bestimmte Aspekte des Mediationsverfahrens vereinheitlicht werden, ihnen jedoch ein Ermessen eingeräumt wird, wie sie diese umzusetzen und mit ihrer Zivilverfahrensordnung zu verbinden haben, da es doch einige Überschneidungen gibt. Jedoch könnte es problematisch sein, dass die Mediationsrichtlinie die Verbindung der Mediation zum Gerichtsverfahren verstärkt, indem sie den Ausdruck „richterliche Mediation" in „gerichtsinterne Mediation" änderte. Damit wird auch weiterhin diese Form der Mediation von der Mediationsrichtlinie zugelassen.[813]

---

810 Hier wird auf das oben Gesagte verwiesen.

811 Nichtgeregelte Aspekte sind zum einen der Ablauf des Mediationsverfahrens und zum anderen seine Kosten.

812 Hervorhebung durch die Autorin.

813 Der *Deutsche Anwaltverein* kritisiert hier das „Zusammenspiel zwischen der Mediation und dem Gerichtsverfahren". Besonders deutlich wird dies durch die Vorschrift, nach der die Vollstreckung von Mediationsvereinbarungen von einem Gericht durch ein Urteil vollstreckbar gemacht werden können, vgl. die Stellungnahme des DAV, becklink 140627.

Dennoch ist fraglich, warum die Mediationsrichtlinie auf der einen Seite den Zugang zum Recht über alternative Konfliktbeilegungsmethoden fördern möchte, auf der anderen Seite jedoch eine gerichtsinterne Mediation, die während eines Gerichtsverfahrens zwar durch einen Güterichter stattfindet, der nicht entscheidungsbefugt ist, vom Anwendungsbereich nicht ausschließt. Diesbezüglich könnte vorgebracht werden, dass durch eine Güteverhandlung die Möglichkeit bestehen würde, das Interesse an einer Mediation bei den Parteien zu erwecken. Es wird deutlich, dass die Mediationsrichtlinie eine Verbindung zum Gerichtsverfahren nicht aufgeben wollte, um dadurch den Weg zu einer außergerichtlichen Streitbeilegung nicht zu schließen, wenn einige Staaten, wie auch Deutschland, eine Güteverhandlung in ihrer Verfahrensordnung enthalten.[814]

Ein weiterer Grund für das Vorliegen einer Unentschiedenheit könnte hinsichtlich der Verjährungshemmung bestehen. Die Mediationsrichtlinie enthält keine Regelung, wann der Eintritt einer Hemmung der Verjährung anzunehmen ist. Stattdessen wird dies den Regelungen des nationalen Rechts der Mitgliedsstaaten übertragen. Dabei ließ der europäische Gesetzgeber unberücksichtigt, dass mehrere Rechtsordnungen keine bestimmte Vorschrift hinsichtlich der Verjährungshemmung in Bezug auf das Mediationsverfahren enthalten und dies zu Rechtsunsicherheit führen kann. Dagegen hat das Modellgesetz von 2018 eine bessere Methode gewählt. Dort wird die Auslegungshilfe in Form einer Fußnote hinsichtlich der Verjährungshemmung mit dem Beginn des Mediationsverfahrens in Bezug gesetzt, sodass dadurch angenommen werden kann, dass der Beginn der Hemmung der Verjährung mit dem Beginn des Mediationsverfahrens zusammenhängen kann.

Nach dieser Untersuchung lässt sich aus dem Vergleich mit der Mediationsrichtlinie kein Weiterentwicklungsbedarf für das Modellgesetz von 2018 erkennen. Vielmehr ist zu hinterfragen, ob der europäische Gesetzgeber möglicherweise ein Interesse an der Umsetzung des Modellgesetzes von 2018 haben könnte. In diesem Zusammenhang ist an eine Umsetzungsempfehlung der europäischen Union an die Mitgliedstaaten zu denken.[815] Denkbare wäre dies für einige Teile des Mediationsverfahrens, die durch die Mediationsrichtlinie nicht vollständig geregelt werden. Hier wäre z.B. an eine Ergänzung zur Verjährungshemmung zu denken.

814 Vgl. § 278 ZPO.

815 Vgl. hierzu *Duve,* Das UNCITRAL Model Law on International Commercial Conciliation – ein Erfolgsmodell?, in: Recht gestern und heute, S. 241.

II. Die Richtlinie über alternative Streitbeilegung in Verbraucherangelegenheiten

1. Allgemein

Neben der Mediationsrichtlinie hat die Europäische Kommission am 21. Mai 2013 die Richtlinie über alternative Streitbeilegung verbraucherrechtlicher Streitigkeiten (im Folgenden: VerbraucherAS-RiL) erlassen.[816]

Anders als das Modellgesetz von 2018 ist die VerbraucherAS-RiL auf vertragliche Streitigkeiten zwischen Verbrauchern und Unternehmern aus Kauf- und Dienstleistungsverträgen anwendbar.[817] Allerdings gilt dies nur soweit der Verbraucher einen Anspruch gegen einen Unternehmer geltend macht, nicht jedoch für das Verhältnis zwischen Unternehmern selbst sowie auch nicht für Ansprüche des Unternehmers gegen den Verbraucher.[818] Durch die VerbraucherAS-RiL soll der Zugang der Verbraucher zu den Stellen erleichtert werden, die eine alternative Streitbeilegung durchführen, indem die Mitgliedsstaaten einen erleichterten Zugang zu diesen Stellen gewährleisten sollen.[819] Das Modellgesetz von 2018 schließt zumindest in seinem dritten Abschnitt ausdrücklich eine Anwendung auf Verbraucherangelegenheiten aus.[820]

816 Richtlinie 2013/11/EU des Europäischen Parlaments und des Rates vom 21. Mai 2013 über die alternative Beilegung verbraucherrechtlicher Streitigkeiten und zur Änderung der Verordnung (EG) Nr. 2006/2004 und der Richtlinie 2009/22/EG, ABl. EU 2013, Nr. L 165, S. 63 ff.

817 Vgl. Art. 2 Abs. 1 VerbraucherAS-RiL.

818 Vgl. Art. 2 Abs. 1, Abs. 2 lit. d, lit. g VerbraucherAS-RiL.

819 Deutschland hat mit Art. 1 des Gesetzes zur Umsetzung der Richtlinie über alternative Streitbeilegung in Verbraucherangelegenheiten und zur Durchführung der Verordnung über Online-Streitbeilegung in Verbraucherangelegenheiten vom 19. Februar 2016 das Gesetz über die alternative Streitbeilegung in Verbrauchersachen (Verbraucherstreitbeilegungsgesetz – VSBG) erlassen, BGBl. I S. 254; Daneben ist auf die Verordnung über die Online-Streitbeilegung in Verbraucherangelegenheiten (Verordnung (EU) Nr. 524/2013 des Europäischen Parlaments und des Rates vom 21. Mai 2013 über die Online-Beilegung verbraucherrechtlicher Streitigkeiten und zur Änderung der Verordnung (EG) Nr. 2006/2004 und der Richtlinie 2009/22/EG) hinzuweisen, die dem Bereich Online-Dispute-Resolution zuzuordnen ist und eine Online-Plattform für die Streitbeilegung in Verbraucherangelegenheiten im Online-Bereich zur Verfügung stellt.

820 Vgl. Art. 16 Abs. 2 lit. a des Modellgesetzes von 2018.

Im Unterschied zum Modellgesetz von 2018 unterscheidet sich der Anwendungsbereich der VerbraucherAS-RiL darin, dass ausdrücklich inländische Streitigkeiten miterfasst sind.[821]

Nach Art. 1 der VerbraucherAS-RiL besteht der Zweck darin,

> „durch das Erreichen eines hohen Verbraucherschutzniveaus zum reibungslosen Funktionieren des Binnenmarkts beizutragen, indem dafür gesorgt wird, dass Verbraucher auf freiwilliger Basis Beschwerden gegen Unternehmer bei Stellen einreichen können, die unabhängige, unparteiische, transparente, effektive, schnelle und faire AS-Verfahren anbieten".[822]

Somit sollen mit der VerbraucherAS-RiL die Alternativen Streitbeilegungsverfahren in der gesamten Europäischen Union einheitlichen Qualitätsanforderungen entsprechen.[823]

2. Zusammenfassung

Folglich lässt sich festhalten, dass der europäische Gesetzgeber im Bereich des Verbraucherschutzes ein Zeichen setzen wollte, um zu verdeutlichen, dass der Verbraucher besonders schutzwürdig ist und dementsprechend auch eine besondere schutzwürdige Stellung insbesondere bei grenzüberschreitenden Fällen einnimmt.

Während das Modellgesetz von 2018 seine Anwendung ausdrücklich auf internationale Fälle beschränkt und durch eine Auslegungshilfe in Form einer Fußnote eine Ausweitung des Modellgesetzes auf nicht internationale Mediationsverfahren vorsieht, bestimmt die VerbraucherAS-RiL nicht nur grenzübergreifende, sondern auch inländische Streitigkeiten. Im Unterschied zur Mediationsrichtlinie bezieht sich die VerbraucherAS-RiL auf Streitigkeiten, die sich aus Kauf- oder Dienstleistungsverträgen zwischen Verbraucher und Unternehmer ergeben, sodass sich der Anwendungsbereich nicht mit dem der Mediationsrichtlinie deckt, dennoch sich überschneiden.[824]

---

821 Vgl. Art. 2 Abs. 1 der VerbraucherAS-RiL.

822 Dabei steht die Gewährleistung des Zugangs zu einfachen, effizienten sowie kostengünstigen Möglichkeiten der Beilegung inländischer und grenzüberschreitender Streitigkeiten, die sich aus Kauf- oder Dienstleistungsverträgen ergeben, im Vordergrund, vgl. Erwägungsgrund Nr. 4 der VerbraucherAS-RiL.

823 Erwägungsgrund Nr. 6 der VerbraucherAS-RiL.

824 Auch den Begriff der grenzüberschreitenden Streitigkeit definiert die VerbraucherAS-RiL anders als die Mediationsrichtlinie. Nach Art. 4 Abs. 1 lit. f VerbraucherAS-RiL handelt es sich um eine grenzüberschreitende Streitigkeit, wenn sie „sich aus dem Verkauf von Waren oder der Bereitstellung von Dienstleistungen ergibt, sofern der

Art. 3 regelt das Verhältnis der VerbraucherAS-RiL zu anderen Unionsrechtsakten. Danach hat die VerbraucherAS-RiL in dem Fall, „dass eine Bestimmung dieser Richtlinie mit einer Bestimmung eines anderen Unionsrechtsakts über von einem Verbraucher gegen einen Unternehmer eingeleitete außergerichtliche Rechtsbehelfsverfahren kollidiert", Vorrang.[825]

Fraglich ist, ob für das Modellgesetz von 2018 in Bezug auf Verbraucherangelegenheiten ein Weiterentwicklungsbedarf besteht. Hierzu ist anzumerken, dass UNCITRAL über kein Regelwerk enthält, dass wie die VerbraucherAS-RiL im Bereich der alternativen Streitbeilegung in Verbraucherangelegenheiten seine Anwendung findet. Jedoch verfügt UNCITRAL über die *Working Group III*, die in dem Bereich der Online Dispute Resolution[826] tätig ist.[827] Diese veröffentlichte 2016 die *UNCITRAL Technical Notes on Online Dispute Resolution*[828], die unverbindlich sind und eine beschreibende Form enthalten, dass Elemente eines Online-Streitbeilegungsverfahrens wiedergeben. Nach den *UNCITRAL Technical Notes on Online Dispute Resolution* ist ein Online-Streitbeilegungsverfahren besonders nützlich für Streitigkeiten, die sich aus internationalen Rechtsgeschäften mit geringem Wert im elektronischen Handel ergeben. Danach kann ein solches Verfahren sowohl für Streitigkeiten im Rahmen von Rechtsgeschäften zwischen Unternehmen als auch zwischen Unternehmen und Verbrauchern eingesetzt werden.[829] Demnach verfügt UNCITRAL, wenn auch nur für das Online-Streitbeilegungsverfahren, über eine beschreibende Form, die keine

---

Verbraucher zum Zeitpunkt der Bestellung der Waren oder Dienstleistungen in einem anderen als dem Mitgliedstaat wohnt, in dem der Unternehmer niedergelassen ist."

825 Vgl. hierzu *Wagner*, ZKM 2013, 104 (106): Seiner Ansicht nach ist das Spannungsverhältnis zwischen der VerbraucherAS-RiL und der Mediationsrichtlinie so aufzulösen, „dass die Regelungen der Mediationsrichtlinie Vorrang haben vor denjenigen der VerbraucherAS-RiL, soweit die Inhalte der beiden Rechtsakte einander widersprechen". Dafür spricht auch, dass die VerbraucherAS-RiL nur bei Kollisionen Vorrang haben soll, wenn nichts anderes vorgesehen ist. Bei der Mediation handelt es sich gerade um den Fall, dass anderes vorgesehen ist, indem ausdrücklich nach Art. 3 der VerbraucherAS-RiL die Mediationsrichtlinie von der VerbraucherAS-RiL nicht berührt wird, vgl. Erwägungsgrund Nr. 19 der VerbraucherAS-RiL.

826 Gemeint ist das Online-Streitbeilegungsverfahren.

827 Weitere Informationen hinsichtlich der *Working Group III*, abzurufen unter https://uncitral.un.org/en/texts/onlinedispute (zuletzt aufgerufen am 08.07.21).

828 *UNCITRAL Technical Notes on Online Dispute Resolution*, abzurufen unter https://uncitral.un.org/sites/uncitral.un.org/files/media-documents/uncitral/en/v1700382_english_technical_notes_on_odr.pdf (zuletzt aufgerufen am 08.07.21).

829 Vgl. „Section IV" der *UNCITRAL Technical Notes on Online Dispute Resolution*.

verbindlichen rechtlichen Anforderungen für Verbraucherangelegenheiten enthält.[830]

III. Das deutsche Mediationsgesetz

1. Allgemein

Vorab ist anzumerken, dass das Mediationsgesetz nicht das gesamte deutsche Mediationsrecht abdeckt, sondern nur einen Teil davon abbildet.[831] Dieser Teil hat jedoch einen maßgeblichen Einfluss auf den Mediationsbereich, der nun weiter erläutert werden soll.

Das Mediationsgesetz ist im Art. 1 des Mediationsförderungsgesetzes[832] enthalten, mit dem die Mediationsrichtlinie umgesetzt wurde.[833] Nach langwierigen Gesetzgebungsverfahren, war die Mediation am 21.07.2012 zum gesetzlichen Bestandteil des deutschen Prozessrechts integriert.[834]

Im Unterschied zum Modellgesetz von 2018 ist der räumliche Anwendungsbereich des Mediationsgesetzes weit gefasst. Der deutsche Gesetzgeber beschränkt sich dabei nicht auf bestimmte territoriale Bereiche und geht damit im Vergleich zum Modellgesetz von 2018 seinen eigenen Weg.[835] Das Mediationsgesetz hat weder im räumlichen noch im sachlichen Anwendungsbereich Beschränkungen übernommen. So findet das Mediationsgesetz neben grenzüberschreitenden Streitigkeiten auch auf innerstaatliche Streitigkeiten seine Anwendung.

---

830 Hierzu heißt es in Nr. 6 von „Section I" der *UNCITRAL Technical Notes on Online Dispute Resolution*: The Technical Notes are a descriptive document. They are not intended to be exhaustive or exclusive, nor are they suitable to be used as rules for any ODR proceeding. They do not impose any legal requirement binding on the parties or any persons and/or entities administering or enabling an ODR proceeding, and do not imply any modification to any ODR rules that the parties may have selected.

831 Während Art. 1 des Mediationsförderungsgesetzes (BGBl. I S. 1577) das MediationsG enthält, umfasst Art. 2 des Mediationsförderungsgesetzes die Änderungen der Zivilprozessordnung.

832 BGBl. I S. 1577. Siehe Dokumentationsteil XI. 3.

833 Zum Entwurf der Mediations-Richtlinie, siehe *Eidenmüller*, SchiedsVZ 2005, 124.

834 Zur Vorgeschichte des Mediationsgesetzes, siehe Eidenmüller/Wagner-*Wagner/Eidenmüller*, Mediationsrecht, Kap. 1, Rn. 1–3.

835 Hinsichtlich rechtsgebietsspezifischer Mediationsgesetze, siehe Hopt/Steffek-*Hopt/Steffek*, Mediation, S. 57 f.; Eidenmüller/Wagner-*Wagner/Eidenmüller*, Mediationsrecht, Kap. 1, Rn. 5.

Auch hinsichtlich des sachlichen Anwendungsbereichs unterscheidet sich das Mediationsgesetz vom Modellgesetz von 2018. Anders als das Modellgesetz von 2018 ist das Mediationsgesetz nicht nur auf Zivil- und Handelssachen anwendbar, sondern auch auf verwaltungsrechtliche und sozialrechtliche Konflikte.[836]

Ein weiterer Unterschied zum Modellgesetz von 2018 liegt darin, dass das Mediationsgesetz ausdrücklich den Begriff Abschlussvereinbarung verwendet.[837] Hier wird deutlich, dass das Mediationsgesetz sich an den in der Mediationsrichtlinie enthaltenen Begriff orientiert.

2. Kurzer Überblick über das Mediationsgesetz

a) Verfahren; Aufgaben des Mediators, § 2 MediationsG

(1) Die *Parteien wählen den Mediator*[838] aus.

(2) Der Mediator vergewissert sich, dass die Parteien die Grundsätze und den Ablauf des Mediationsverfahrens verstanden haben und freiwillig an der Mediation teilnehmen.

(3) Der *Mediator ist allen Parteien gleichermaßen verpflichtet.* Er *fördert die Kommunikation* der Parteien und gewährleistet, dass die Parteien in angemessener und fairer Weise in die Mediation eingebunden sind. Er kann im allseitigen Einverständnis getrennte Gespräche mit den Parteien führen.

(4) *Dritte* können *nur mit Zustimmung aller Parteien in die Mediation einbezogen* werden.

(5) Die *Parteien können die Mediation jederzeit beenden.* Der Mediator kann die Mediation beenden, insbesondere wenn er der Auffassung ist, dass eine eigenverantwortliche Kommunikation oder eine Einigung der Parteien nicht zu erwarten ist.

(6) Der*Mediator wirkt im Falle einer Einigung* darauf hin, dass die Parteien die Vereinbarung in Kenntnis der Sachlage treffen und ihren Inhalt verstehen. Er hat die Parteien, die ohne fachliche Beratung an der Mediation teilnehmen, auf die Möglichkeit hinzuweisen, die Vereinbarung bei Bedarf durch externe Berater überprüfen zu lassen. Mit Zustimmung der Parteien kann die *erzielte Einigung in einer Abschlussvereinbarung dokumentiert* werden.

---

836 Vgl. § 1 Abs. 1 MediationsG.

837 Vgl. § 2 Abs. 6 MediationsG.

838 Hervorhebungen erfolgen durch die Autorin.

§ 2 MediationsG enthält allgemeine Aussagen hinsichtlich des Ablaufs des Verfahrens. Diese Vorschrift ist mit Art. 6 und Art. 7 des Modellgesetzes von 2018 vergleichbar. Sowohl das Mediationsgesetz als auch das Modellgesetz von 2018 bestimmen hinsichtlich der Auswahl des Mediators sowie des Verfahrens bestimmte Grundregeln, die durch die Gestaltungsfreiheit der Parteien ergänzt werden.[839]

Während das Modellgesetz von 2018 für den Beginn des Mediationsverfahrens Anhaltspunkte für die Einigung einer Mediationsvereinbarung[840] bestimmt, gibt das Mediationsgesetz keine Auskunft über das Vorliegen einer Mediationsvereinbarung. Damit unterscheiden sich das Modellgesetz von 2018 und das Mediationsgesetz besonders im Wortlaut.

b) *Offenbarungspflichten; Tätigkeitsbeschränkungen, § 3 MediationsG*

(1) Der *Mediator hat den Parteien alle Umstände offenzulegen*[841], die seine Unabhängigkeit und Neutralität beeinträchtigen können. Er darf bei Vorliegen solcher Umstände nur als Mediator tätig werden, wenn die Parteien dem ausdrücklich zustimmen.

(2) *Als Mediator darf nicht tätig werden, wer vor der Mediation in derselben Sache für eine Partei tätig gewesen ist.* Der Mediator darf auch nicht während oder nach der Mediation für eine Partei in derselben Sache tätig werden.

(3) Eine Person darf nicht als Mediator tätig werden, wenn eine mit ihr in derselben Berufsausübungs- oder Bürogemeinschaft verbundene andere Person vor der Mediation in derselben Sache für eine Partei tätig gewesen ist. Eine solche andere Person darf auch nicht während oder nach der Mediation für eine Partei in derselben Sache tätig werden.

(4) Die Beschränkungen des Absatzes 3 gelten nicht, wenn sich die betroffenen Parteien im Einzelfall nach umfassender Information damit einverstanden erklärt haben und Belange der Rechtspflege dem nicht entgegenstehen.

---

839 In § 2 Abs. 4 und Abs. 5 MediationsG wird dies durch den Begriff „können" deutlich; In Art. 6 und Art. 7 des Modellgesetzes von 2018 deuten die Begriffe „shall" sowie „are free to agree" auf die Gestaltungsfreiheit der Parteien hin.

840 Im englischen Original: „agree to engage in mediation proceedings", vgl. Art. 5 Abs. 1 des Modellgesetzes von 2018.

841 Hervorhebungen durch die Autorin.

(5) Der Mediator ist verpflichtet, die Parteien auf deren Verlangen über seinen fachlichen Hintergrund, seine Ausbildung und seine Erfahrung auf dem Gebiet der Mediation zu informieren.

Die Neutralität des Mediators wird nach dem Mediationsgesetz dadurch gewahrt, dass diesem nach § 3 MediationsG Offenbarungspflichten und Tätigkeitsbeschränkungen zustehen. Gem. § 3 Abs. 1 S. 1 MediationsG hat der Mediator den Parteien alle Umstände offenzulegen, die seine Unabhängigkeit und Neutralität beeinträchtigen können.

Auch das Modellgesetz von 2018 enthält ähnliche Vorschriften hinsichtlich Offenbarungspflichten sowie Beschränkungen der Tätigkeit des Mediators.[842]

c) *Verschwiegenheitspflicht, § 4 MediationsG*

Der Mediator und die in die Durchführung des Mediationsverfahrens eingebundenen Personen sind zur Verschwiegenheit verpflichtet, soweit gesetzlich nichts anderes geregelt ist. Diese Pflicht bezieht sich auf alles, was ihnen in Ausübung ihrer Tätigkeit bekannt geworden ist. Ungeachtet anderer gesetzlicher Regelungen über die Verschwiegenheitspflicht gilt sie nicht, soweit

1. die Offenlegung des Inhalts der im Mediationsverfahren erzielten Vereinbarung zur Umsetzung oder Vollstreckung dieser Vereinbarung erforderlich ist,
2. die Offenlegung aus vorrangigen Gründen der öffentlichen Ordnung (*ordre public*) geboten ist, insbesondere um eine Gefährdung des Wohles eines Kindes oder eine schwerwiegende Beeinträchtigung der physischen oder psychischen Integrität einer Person abzuwenden, oder
3. es sich um Tatsachen handelt, die offenkundig sind oder ihrer Bedeutung nach keiner Geheimhaltung bedürfen.

Der Mediator hat die Parteien über den Umfang seiner Verschwiegenheitspflicht zu informieren.

Demgegenüber wird die Vertraulichkeit des Mediationsverfahrens durch eine Verschwiegenheitspflicht des Mediators und den in der Durchführung des Mediationsverfahrens eingebundenen Personen gesichert. Auch das Modellgesetz von 2018 sieht ein Aussageverweigerungsrecht nicht nur für den Mediator, sondern auch für alle im Verfahren eingebundenen Personen vor.[843]

Die allgemeine Pflicht zur Verschwiegenheit des Mediators nach § 4 MediationsG hängt mit einem Zeugnisverweigerungsrecht gem. § 383 Abs. 1 Nr. 6 ZPO

---

842 Vgl. Art. 9 sowie Art. 13 des Modellgesetzes von 2018.

843 Vgl. Art. 11 des Modellgesetzes von 2018.

zusammen.[844] Mit den in der Durchführung des Mediationsverfahrens eingebundenen Personen sind nicht die Parteien selbst gemeint.[845] Die Rede ist hier von den Hilfspersonen des Mediators, die während eines Mediationsverfahrens von ihm herangezogen werden können.[846]

3. Zusammenfassung

Zusammenfassend lässt sich feststellen, dass das Mediationsgesetz hinsichtlich seiner Regelungsinteressen seinen Schwerpunkt auf die Regelung des Verfahrens und der Aufgaben und Pflichten des Mediators legt, anders als das Modellgesetz von 2018, welches seinen Schwerpunkt auf das Mediationsverfahren und den Mediationsvergleich legt.

In diesem Zusammenhang ist auf den wesentlichen Unterschied des Modellgesetzes von 2018 zum Mediationsgesetz einzugehen. Betreffend die Vollstreckbarkeit der im Mediationsverfahren erzielten Vereinbarungen enthält das Mediationsgesetz keine Angaben. Der deutsche Gesetzgeber ist der Ansicht, dass einige Aspekte bereits im deutschen Recht umgesetzt sind, sodass in dieser Hinsicht keine Umsetzung der Mediationsrichtlinie erfolgte. Dazu verweist der deutsche Gesetzgeber auf seine bereits bestehenden zivilverfahrensrechtlichen Vorschriften betreffend die Vollstreckung von Vergleichen, die auch auf die Vollstreckung von Mediationsabschlussvereinbarungen anwendbar sein sollen.[847] Meiner Einsicht wäre gerade vor dem Hintergrund der Zertifizierten-Mediatoren-Ausbildungsverordnung ein Bezug zur Vollstreckbarkeit von Abschlussvereinbarungen, die durch zertifizierte Mediatoren begleitet werden und keine Anwaltstätigkeit ausüben, wünschenswert gewesen.

---

844 Prütting/Gehrlein-*Prütting*, ZPO, § 4 MediationsG, Rn. 2; Greger/Unberath/Steffek-*Greger*, Recht der alternativen Konfliktlösung, § 4 MediationsG, Rn. 5.

845 Vgl. Prütting/Gehrlein-*Prütting*, ZPO, § 4 MediationsG, Rn. 5: Eine Verschwiegenheitspflicht der Parteien selbst kann vertraglich begründet werden; Klowait/Gläßer-*Goltermann*, Mediationsgesetz, § 4 MediationsG, Rn. 20.

846 Gesetzentwurf der Bundesregierung zum Mediationsförderungsgesetz, BT-Drs. 17/5335, S. 17; Der Bundesrat hat in seiner Stellungnahme vorgeschlagen, für eine klare Auslegung § 4 S. 1 MediationsG den Zusatz „von ihm" zu ergänzen, BR-Drs. 60/11, S. 4 und BT-Drs. 17/5335, S. 29; Vor dem Hintergrund des Wortlautes der Mediationsrichtlinie hat die Bundesregierung den Vorschlag nicht angenommen, BT-Drs. 17/5496, S. 1; Prütting/Gehrlein-*Prütting*, ZPO, § 4 MediationsG, Rn. 5.

847 Hier wird auf § 794 ZPO sowie § 796a ZPO verwiesen, siehe Beschlussempfehlung des Rechtsausschusses zu dem Gesetzentwurf der Bundesregierung für das Mediationsförderungsgesetz, BT-Drs. 17/8058, S. 21.

Fraglich ist in diesem Zusammenhang, ob sich die Regelungslücke füllen lässt, wenn Deutschland das UNCITRAL-Modellgesetz von 2018 umsetzen würde. Hierzu ist, wie bereits oben erwähnt, auf die Umsetzungsempfehlung des europäischen Gesetzgebers hinzuweisen.[848] In dieser Hinsicht könnte eine Empfehlung für eine teilweise Umsetzung des Modellgesetzes hinsichtlich der Anerkennung und Vollstreckung von Mediationsvergleichen in das deutsche Recht ausgesprochen werden. Dennoch ist vor dem Hintergrund des Vorliegens der Mediationsrichtlinie die Wahrscheinlichkeit gering, dass eine Umsetzungsempfehlung des Modellgesetzes von 2018 erfolgen würde.

Fraglich ist, ob eine Unentschiedenheit, wie sie beim Modellgesetz von 2018 anzunehmen ist, auch hinsichtlich des Mediationsgesetzes zu unterstellen ist. Dafür könnte sprechen, dass das Mediationsgesetz auf wenige Aspekte des Mediationsverfahrens eingeht. Zwar ist der Anwendungsbereich des Mediationsgesetzes im Gegensatz zur Mediationsrichtlinie weiter gefasst und umfasst damit nicht nur grenzüberschreitende, sondern auch innerstaatliche Streitigkeiten. Dennoch werden einige Aspekte des Mediationsverfahrens nicht von der Mediationsrichtlinie umgesetzt. Das Mediationsgesetz enthält keine ausdrücklichen Bestimmungen über die vertraglichen Vereinbarungen im Rahmen eines Mediationsverfahrens sowie keine Regelungen über die Verjährungshemmung. Der deutsche Gesetzgeber war der Ansicht, dass im deutschen Zivilverfahrensrecht bereits ähnliche Vorschriften bestehen würden, die hier auch für das Mediationsverfahren greifen würden, wie die Vorschriften betreffend die Vollstreckbarkeit von Vergleichen.

Hierzu wäre eine Umsetzung der Vorschrift der Mediationsrichtlinie betreffend die Vollstreckbarkeit einer im Mediationsverfahren erzielten Vereinbarung zumindest teilweise wünschenswert gewesen. Hinsichtlich der außergerichtlichen Mediation[849] wird der Zugang zum Recht, wie von Erwägungsgrund Nr. 2 der Mediationsrichtlinie gefordert, nicht gewährleistet.[850] Dies erscheint äußerst unbefriedigend, zumal der deutsche Gesetzgeber mit dem Mediationsförderungsgesetz das Ziel verfolgt, „die außergerichtliche Konfliktbeilegung und

848 Vgl. *Duve*, Das UNCITRAL Model Law on International Commercial Conciliation – ein Erfolgsmodell?, in: Recht gestern und heute, S. 241.

849 Art. 1 § 1 Abs. 1 S. 2 Nr. 1 des Gesetzentwurfs der Bundesregierung für das Mediationsförderungsgesetz, BT-Drs. 17/5335, S. 5.

850 Vgl. auch *Schreck*, Die Umsetzung der Mediationsrichtlinie in Frankreich und Deutschland, S. 147.

insbesondere die Mediation im Bewusstsein der Bevölkerung und der in der Rechtspflege tätigen Berufsgruppen stärker zu verankern"[851].

Auch hinsichtlich der Verjährungshemmung gibt es Regelungsbedarf. Es wird nicht ersichtlich wann der Eintritt der Verjährungshemmung angenommen wird.[852] Vor dem Hintergrund der Rechtsunsicherheit über Beginn und Ende von Verhandlungen i.S.v. § 203 Satz 1 BGB, empfiehlt die Bundesregierung in ihrem Evaluationsbericht zum Mediationsgesetz über die Auswirkungen des Mediationsgesetzes eine klarere Regelung zu schaffen.[853]

Fraglich ist zudem, inwieweit der Vertraulichkeitsschutz durch das Mediationsgesetz gewahrt wird. Problematisch könnte es sein, wenn an das Mediationsverfahren ein gerichtliches Verfahren anschließt. Hierfür würde der Vertraulichkeitsschutz des Mediationsgesetzes nicht reichen, sodass auch hier aufgrund des Rechtsschutzes zu empfehlen wäre, die Vorschrift durch einen weiten Vertraulichkeitsschutz anzupassen. Hier könnte Art. 10 des Modellgesetzes von 2018 zur Orientierung herangezogen werden.[854] Danach sind, wenn die Parteien nichts anderes vereinbart haben, alle Informationen im Zusammenhang mit dem Mediationsverfahren vertraulich zu behandeln, es sei denn, die Offenlegung ist gesetzlich vorgeschrieben oder dient der Durchsetzung eines Mediationsvergleichs.

Gegen eine Unentschiedenheit des deutschen Gesetzgebers könnte die neue Vorschrift des § 278a ZPO sprechen, mit dieser erstmals die außergerichtliche Mediation eine gesetzliche Grundlage erhält. Dadurch wird der außergerichtlichen Mediation nicht nur eine eigene Bedeutung zugesprochen, die nun in der Zivilverfahrensordnung einen eigenen Stellenwert aufzeigt, so wird auch das Interesse daran während eines anhängigen Gerichtsverfahrens gefördert werden können. Unterstützt wird dies auch durch die Aufnahme der Mediation in die Vorschrift des § 253 Abs. 3 ZPO, nach der die Angabe, ob der Klageerhebung der Versuch einer Mediation oder eines anderen Verfahrens der außergerichtlichen Konfliktbeilegung vorausgegangen ist oder warum ein solcher Versuch unterlassen wurde, in der Klageschrift enthalten werden soll. Damit könnte eine

851 Vgl. Gesetzentwurf der Bundesregierung für das Mediationsförderungsgesetz, BT-Drs. 17/5335, S. 11.

852 Vgl. auch Eidenmüller/Wagner-*Hacke,* Mediationsrecht, Kap. 3, Rn. 87.

853 Evaluationsbericht zum MediationsG, BT-Drs. 18/13178, S. 37.

854 *Greger* verweist zudem auf Art. 14 der UNCITRAL Conciliation Rules, die durch Art. 6 der Draft UNCITRAL Mediation Rules ersetzt werden, siehe Greger/Unberath/Steffek-*Greger,* Recht der alternativen Konfliktlösung, § 4 MediationsG, Rn. 55.

klare gesetzliche Abgrenzung zwischen der außergerichtlichen Mediation und gerichtsinternen sowie gerichtsnahen Mediation dazu führen, dass mediationsgeeignete Rechtsstreitigkeiten von den Gerichten verstärkt in die außergerichtliche Mediation verwiesen werden können.

Dennoch bleibt vor dem Hintergrund der Ungeeignetheit der Vollstreckungsvorschriften der Zivilprozessordnung für die in der außergerichtlichen Mediation erzielten Abschlussvereinbarungen anzumerken, dass es zwar positiv auffällt, dass die außergerichtliche Mediation durch § 278a ZPO eine eigene gesetzliche Grundlage erhält, der deutsche Gesetzgeber jedoch weiterhin seinen Schwerpunkt auf das Güterichterverfahren legt und versucht, für die außergerichtliche Mediation Zusammenhänge zu bereits bestehenden Vollstreckungsvorschriften herzustellen, die sich hingegen schwierig und unklar herstellen lassen. Zusammenfassend ist festzustellen, dass das Mediationsgesetz weiter ausbaufähig ist, demzufolge die außergerichtliche Mediation noch stärker zu fördern und das Potenzial der Mediation voll auszuschöpfen ist.

Aus den genannten Gründen ist ein Weiterentwicklungsbedarf für das Modellgesetz von 2018 aus dem Vergleich mit dem deutschen Mediationsgesetz nicht anzunehmen.

F. Schlussbetrachtungen

I. Überblick

Mit der Überarbeitung des Modellgesetzes über die Schlichtung von 2002, welches in das Modellgesetz über die Mediation von 2018 umbenannt wurde, und der Ausarbeitung der Singapore Convention hat die *Working Group II* zum ersten Mal parallel an zwei Rechtsquellen gearbeitet.[855] Dabei verfolgen beide Regelungen unterschiedliche Funktionen, die jedoch miteinander vereinbar sind.[856] Während das Modellgesetz von 2018 besonders für Staaten sinnvoll ist, die noch über keine allgemeinen Rechtsvorschriften für das Mediationsverfahren verfügen, stellt die Singapore Convention einen internationalen Anerkennungs- und Vollstreckungsmechanismus für Mediationsvergleiche zur Verfügung. Die *Working Group II* zog bei ihren Arbeiten das Modellgesetz über die Handelsschiedsgerichtsbarkeit sowie die New York Convention heran. Besonders im Hinblick auf die Anerkennung und Vollstreckung von Mediationsvergleichen wurden die Vorschriften über die Anerkennung und Vollstreckung von Schiedssprüchen als Vorlage angewendet.

Die Singapore Convention umfasst inhaltlich neben der Anerkennung und Vollstreckung von Mediationsvergleichen auch die Geltendmachung des Mediationsvergleichs als Einrede. Regelungsbedingungen zum Mediationsverfahren sind in der Singapore Convention nicht enthalten. Darin unterscheidet sich die Singapore Convention von der New York Convention, die sowohl Regelungen zu Schiedsvereinbarungen als auch Schiedssprüchen zum Gegenstand hat.[857] Hier wird deutlich, dass die Singapore Convention ihren Schwerpunkt auf die internationale Anerkennung und Vollstreckung legt und einen Regelungsrahmen aufweist, welcher sich neben der Anerkennung und Vollstreckung auch auf andere Aspekte wie die Geltendmachung des Mediationsvergleichs als Einrede konzentriert. Aufgrund ihres rechtspolitischen Charakters soll die Singapore Convention neben dem Modellgesetz von 2018 zu einem breiteren Bekanntheitsgrad der internationalen Mediation verhelfen.

855 Das Modellgesetz von 2018 sowie die Singapore Convention wurden von der UN-Generalversammlung am 20. Dezember 2018 verabschiedet.

856 Siehe auch *Alexander*, ZKM 2019, 160 (164).

857 Vgl. hierzu *Alexander/Chong*, The Singapore Convention on Mediation – A Commentary, p. 17, para. 0.50.

Die ersten beiden Abschnitte des Modellgesetzes von 2018 stellen im Wesentlichen eine Wiederholung der Vorschriften des Modellgesetzes von 2002 dar. Diese unterscheiden sich im Wortlaut darin, dass das Modellgesetz von 2018 den Begriff *Conciliation* durch *Mediation* ersetzt. Diese Änderung der Terminologie soll nach dem Verständnis des Modellgesetzes von 2018 keine inhaltlichen sowie begrifflichen Auswirkungen mit sich bringen. Vielmehr wird hierdurch die tatsächliche und praktische Verwendung der Begriffe angepasst, um die Förderung und Bekanntheit des Modellgesetzes von 2018 zu erleichtern.

Hinsichtlich des Mediationsverfahrens hält das Modellgesetz von 2018 an den im Modellgesetz von 2002 enthaltenen Vorschriften zum Schlichtungsverfahren fest. Diese sind im zweiten Abschnitt des Modellgesetzes von 2018 enthalten. Der Schwerpunkt des Modellgesetzes von 2018 liegt in seinem dritten Abschnitt, der neben den Regelungsbedingungen für die Anerkennung und Vollstreckung von Mediationsvergleichen auch Regelungen zur Außenwirkung des Mediationsvergleichs zum Gegenstand hat. Dabei legt das Modellgesetz kein bestimmtes Verfahren für die Anerkennung und Vollstreckung von Mediationsvergleichen fest.[858] Vielmehr ist die Art und Weise, wie genau diese durchzuführen sind, von den einschlägigen Verfahrensregeln der erlassenden Staaten festzulegen. Auch die Singapore Convention schreibt kein bestimmtes Verfahren für die Anerkennung und Vollstreckung vor.[859]

Im Unterschied zum Modellgesetz von 2002 sind im Modellgesetz von 2018 zwar mehr Regelungen enthalten, dennoch einige Aspekte ungeregelt, sodass andere Rechtsquellen zur Auslegung heranzuziehen sind. Eines dieser Aspekte stellt das auf den Mediationsvergleich anwendbare Recht dar. Das Modellgesetz von 2018 enthält hinsichtlich des anwendbaren Rechts keine allgemeine Vorschrift. Auch die Singapore Convention umfasst keine allgemeine Vorschrift in Bezug auf das anwendbare Recht.[860] Jedoch können sowohl dem Modellgesetz als auch der Singapore Convention verschiedene Anhaltspunkte für das auf den Mediationsvergleich anwendbare Recht entnommen werden. In diesem Zusammenhang sind die Vorschriften hinsichtlich der Versagung der Anerkennung und Vollstreckung heranzuziehen. Danach ist auch dann die Anerkennung und

858 Vgl. hierzu den Abschnitt „Das UNCITRAL-Modellgesetz über die Mediation (2018)“ im Teil D.

859 Vgl. Art. 19 Abs. 1 lit. b (i) des Modellgesetzes von 2018 sowie Art. 5 Abs. 1 lit. b (i) der Singapore Convention.

860 Hier wird auf den Abschnitt „Das auf den Mediationsvergleich anwendbare Recht“ im Teil D, III, 7 verwiesen.

Vollstreckung eines Mediationsvergleichs zu versagen, wenn dieser unter dem Recht, dem die Parteien es unterstellt haben, nichtig oder unwirksam ist.[861] Das Modellgesetz geht somit von dem Gedanken aus, dass die Parteien durch ihre Rechtswahlfreiheit das auf den Mediationsvergleich anwendbare Recht wählen können.[862] Für den Fall, dass keine Rechtswahl vorgenommen wurde, wird eine Auffangregelung bereitgestellt.[863]

Einen „Ort des Mediationsverfahrens" wie einen „Ort des Schiedsverfahrens" legt das Modellgesetz von 2018 wie auch bereits das Modellgesetz von 2002 nicht fest. Hier wird an der bisherigen Argumentationsgrundlage festgehalten, nach der die Parteien oft nicht formell einen „Ort der Mediation" bestimmen und die Mediation an mehreren Orten durchgeführt werden kann, sodass die Verfasser des Modellgesetzes es für problematisch hielten, einen „Ort der Mediation" als Grundlage für die Anwendung des Modellgesetzes festzulegen.[864]

Durch seine systematische Stellung stellt Art. 15 eine Verbindung zwischen dem zweiten und dritten Abschnitt des Modellgesetzes her, welcher den Staaten die Trennung des zweiten und dritten Abschnitts formal erleichtert, nur eines der Abschnitte in das einzelstaatliche Recht zu übernehmen. Ferner merkt die Kommission an, dass eine allgemeine Regelung wie Art. 15, die vom dritten Abschnitt getrennt ist und festlegt, dass Mediationsvergleiche verbindlich und durchsetzbar sind, umso stärker die Bedeutung der Anerkennung und Vollstreckung verdeutlicht.

In diesem Zusammenhang kann eine gewisse Unentschiedenheit des Modellgesetzes von 2018 erkannt werden. Eines der Gründe mag Art. 15 des Modellgesetzes sein. Auch wenn nach Ansicht der *Working Group II* Art. 15 die Verbindung zwischen dem zweiten und dritten Abschnitt herstellen soll, wird das Zusammenwirken zwischen diesen beiden Abschnitten des Modellgesetzes wenig verdeutlicht. Denn wenn die Möglichkeit besteht, dass die Abschnitte des Modellgesetzes getrennt von den erlassenden Staaten umgesetzt werden können, wird durch Art. 15 nicht mehr die Verbindung zum dritten Abschnitt hergestellt,

861 Vgl. Art. 19 Abs. 1 lit. b (i) des Modellgesetzes von 2018 sowie Art. 5 Abs. 1 lit. b (i) der Singapore Convention.

862 Auch die Singapore Convention zeigt diesen Gedanken auf, siehe Art. 5 Abs. 1 lit. b (i) der Singapore Convention.

863 Vgl. Art. 19 Abs. 1 lit. b (i) des Modellgesetzes von 2018 sowie Art. 5 Abs. 1 lit. b (i) der Singapore Convention.

864 Hier wird auf den Abschnitt „Der örtliche Anwendungsbereich" im Teil D, I, 1 b) verwiesen.

wenn ein Staat den dritten Abschnitt des Modellgesetzes nicht umsetzt.[865] Ein weiteres Argument für die Unentschiedenheit des Modellgesetzes können die Abschnitte eins und zwei des Modellgesetzes darstellen, die eine Wiedergabe des bestehenden Modellgesetzes von 2002 vorstellen.[866] Zudem enthalt das Modellgesetz von 2018 im Unterschied zum bestehenden Modellgesetz von 2002 mehr Regelungen, dennoch sind einige Aspekte weiterhin ungeregelt, sodass hierzu andere Rechtsquellen zur Auslegung heranzuziehen sind.

Die Kommission hat hinsichtlich der Überarbeitung des Modellgesetzes auch eine Aktualisierung des *Guide to Enactments (2002)* veranlasst, welcher aktuell unter dem Namen *Draft Guide to Enactment and Use of the UNCITRAL Model Law on International Commercial Mediation and International Settlement Agreements Resulting from Mediation (2018)*[867] bearbeitet wird.[868] Der *Draft Guide to Enactment (2018)* soll das Modellgesetz von 2018 begleiten und besonders hinsichtlich seiner neuen Vorschriften ausführlich Bezug nehmen. Dazu gehören vor allem die Änderung der Terminologie sowie der neue dritte Abschnitt betreffend Mediationsvergleiche. Enttäuschend ist, dass ein Großteil des *Draft Guide to Enactment (2018)* weitgehend auf dem *Guide to Enactment (2002)* aufbaut und sowohl strukturell als auch inhaltlich äußerst an diesen angelehnt ist. Empfohlen wird die Loslösung des *Guide to Enactment (2002)* und damit einer oberflächlichen Bezugnahme auf die Vorschriften des Modellgesetzes von 2002. Vielmehr wäre eine ausführliche Stellungnahme zu den Regelungsbedingungen in Bezug auf die Anerkennung und Vollstreckung von Mediationsvergleichen wünschenswert gewesen.

Des Weiteren wird aktuell an der Überarbeitung der Conciliation Rules von 1980 gearbeitet.[869] Diese sollen durch die *Draft UNCITRAL Mediation Rules*[870]

---

865 Hier wird auf das Länderbeispiel Georgien hingewiesen, welches den dritten Abschnitt des Modellgesetzes nicht übernommen hat, siehe den Abschnitt „Umsetzung des UNCITRAL-Modellgesetzes von 2018 am Beispiel von Georgien" im Teil B, IV, 2 b).

866 Dazu muss jedoch angemerkt werden, dass dies vor dem Hintergrund der bereits erfolgten Umsetzung des bestehenden Modellgesetzes von 2002 in mehreren Staaten auch nicht zu verhindern war.

867 Vgl. UN-Doc. A/CN.9/1025.

868 Hier wird auf das Kapitel „Bedeutung des Guide to Enactment für das Modellgesetz" hingewiesen.

869 Der weitere Verlauf der Arbeiten der *Working Group II* kann auf der Website der Vereinten Nationen verfolgt werden, abzurufen unter https://uncitral.un.org/working_groups/2/arbitration (zuletzt aufgerufen am 05.07.21).

870 UN-Doc. A/CN.9/1026.

ersetzt werden. Einige Aspekte, die im Modellgesetz von 2018 nicht geregelt sind, können in den Mediation Rules aufgefunden werden, sodass auch diese als Auslegungshilfe herangezogen werden können.

II. Entwicklungsperspektiven für die Mediation

Lange Zeit stand die Mediation im Schatten der Schiedsgerichtsbarkeit. Das Fehlen eines internationalen Anerkennungs- und Vollstreckungsmechanismus beeinträchtigte eine breite Anwendung der internationalen Mediation.[871] Hier setzt das Modellgesetz von 2018 an und trägt mit seinem neuen dritten Abschnitt dazu bei, dass mehr Vertrauen und Zuversicht in das Mediationsverfahren und die Anerkennung und Vollstreckung von Mediationsvergleichen gewonnen werden kann.

Zusammen mit der Singapore Convention wird ein internationaler Anerkennungs- und Vollstreckungsmechanismus bereitgestellt, der zwar kein bestimmtes Verfahren für die Art und Weise vorschreibt, dennoch Anforderungen bestimmt, die ein beschleunigtes Verfahren fördern sollen. Gleichzeitig wird durch das überarbeitete Modellgesetz sowie der Singapore Convention die Mediation zu einer größeren Bekanntheit verholfen, indem ein internationaler Durchsetzungsmechanismus bereitgestellt wird, der auf den erzielten Erfolg absieht, den das New Yorker Übereinkommen für die Schiedsgerichtsbarkeit erreichte. Das Modellgesetz sowie die Singapore Convention erfüllen die Voraussetzungen, um einen ähnlichen Vorgang hervorzurufen wie ihn schon das Modellgesetz und das New Yorker Übereinkommen im Hinblick auf das Schiedsverfahren erzielten.[872] Das Zusammenspiel des Modellgesetzes von 2018 und der Singapore Convention kann zu einem hohen Maß an Harmonisierung beitragen, um einen einheitlichen Standard im Hinblick auf das Mediationsverfahren sowie die internationale Anerkennung und Vollstreckung von Mediationsvergleichen zu gewährleisten. Hierbei spielen die unterschiedlichen Funktionen der zwei Regelwerke eine wesentliche Rolle.[873] Während das Modellgesetz besonders sinnvoll für Staaten ist, die noch über keine allgemeinen Regelungsvorschriften für das Mediationsverfahren verfügen, stellt die Singapore Convention einen

871 Vgl. auch *Alexander*, ZKM 2019, 160 (161).

872 Siehe hierzu auch *Duve*, Das UNCITRAL Model Law on International Commercial Conciliation – ein Erfolgsmodell?, in: Recht gestern und heute, S. 242.

873 Vgl. *Alexander*, ZKM 2019, 160 (164).

Rechtsrahmen für die Anerkennung und Vollstreckung von Mediationsvergleichen zur Verfügung.

Die Mediation hat das Potenzial, sich auf internationaler Ebene zu einer „echten" Alternative zur Schiedsgerichtsbarkeit zu entwickeln. Der flexible Charakter der Mediation trägt dazu bei, dass die erlassenden Staaten das Modellgesetz mit Modifikationen umsetzen können. Zudem stellt das Mediationsverfahren im Gegensatz zum Schieds- und Gerichtsverfahren eine kostengünstigere Alternative dar. Entscheidend ist jedoch, dass die Mediation eine zukunftsorientierte und interessengerechte Beziehung der Parteien anstrebt. Das Modellgesetz von 2018 ist zwar besonders im Hinblick auf die Anerkennung und Vollstreckung von Mediationsvergleichen an das justizähnliche Verfahren der Schiedsgerichtsbarkeit angelehnt, jedoch hat das Modellgesetz von 2018 einige wesentliche detailreiche Änderungen für das Mediationsverfahren sowie für die Anerkennung und Vollstreckung von Mediationsvergleichen vorgenommen, sodass die Mediation ihren flexiblen Charakter wahrt und ein einzigartiges Verfahren der alternativen Streitbeilegung darstellt. Zum ersten Mal werden einheitliche Rahmenbedingungen für die grenzüberschreitende Vollstreckung der in einer Mediation erzielten Vereinbarungen zur Verfügung gestellt, die mit der Singapore Convention zusammen einen vielversprechenden Anerkennungs- und Vollstreckungsmechanismus bilden – ein maßgebliches Merkmal für Mediationsvergleiche, das bisher nur Schiedssprüchen und Gerichtsurteilen zuerkannt wurde.

Aus dem Vergleich mit der Mediationsrichtlinie, der VerbraucherAS-RiL sowie dem Mediationsgesetz kann für das Modellgesetz von 2018 kein konkreter Weiterentwicklungsbedarf entnommen werden. Vielmehr ist zu hinterfragen, ob der europäische und deutsche Gesetzgeber eine Umsetzung des Modellgesetzes von 2018 vornehmen sollten.

Eine Möglichkeit wäre, im Hinblick auf die Vollstreckung von Mediationsvergleichen, das Modellgesetz von 2018 im Rahmen einer Erweiterung in die Zivilprozessordnung aufzunehmen.[874] Dies würde voraussetzen, dass der Zustand der lückenhaften gesetzlichen Reglementierung unbefriedigend ist. Dies ist vor allem dann der Fall, wenn die Aufnahme des Modellgesetzes in das deutsche Recht zur Rechtssicherheit und Rechtsklarheit beitragen würde.[875] Wie bereits

874 Für eine Erweiterung des 10. Buches der ZPO, vgl. *Duve,* Das UNCITRAL Model Law on International Commercial Conciliation – ein Erfolgsmodell?, in: Recht gestern und heute, S. 241.

875 Für einen allgemeinen Überblick über die Voraussetzungen des Bedürfnisses nach staatlicher Rechtssetzung, vgl. *Brandl,* Internationale Schlichtungsverfahren in

oben festgestellt wurde, ist die Vollstreckung von Mediationsvergleichen trotz des Mediationsgesetzes nicht spezifisch geregelt. Der Verweis auf zivilverfahrensrechtliche Vollstreckungsvorschriften verdeutlicht, dass der deutsche Gesetzgeber der Vollstreckung von Mediationsvergleichen[876] keine große Aufmerksamkeit schenkt, sondern diese nur insoweit regelt, als sie möglich und erwünscht ist. Demnach ist ein Bedürfnis nach staatlicher Rechtssetzung für die Vollstreckung von Mediationsvergleichen in Deutschland anzunehmen. Das Rechtssetzungsbedürfnis allein ist für eine Umsetzung des Modellgesetzes jedoch nicht ausreichend. Fraglich wäre nämlich, ob eine Umsetzung des Modellgesetzes in das deutsche Recht überhaupt möglich wäre. Dazu müsste im Hinblick auf die Mediationsrichtlinie auf die Gesetzgebungskompetenzen der europäischen Union abgestellt werden.[877] Die grenzüberschreitende Vollstreckung von Mediationsvergleichen und damit verbundene Förderung des Binnenmarktes unterliegt der geteilten Gesetzgebungskompetenz der europäischen Union und der Mitgliedsstaaten.[878] Danach können in diesem Bereich die sowohl die Mitgliedsstaaten als auch die europäische Union tätig werden. Es ist jedoch zu beachten, dass die Mitgliedsstaaten nur dann tätig werden können, sofern die europäische Union ihre Zuständigkeit nicht ausgeübt hat. Im vorliegenden Fall haben das Europäische Parlament und der Europäische Rat ihre Kompetenz durch Erlass der Mediationsrichtlinie bereits ausgeübt. Zudem ist zu bedenken, dass hinsichtlich des Ziels des Modellgesetzes, also eine Förderung der internationalen Anerkennung und Vollstreckung von Mediationsvergleichen, durch Mitgliedsstaatliches Handeln nur dann verholfen werde, wenn dies

---

Wirtschaftsstreitigkeiten – Umsetzungs- und Entwicklungsperspektiven für das deutsche Recht nach dem UNCITRAL Modellgesetz (2002), S. 56 f.

876 Der deutsche Gesetzgeber verwendet den Begriff Abschlussvereinbarung.

877 Es wird zwischen den ausschließlichen (Art. 2 Abs. 1 AEUV) und geteilten Kompetenzen (Art. 2 Abs. 2 AEUV) unterschieden. Nach der ausschließlichen Kompetenz kann nur die europäische Union gesetzgeberisch tätig werden und verbindliche Rechtsakte erlassen. Die geteilte Kompetenz sieht vor, dass die Union und die Mitgliedsstaaten für einen bestimmten Bereich gesetzgeberisch tätig werden und verbindliche Rechtsakte erlassen, vgl. Streinz-*Streinz*, EUV/AEUV – Vertrag über die Europäische Union, Vertrag über die Arbeitsweise der Europäischen Union, Charta der Grundrechte der Europäischen Union, Art. 2 AEUV Rn. 5–8 und Von der Groeben/Schwarze/Hatje-*Obwexer*, Europäisches Unionsrecht – Vertrag über die Europäische Union, Vertrag über die Arbeitsweise der Europäischen Union, Charta der Grundrechte der Europäischen Union, Art. 2 AEUV Rn. 14–25.

878 Vgl. Art. 4 Abs. 2 lit. (a) AEUV.

effizient erfolgt.[879] Damit wäre das Ziel auf europäischer Ebene angemessener zu verwirklichen. In diesem Zusammenhang ist an eine Umsetzungsempfehlung der europäischen Union an die Mitgliedsstaaten zu denken.[880] Dies erscheint jedoch äußerst fragwürdig, zumal es bedeuten würde, dass weiterhin zwei Regelwerke nebeneinander bestehen würden und dies einem breiten Nutzen der Mediation im Wege stehen könnte.

Unter Bezugnahme auf das oben Gesagte, wäre es zu begrüßen, wenn der deutsche Gesetzgeber dies zum Anlass nehmen könnte, zu untersuchen, ob das Modellgesetz von 2018 betreffend die Anerkennung und Vollstreckung von Mediationsvergleichen einen Grund für eine Überarbeitung des Mediationsgesetzes darstellt.[881]

Aus den genannten Gründen sind die Entwicklungsperspektiven für die internationale Mediation unter Bezugnahme auf das Modellgesetz von 2018 positiv zu bewerten. Zu einem internationalen Anerkennungs- und Vollstreckungsmechanismus trägt nicht nur das Zusammenwirken des Modellgesetzes von 2018 mit der Singapore Convention bei, sondern auch die anderen überarbeiteten Rechtsquellen von UNCITRAL im Bereich der Mediation. In dieser Hinsicht wird durch die *Draft UNCITRAL Mediation Rules*[882] eine Verfahrensordnung für die Parteien zur Verfügung gestellt, die durch die *Draft UNCITRAL Notes on Mediation*[883] ergänzt werden können.

III. Fazit

Die Untersuchung des Modellgesetzes von 2018 hat gezeigt, dass durch die Orientierung an dem Modellgesetz über die Handelsschiedsgerichtsbarkeit inhaltliche Ähnlichkeiten bestehen und somit auch eine Ähnlichkeit des

---

879 Dies wäre nicht der Fall, wenn neben der Mediationsrichtlinie ein spezielleres Regelwerk betreffend die Vollstreckung von Abschlussvereinbarungen bestehen und zu Abgrenzungsschwierigkeiten führen würde, vgl. hierzu auch *Brandl*, Internationale Schlichtungsverfahren in Wirtschaftsstreitigkeiten – Umsetzungs- und Entwicklungsperspektiven für das deutsche Recht nach dem UNCITRAL Modellgesetz (2002), S. 89–90.

880 Vgl. hierzu auch *Duve*, Das UNCITRAL Model Law on International Commercial Conciliation – ein Erfolgsmodell?, in: Recht gestern und heute, S. 241.

881 Auch hier wäre vor dem Hintergrund eines breiteren Nutzens der europäischen Lösung, an eine Überarbeitung der Mediationsrichtlinie zu denken.

882 UN-Doc. A/CN.9/1026.

883 UN-Doc. A/CN.9/1027.

Mediationsvergleichs mit einem Schiedsspruch angenommen werden kann. Auch im Hinblick des Entwurfs der Singapore Convention orientierte sich die *Working Group II* an die New York Convention mit dem Ziel, den erzielten Erfolg für die Schiedsgerichtsbarkeit auch für die Mediation zu erreichen.

Freilich stellt das Modellgesetz von 2018 in den ersten beiden Abschnitten eine Wiedergabe des bestehenden Modellgesetzes von 2002 dar. Durch die Ergänzung des dritten Abschnitts, der den Mediationsvergleich zum Gegenstand hat, hat sich nun auch der Schwerpunkt des Modellgesetzes von 2018 verlegt, nämlich auf die Anerkennung und Vollstreckung von Mediationsvergleichen.

Besonders im Hinblick auf die Anerkennung und Vollstreckung von Mediationsvergleichen ist eine Parallele zur Anerkennung und Vollstreckung von Schiedssprüchen zu erkennen. Der wesentliche Unterschied zwischen der Mediation und dem justizähnlichen Verfahren der Schiedsgerichtsbarkeit wird jedoch auch weiterhin durch das Modellgesetz von 2018 gewahrt. Vielmehr kann angenommen werden, dass durch das Modellgesetz von 2018 der Unterschied zur Schiedsgerichtsbarkeit weiter gestärkt wird und die Mediation damit eine einzigartige Stellung einnimmt. Damit hat man sich an dem justizähnlichen Verfahren der Schiedsgerichtsbarkeit orientiert, dennoch detailreiche Änderungen für die Mediation vorgenommen, die die wesentlichen Unterschiede zur Schiedsgerichtsbarkeit unterstreichen. Gerade im Hinblick auf ihren flexiblen Charakter und als Förderung einer zukunftsorientierten interessengerechten Beziehung hat die Mediation das Potenzial, aus dem Schatten der Schiedsgerichtsbarkeit hervorzutreten. Das Modellgesetz von 2018 und die Singapore Convention bieten eine nützliche Grundlage für einen internationalen Anerkennungs- und Vollstreckungsmechanismus, der für die Mediation einzigartig ist und bisher für die Schiedsgerichtsbarkeit vorgesehen war.

Aus dem Vergleich mit der Mediationsrichtlinie und dem Mediationsgesetz ist festzuhalten, dass dem deutschen Gesetzgeber vor dem Hintergrund des Modellgesetzes von 2018 eine Überarbeitung des Mediationsgesetzes betreffend die Vollstreckung von Mediationsvergleichen für die außergerichtliche Mediation zu empfehlen ist. Der Verweis auf die zivilverfahrensrechtlichen Vorschriften ist nicht genügend, sodass hier eine Konkretisierung vorzunehmen ist.

Literaturverzeichnis

Alexander, Nadja; UN-Übereinkommen zur internationalen Durchsetzung von Mediationsvergleichen, ZKM 2019, S. 160–164

dies.; International and Comparative Mediation – Legal Perspectives, Bd. 4, Alphen am Rhein 2009

Alexander, Nadja/Chong, Shouyn; The Singapore Convention on Mediation – A Commentary, Alphen am Rhein 2019

Binder, Peter:; International Commercial Arbitration and Mediation in UNCITRAL Model Law Jurisdictions, Alphen am Rhein 2019

ders.; International Commercial Arbitration and Conciliation in UNCITRAL Model Law Jurisdictions, 3. Aufl., London 2010

Brandl, Martha; Internationale Schlichtungsverfahren in Wirtschaftsstreitigkeiten – Umsetzungs- und Entwicklungsperspektiven für das deutsche Recht nach dem UNCITRAL Modellgesetz (2002), Marburg 2016

Campbell, Christian (Hrsg.); International Mediation, in: The Comparative Law Yearbook of International Business, Alphen am Rhein 2020

Chua, Eunice; Enforcement of International Mediated Settlements without the Singapore Convention on Mediation, in: Singapore Academy of Law Journal, March 2019, S. 572–597

Cimmino, Désirée; Das UNCITRAL-Modellgesetz über internationale ADR-Verfahren in Wirtschaftsstreitigkeiten, in: Schriften zum Verfahrensrecht, hrsg. von Peter Gottwald, Ulrich Haas, Bd. 24, Frankfurt am Main 2008

Creifelds, Carl (Begr.); Rechtswörterbuch, 23. Aufl., München 2019

Deason, Ellen E.; What's in a Name: The Terms Commercial and Mediation in the Singapore Convention on Mediation, in: Cardozo Journal of Conflict Resolution, Bd. 20, S. 1149–1172

Dendorfer, Renate/Lack, Jeremy; The Interaction Between Arbitration and Mediation: Vision vs. Reality, SchiedsVZ 2007, S. 195–205

Deutscher Anwaltverein; Stellungnahme vom März 2005 zu dem Vorschlag einer Richtlinie der Europäischen Kommission, becklink 14062

Deutscher Bundesrat; Entwurf eines Gesetzes zur Förderung der Mediation und anderer Verfahren der außergerichtlichen Konfliktbeilegung vom 4. Februar 2011 – Drucksache 60/11

Deutscher Bundestag; Bericht der Bundesregierung über die Auswirkungen des Mediationsgesetzes auf die Entwicklung der Mediation in Deutschland und über die Situation der Aus- und Fortbildung der Mediatoren vom 19. Juli 2017 - Drucksache 18/13178

ders.; Beschlussempfehlung des Vermittlungsausschusses zu dem Gesetz zur Förderung der Mediation und anderer Verfahren der außergerichtlichen Konfliktbeilegung vom 27. Juni 2012 - Drucksachen 17/5335, 17/5496, 17/8058, 17/8680

Duve, Christian; Das UNCITRAL Model Law on International Commercial Conciliation - ein Erfolgsmodell?, in: Recht gestern und heute, Festschrift zum 85. Geburtstag von Richard Haase, hrsg. von Joachim Hengstl und Ulrich Sick, Wiesbaden 2006, S. 227–242

Duve, Christian/Eidenmüller, Horst/Hacke, Andreas; Mediation in der Wirtschaft - Wege zum professionellen Konfliktmanagement, 2. Aufl., Köln 2011

Ebbing, Frank; Private Zivilgerichte, Habil. - Schrift Universität Bayreuth, München 2003

Eidenmüller, Horst; Vertrags- und Verfahrensrecht der Wirtschaftsmediation - Mediationsvereinbarungen, Mediatorverträge, Mediationsvergleiche, Internationale Mediationsfälle, Köln 2001

ders.; Establishing a Legal Framework for Mediation in Europe: The Proposal for an EC Mediation Directive, SchiedsVZ 2005, S. 124–129

Eidenmüller, Horst/Prause, Matthias; Die europäische Mediationsrichtlinie - Perspektiven für eine gesetzliche Regelung der Mediation in Deutschland, NJW 2008, S. 2737–2743

Eidenmüller, Horst/Wagner, Gerhard (Hrsg.); Mediationsrecht, Köln 2015

Ewert, Thomas; Grenzüberschreitende Mediation in Zivil- und Handelssachen - Die Richtlinie 2008/52/EG: Entstehung, Inhalt und Bedeutung für das deutsche Recht, in: Studien zum Internationalen Privat- und Verfahrensrecht, hrsg. von Wolfgang Hau, Stefan Leible, Dirk Looschelders, Peter Mankowski, Ansgar Staudinger, Hannes Unberath, Bd. 39, Sipplingen 2012

Friedrich, Fabian M.; Das UNCITRAL-Modellgesetz über die internationale Handelsschlichtung, Aachen 2006

ders.; UNCITRAL Model Law on International Commercial Conciliation, SchiedsVZ 2004, S. 297–304

Girsberger, Daniel/Peter, James T.; Aussergerichtliche Konfliktlösung - Kommunikation, Konfliktmanagement, Verhandlung, Mediation, Schiedsgerichtsbarkeit, Zürich 2019

Gottwald, Peter (Hrsg.); Aktuelle Entwicklungen des europäischen und internationalen Zivilverfahrensrechts, in: Veröffentlichungen der Wissenschaftlichen Vereinigung für Internationales Verfahrensrecht e. V., Bd. 14, Bielefeld 2002

Greger, Reinhard/Unberath, Hannes/Steffek, Felix; Recht der alternativen Konfliktlösung – Kommentar, 2. Aufl., München 2016

Greger, Reinhard/Unberath, Hannes; Mediationsgesetz – Recht der alternativen Konfliktlösungen- Kommentar, München 2012

dies. (Hrsg.); Die Zukunft der Mediation in Deutschland, München 2008

Griffith, Gavan/Mitchell, Andrew D.; Contractual Dispute Resolution in International Trade: The UNCITRAL Arbitration Rules (1976) and the UNCITRAL Conciliation Rules (1980), in: Melbourne Journal of International Law, Bd. 3, S. 184–199

Gullo, Adriane; Mediation unter der Herrschaft des Rechts?, Berlin 2006

Habersack, Mathias (Redakteur); Münchener Kommentar zum Bürgerlichen Gesetzbuch, 8. Aufl., München 2020

Herisi, Ahdieh Alipour; Aftermath of the Singapore Convention: A comparative Analysis between the Singapore Convention and the New York Convention, in: American Journal of Mediation, Bd. 12, S. 154–173

Herrmann, Gerold; Die UNCITRAL-Vergleichsordnung – Nützliche Regeln für selbstständige Schlichtungsverfahren, ZZP 1984, Bd. 97, S. 445–470

Heussen, Benno/Hamm, Christoph (Hrsg.); Beck'sches Rechtsanwalts-Handbuch, 11. Aufl., München 2016

Hopt, Klaus/Steffek, Felix (Hrsg.); Mediation – Rechtstatsachen, Rechtsvergleich, Regelungen, Tübingen 2008

dies.; Mediation – Principles and Regulation in Comparative Perspective, Oxford 2013

Huber, Michael; Verfahren und Urteile erster Instanz nach dem Zivilprozessreformgesetz, JuS 2002, S. 483–489

Hutner, Armin; Das internationale Privat- und Verfahrensrecht der Wirtschaftsmediation, in: Studien zum ausländischen und internationalen Privatrecht, Bd. 156, Tübingen 2005

Hußlein-Stich, Gabriele; Das UNCITRAL-Modellgesetz über die internationale Handelsschiedsgerichtsbarkeit, in: Internationales Wirtschaftsrecht Schriftenreihe, hrsg. von Karl-Heinz Böckstiegel, Bd. 8, Köln 1990

Härtling, Jana; Der Einfluss des Mediationsverfahrens auf Wirksamkeit und Vollstreckbarkeit der Abschlussvereinbarung, Hamburg 2019

Klowait, Jürgen/Gläßer, Ulla (Hrsg.); Mediationsgesetz – Handkommentar, 1. Aufl., Baden-Baden 2014

Kreissl, Stephan; Mediation – Von der Alternative zum Recht zur Integration in das staatliche Konfliktlösungssystem, SchiedsVZ 2012, S. 230–244

Krüger, Wolfgang/Rauscher, Thomas (Hrsg.); Münchener Kommentar zur Zivilprozessordnung, Bd. 1, 6. Aufl., München 2020

dies.; Münchener Kommentar zur Zivilprozessordnung, Bd. 3, 6. Aufl., München 2022

Montineri, Corinne; The United Nations Commission on International Trade Law (UNCITRAL) and the Significance of the Singapore Convention on Mediation, in: Cardozo Journal of Conflict Resolution, Bd. 20, S. 1023–1036

Niggemann, Friedrich; Das UNCITRAL Model Law on Conciliation – Inhalt und Chancen, IDR 2004, S. 143–150

Prütting, Hanns/Gehrlein, Markus (Hrsg.); Zivilprozessordnung Kommentar, 12. Aufl., Hürth 2020

Rauh, Karlheinz; Die Schieds- und Schlichtungsordnungen der UNCITRAL, in: Internationales Wirtschaftsrecht Schriftenreihe, hrsg. von Karl-Heinz Böckstiegel, Bd. 2, Köln 1983

Risse, Jörg; Das Mediationsgesetz – eine Kommentierung, SchiedsVZ 2012, S. 244–254

Sanders, Pieter; The Work of UNCITRAL on Arbitration and Conciliation, 2. Aufl., Den Haag 2004

ders.; Quo Vadis Arbitration? – Sixty Years of Arbitration Practice, Den Haag 1999

ders.; Yearbook Commercial Arbitration, Vol. VI (1981), Alphen am Rhein 1981

Sekolec, Jernej; Introduction to the UNCITRAL Model Law on International Commercial Conciliation, in: Yearbook Commercial Arbitration, Vol. XXVII (2002), hrsg. von Albert Jan Van den Berg, Alphen am Rhein 2002, S. 398–413

Schmidt, Frank H./Lapp, Thomas/Monßen, Hans-Georg; Mediation in der Praxis des Anwalts, in: NJW Praxis, hrsg. von Felix Busse, Bd. 85, München 2012

Schnabel, Timothy; Recognition by any other Name: Article 3 of the Singapore Convention on Mediation, in: Cardozo Journal of Conflict Resolution, Bd. 20, S. 1181–1196

Schreck, Lisa; Die Umsetzung der Mediationsrichtlinie in Frankreich und Deutschland, in: Veröffentlichungen zum Verfahrensrecht, hrsg. von Rolf Stürner, Bd. 171, Tübingen 2020

Schwarz, Gerhard; Konfliktmanagement – Konflikte erkennen, analysieren, lösen, 5. Aufl., Wiesbaden 2001

Serbu, Daniel Elias; Das deutsche Mediationsgesetz im europäischen Kontext – Eine rechtsvergleichende Analyse der Mediation unter Betrachtung der englischen, französischen und deutschen Umsetzungen der europäischen Mediationsrichtlinie, in: Schriften zur Mediation und außergerichtlichen

Konfliktlösung, hrsg. von Christoph Althammer, Jörg Eisele, Heidi Ittner, Martin Löhnig, Bd. 5, Frankfurt am Main 2016

Shaffer, Gregory C./Pollack, Mark A.; Hard vs. Soft Law: Alternatives, Complements and Antagonists in International Governance, abzurufen unter https://www.researchgate.net/publication/ 228160047_Hard_vs_Soft_Law_Alternatives_ Complements_and_Antagonists_in_International_Governance, (zuletzt aufgerufen am 05.02.21)

Sievers, Nadja; Mediation als alternative Konfliktlösungsmöglichkeit auch in Deutschland? Eine rechtsvergleichende Untersuchung am Beispiel der argentinischen mediación previa, Frankfurt am Main 2001

Streinz, Rudolf (Hrsg.); EUV/AEUV – Vertrag über die Europäische Union, Vertrag über die Arbeitsweise der Europäischen Union, Charta der Grundrechte der Europäischen Union, 3. Aufl., München 2018

Strong, S. I.; Use and Perception of International Commercial Mediation and Conciliation: A Preliminary Report on Issues Relating to the Proposed UNCITRAL Convention on International Commercial Mediation and Conciliation, University of Missouri School of Law Legal Studies Research Paper NO. 2014-28, abzurufen unter https://papers.ssrn.com/sol3/papers.cfm?abstract_id=2526302 (zuletzt aufgerufen am 05.02.21)

Sujecki, Bartosz; Die Europäische Mediationsrichtlinie, EuZW 2010, S. 7–11

Titi, Catharine/Fach Gómez, Katia (Hrsg.); Mediation in International Commercial and Investment Disputes, Oxford 2019

Van Ginkel, Eric; The UNCITRAL Model Law on International Commercial Conciliation – A Critical Appraisal, in: Journal of International Arbitration 21(1), S. 1–65

Verbist, Herman; United Nations Convention on International Settlement Agreements Resulting from Mediation, b-Arbitra – Belgian Review of Arbitration 2019, 1. Aufl., S. 53–85

ders.; The 2014 ICC Mediation Rules, in: Festschrift für Siegfried H. Elsing zum 65. Geburtstag, hrsg. von Werner F. Ebke, Dirk Olzen und Otto Sandrock, Frankfurt am Main 2015, S. 591–609

Von der Groeben, Hans/Schwarze, Jürgen/Hatje, Armin (Hrsg.); Europäisches Unionsrecht – Vertrag über die Europäische Union, Vertrag über die Arbeitsweise der Europäischen Union, Charta der Grundrechte der Europäischen Union, 7. Aufl., Baden-Baden 2015

Wagner, Gerhard; Die Richtlinie über Alternative Streitbeilegung – Law Enforcement statt mediative Konfliktlösung, ZKM 2013, S. 104–108

Wagner, Gerhard/Thole, Christoph; Die europäische Mediations-Richtlinie, in: Die richtige Ordnung, Festschrift für Jan Kropholler zum 70. Geburtstag, hrsg. von Dietmar Baetge, Jan von Hein, Michael von Hinden, 2008, S. 915–943

Wentzel, Cathrin; Internationale Mediation – Vollstreckbarkeit und kollisionsrechtliche Behandlung von grenzüberschreitenden Mediationsfällen unter besonderer Berücksichtigung der Mediationsrichtlinie und des Mediationsgesetzes, Berlin 2016

Wolff, Reinmar (Hrsg.); New York Convention, 2. Aufl., München 2019

Zöller, Richard (Begr.); Zivilprozessordnung, 33. Aufl., Köln 2020

Dokumente der Vereinten Nationen

Die Reihenfolge der UN-Dokumente ist der zeitlichen Abfolge nach erfolgt:

I. – Konventionen

Convention on the Recognition and Enforcement of Foreign Arbitral Awards (New York, 1958), abzurufen unter https://uncitral.un.org/sites/uncitral.un.org/files/media-documents/uncitral/en/new-york-convention-e.pdf (zuletzt aufgerufen am 14.07.21)

United Nations Convention on International Settlement Agreements Resulting from Mediation (New York, 2018), abzurufen unter https://uncitral.un.org/sites/uncitral.un.org/files/media-documents/EN/Texts/UNCITRAL/Arbitration/mediation_convention_v1900316_eng.pdf (zuletzt aufgerufen am 14.07.21), im Anhang D beigefügt

II. – Modellgesetze

UNCITRAL Model Law on International Commercial Arbitration (1985), with amendments as adopted in 2006), abzurufen unter https://uncitral.un.org/sites/uncitral.un.org/files/media-documents/uncitral/en/19-09955_e_ebook.pdf (zuletzt aufgerufen am 14.07.21)

UNCITRAL Model Law on International Commercial Conciliation, 2002, UN-Doc. A/57/17, Annex I, abgedruckt im Anhang C

UNCITRAL Model Law on International Commercial Mediation and International Settlement Agreements Resulting from Mediation, 2018 (amending the UNCITRAL Model Law on International Commercial Conciliation, 2002), UN-Doc. A/73/17, Annex II, abgedruckt im Anhang A

III. – UNCITRAL-Rules

UNCITRAL Arbitration Rules (1976), abzurufen unter https://uncitral.un.org/sites/uncitral.un.org/files/media-documents/uncitral/en/arb-rules.pdf (zuletzt aufgerufen am 14.07.21)

UNCITRAL Conciliation Rules (1980), abgedruckt im Anhang E, UN-Doc. A/RES/35/52

UNCITRAL Arbitration Rules (as revised in 2010), abzurufen unter https://uncitral.un.org/sites/uncitral.un.org/files/media-documents/uncitral/en/arb-rules-revised-2010-e.pdf (zuletzt aufgerufen am 14.07.21)

UNCITRAL Mediation Rules (2021), abgedruckt im Anhang F, UN-Doc. A/76/17

IV. – Begleitende UN-Dokumente

UN-Charta (1945), abzurufen unter https://unric.org/de/charta/ (zuletzt aufgerufen am 14.07.21)

Resolution adopted by the General Assembly of the United Nations on 17 December 1966, UN-Doc. A/RES/2205

Resolution 31/98 adopted by the General Assembly of the United Nations on 15 December 1976, UN-Doc. A/RES/31/98

Report of the United Nations Commission on International Trade Law on the work of its twelfth session, 18–29 June 1979, General Assembly, Official Records, Thirty-fourth session, Supplement No. 17, UN-Doc. A/34/17

Report of the United Nations Commission on International Trade Law on the work of its thirteenth session, 14–25 July 1980, General Assembly, Official Records, Thirty-fifth session, Supplement No. 17, UN-Doc. 35/17

Report of the Secretary-General: commentary on the revised draft of UNCITRAL Conciliation Rules, 1980, UN-Doc. A/CN.9/180

Resolution 35/52 adopted by the General Assembly of the United Nations on 4 December 1980, UN-Doc. A/RES/35/52

Report of the Working Group on Arbitration on the work of its thirty-second session, Vienna, 20–31 March 2000, General Assembly, UN-Doc. A/CN.9/468

Report of the Secretary General, Possible uniform rules on certain issues concerning settlement of commercial disputes: conciliation, interim measures of protection, written form for arbitration agreement, Working Group on Arbitration, Thirty-second session, Vienna, 20–31 March 2000, UN-Doc. A/CN.9/WG.II/WP.108

Report of the Working Group on Arbitration on the work of its thirty-third session, Vienna, 20 November–1 December 2000, General Assembly, UN-Doc. A/CN.9/485

Report of the Working Group on Arbitration on the work of its thirty-fourth session, New York, 21 May–1 June 2001, General Assembly, UN-Doc. A/CN.9/487

Report of the Working Group on Arbitration on the work of its thirty-fifth session, Vienna, 19–30 November 2001, General Assembly, UN-Doc. A/CN.9/506

Report of the United Nations Commission on International Trade Law on the work of its thirty-fifth session, 17–28 June 2002, General Assembly, Official Records, Fifty-seventh session, Supplement No. 17, UN-Doc. A/57/17

Draft Guide to Enactment and Use of the UNCITRAL Model Law on International Commercial Conciliation (2002), UN-Doc. A/CN.9/514

Guide to Enactment and Use of the UNCITRAL Model Law on International Commercial Conciliation (2002), abzurufen unter https://uncitral.un.org/sites/uncitral.un.org/files/ media-documents/uncitral/en/03-90953_ebook.pdf (zuletzt aufgerufen am 08.12.20)

Resolution 57/18 adopted by the General Assembly of the United Nations on 19 November 2002, UN-Doc. A/RES/57/18

Resolution 61/33 adopted by the General Assembly of the United Nations on 4 December 2006, UN-Doc. A/RES/61/33

Report of the United Nations Commission on International Trade Law on the work of its forty-fifth session, 25 June–6 July 2012, General Assembly, Official Records, Supplement No. 17, UN-Doc. A/67/17

Note by the Secretariat, Planned and possible future work – Part III, Proposal by the Government of the United States of America: future work for Working Group II, Forty-seventh session, New York, 7–18 July 2014, UN-Doc. A/CN.9/822

Report of the United Nations Commission on International Trade Law on the work of its forty-seventh session, 7–18 July 2014, General Assembly, UN-Doc. A/69/17

Note by the Secretariat, Settlement of commercial disputes: enforceability of settlement agreements resulting from international commercial conciliation/mediation, Working Group II (Arbitration and Conciliation), Sixty-second session, New York, 2–6 February 2015, UN-Doc. A/CN.9/WG.II/WP.187

Report of Working Group II (Arbitration and Conciliation) on the work of its sixty-second session, New York, 2–6 February 2015, UN-Doc. A/CN.9/832

Note by the Secretariat, Settlement of commercial disputes: Enforceability of settlement agreements resulting from international commercial conciliation/mediation – Revision of the UNCITRAL Notes on Organizing Arbitral Proceedings, Comments received from States, Working Group II (Arbitration and Conciliation), Sixty-second session, New York, 2–6 February 2015, UN-Doc. A/CN.9/WG.II/WP.188

Annotated provisional agenda, Working Group II (Arbitration and Conciliation), Sixty-second session, New York, 2–6 February 2015, UN-Doc. A/CN.9/WG.II/WP.185

Note by the Secretariat, Enforcement of settlement agreements resulting from international commercial conciliation/mediation, Compilation of comments by Governments, Forty-eighth session, Vienna, 29 June–16 July 2015, UN-Doc. A/CN.9/846

Enforcement of settlement agreements resulting from international commercial conciliation/mediation, Compilation of comments by Governments, Addendum, Forty-eighth session, Vienna, 29 June–16 July 2015, UN-Doc. A/CN.9/846/Add.1

Enforcement of settlement agreements resulting from international commercial conciliation/mediation, Compilation of comments by Governments, Addendum, Forty-eighth session, Vienna, 29 June–16 July 2015, UN-Doc. A/CN.9/846/Add.2

Report of the United Nations Commission on International Trade Law on the work of its forty-eighth session, 29 June–16 July 2015, General Assembly, Official Records, Supplement No. 17, UN-Doc. A/70/17

Note by the Secretariat, International commercial conciliation: enforceability of settlement agreements, Settlement of commercial disputes, Vienna, 7–11 September 2015, UN-Doc. A/CN.9/WG.II/WP.190

Note by the Secretariat, Enforcement of settlement agreements, Compilation of comments by Governments, Sixty-third session, Vienna, 7–11 September 2015, UN-Doc. A/CN.9/WG.II/WP.191

Note by the Secretariat (Settlement of commercial disputes): Enforceability of settlement agreements, Comments by Israel and the United States of America, Sixty-third session, 7–11 September 2015, UN-Doc. A/CN.9/WG.II/WP.192

Report of Working Group II (Arbitration and Conciliation) on the work of its sixty-third session, Vienna, 7–11 September 2015, General Assembly, UN-Doc. A/CN.9/861

UNCITRAL Notes on Organizing Arbitral Proceedings (2016), abzurufen unter https://uncitral.un.org/sites/uncitral.un.org/files/media-documents/uncitral/en/arb-notes-2016-e.pdf (zuletzt aufgerufen am 08.12.20)

Note by the Secretariat, International commercial conciliation: enforceability of settlement agreements, Settlement of commercial disputes, Sixty-fourth session, New York, 1–5 February 2016, UN-Doc. A/CN.9/WG.II/WP.195

Report of Working Group II (Arbitration and Conciliation) on the work of its sixty-fourth session, 1–5 February 2016, General Assembly, UN-Doc. A/CN.9/867

Report of Working Group II (Dispute Settlement) on the work of its sixty-fifth session, 12–23 September 2016, General Assembly, UN-Doc. A/CN.9/896

Note by the Secretariat, International commercial conciliation: preparation of an instrument on enforcement of international commercial settlement agreements resulting from conciliation, Working Group II (Dispute Settlement), Sixty-fifth session, Vienna, 12–23 September 2016, UN-Doc. A/CN.9/WG.II/WP.198

Report of Working Group II (Dispute Settlement) on the work of its sixty-sixth session, New York, 6–10 February 2017, UN-Doc. A/CN.9/901

Note by the Secretariat, International commercial conciliation: preparation of an instrument on enforcement of international commercial settlement agreements resulting from conciliation, Settlement of commercial disputes, Sixty-sixth session, New York, 6–10 February 2017, UN-Doc. A/CN.9/WG.II/WP.200

Note by the Secretariat, International commercial conciliation: preparation of an instrument on enforcement of international commercial settlement agreements resulting from conciliation, Settlement of commercial disputes, Sixty-seventh session, Vienna, 2–6 October 2017, UN-Doc. A/CN.9/WG.II/WP.202

Report of Working Group II (Dispute Settlement) on the work of its sixty-seventh session, Vienna, 2–6 October 2017, General Assembly, UN-Doc. A/CN.9/929

UNCITRAL Technical Notes on Online Dispute Resolution, 2017, abzurufen unter https://uncitral.un.org/sites/uncitral.un.org/files/media-documents/uncitral/en/v1700382_english_technical_notes_on_odr.pdf (zuletzt aufgerufen am 03.02.21)

Note by the Secretariat, International commercial mediation: preparation of instruments on enforcement of international commercial settlement agreements resulting from mediation, Working Group II (Dispute Settlement), Sixty-eighth session, New York, 5–9 February 2018, UN-Doc. A/CN.9/WG.II/WP.205

Note by the Secretariat, International commercial mediation: preparation of instruments on enforcement of international commercial settlement agreements resulting from mediation, Addendum, Working Group II (Dispute Settlement), Sixty-eighth session, New York, 5–9 February 2018, UN-Doc. A/CN.9/WG.II/WP.205/Add.1

Report of Working Group II (Dispute Settlement) on the work of its sixty-eighth session, 5–9 February 2018, General Assembly, UN-Doc. A/CN.9/934

Report of the United Nations Commission on International Trade Law on the work of its fifty-first session, 25 June–13 July 2018, General Assembly, Official Records, Seventy-third session, Supplement No. 17, UN-Doc. A/73/17

Note by the Secretariat, International commercial mediation: draft convention on international settlement agreements resulting from mediation, Fifty-first session, New York, 25 June–13 July 2018, UN-Doc. A/CN.9/942

Resolution 73/199 adopted by the General Assembly of the United Nations on 20 December 2018, UN-Doc. A/RES/73/199, abgedruckt im Anhang B

Resolution 73/198 adopted by the General Assembly of the United Nations on 20 December 2018, UN-Doc. A/RES/73/198

Case Law on UNCITRAL Texts (CLOUT), 15 April 2020, UN-Doc. A/CN.9/SER.C/ABSTRACTS/202

Note by the Secretariat, Draft Guide to Enactment and Use of the UNCITRAL Model Law on International Commercial Mediation and International Settlement Agreements Resulting from Mediation (2018), Fifty-third session, New York, 6–17 July 2020, UN-Doc. A/CN.9/1025

Report of the United Nations Commission on International Trade Law on the work of its fifty-second session, 8–19 July 2019, UN-Doc. A/74/17

Note by the Secretariat, International Commercial Mediation: Draft UNCITRAL Notes on Mediation, Fifty-third session, New York, 6–17 July 2020, UN-Doc. A/CN.9/1027

Note by the Secretariat, Dispute settlement: Draft UNCITRAL mediation rules and notes on mediation, Compilation of comments from Governments, Fifty-third session, New York, 6–17 July 2020, UN-Doc. A/CN.9/1031

Note by the Secretariat, Dispute Settlement: Draft UNCITRAL mediation rules and notes on mediation, Compilation of comments from Governments, Fifty-third session, 6–17 July 2020, UN-Doc. A/CN.9/1031/Add.1

Report of Working Group II (Dispute Settlement) on the work of its seventy-third session, 22–26 March 2021, UN-Doc. A/CN.9/1049

Note by the Secretariat, International Commercial Mediation: Draft UNCITRAL Mediation Rules, Fifty-fourth session, Vienna28 June–16 July 2021, UN-Doc. A/CN.9/1074

Anhang A

UNCITRAL Model Law on International Commercial Mediation and International Settlement Agreements Resulting from Mediation, 2018 (amending the UNCITRAL Model Law on International Commercial Conciliation, 2002)

Section 1 — General provisions

Article 1. Scope of application of the Law and definitions

1. This Law applies to international commercial[1] mediation[2] and to international settlement agreements.

2. For the purposes of this Law, "mediator" means a sole mediator or two or more mediators, as the case may be.

3. For the purposes of this Law, "mediation" means a process, whether referred to by the expression mediation, conciliation or an expression of similar import, whereby parties request a third person or persons ("the mediator") to assist them in their attempt to reach an amicable settlement of their dispute arising out of or relating to a contractual or other legal relationship. The mediator does not have the authority to impose upon the parties a solution to the dispute.

Article 2. Interpretation

1. In the interpretation of this Law, regard is to be had to its international origin and to the need to promote uniformity in its application and the observance of good faith.

2. Questions concerning matters governed by this Law which are not expressly settled in it are to be settled in conformity with the general principles on which this Law is based.

Section 2 — International commercial mediation

Article 3. Scope of application of the section and definitions

1. This section applies to international[3] commercial mediation.

---

1 The term "commercial" should be given a wide interpretation so as to cover matters arising from all relationships of a commercial nature, whether contractual or not. Relationships of a commercial nature include, but are not limited to, the following transactions: any trade transaction for the supply or exchange of goods or services; distribution agreement; commercial representation or agency; factoring; leasing; construction of works; consulting; engineering; licensing; investment; financing; banking; insurance; exploitation agreement or concession; joint venture and other forms of industrial or business cooperation; and carriage of goods or passengers by air, sea, rail or road.

2 In its previously adopted texts and relevant documents, UNCITRAL used the term "conciliation" with the understanding that the terms "conciliation" and "mediation" were interchangeable. In preparing this Model Law, the Commission decided to use the term "mediation" instead in an effort to adapt to the actual and practical use of the terms and with the expectation that this change will facilitate the promotion and heighten the visibility of the Model Law. This change in terminology does not have any substantive or conceptual implications.

3 States wishing to enact this section to apply to domestic as well as international mediation may wish to consider the following changes to the text:
- Delete the word "international" in paragraph 1 of articles 1 and 3; and
- Delete paragraphs 2, 3 and 4 of article 3, and modify references to paragraphs accordingly.

2. A mediation is "international" if:

(a) The parties to an agreement to mediate have, at the time of the conclusion of that agreement, their places of business in different States; or

(b) The State in which the parties have their places of business is different from either:

(i) The State in which a substantial part of the obligations of the commercial relationship is to be performed; or

(ii) The State with which the subject matter of the dispute is most closely connected.

3. For the purposes of paragraph 2:

(a) If a party has more than one place of business, the place of business is that which has the closest relationship to the agreement to mediate;

(b) If a party does not have a place of business, reference is to be made to the party's habitual residence.

4. This section also applies to commercial mediation when the parties agree that the mediation is international or agree to the applicability of this section.

5. The parties are free to agree to exclude the applicability of this section.

6. Subject to the provisions of paragraph 7 of this article, this section applies irrespective of the basis upon which the mediation is carried out, including agreement between the parties whether reached before or after a dispute has arisen, an obligation established by law, or a direction or suggestion of a court, arbitral tribunal or competent governmental entity.

7. This section does not apply to:

(a) Cases where a judge or an arbitrator, in the course of judicial or arbitral proceedings, attempts to facilitate a settlement; and

(b) [...].

Article 4. Variation by agreement

Except for the provisions of article 7, paragraph 3, the parties may agree to exclude or vary any of the provisions of this section.

Article 5. Commencement of mediation proceedings[4]

1. Mediation proceedings in respect of a dispute that has arisen commence on the day on which the parties to that dispute agree to engage in mediation proceedings.

2. If a party that invited another party to mediate does not receive an acceptance of the invitation within 30 days from the day on which the invitation was sent, or within such other period of time as specified in the invitation, the party may elect to treat this as a rejection of the invitation to mediate.

Article 6. Number and appointment of mediators

1. There shall be one mediator, unless the parties agree that there shall be two or more mediators.

---

[4] The following text is suggested for States that might wish to adopt a provision on the suspension of the limitation period:

Article X. Suspension of limitation period

1. When the mediation proceedings commence, the running of the limitation period regarding the claim that is the subject matter of the mediation is suspended.

2. Where the mediation proceedings have terminated without a settlement agreement, the limitation period resumes running from the time the mediation ended without a settlement agreement.

2. The parties shall endeavour to reach agreement on a mediator or mediators, unless a different procedure for their appointment has been agreed upon.

3. Parties may seek the assistance of an institution or person in connection with the appointment of mediators. In particular:

(a) A party may request such an institution or person to recommend suitable persons to act as mediator; or

(b) The parties may agree that the appointment of one or more mediators be made directly by such an institution or person.

4. In recommending or appointing individuals to act as mediator, the institution or person shall have regard to such considerations as are likely to secure the appointment of an independent and impartial mediator and, where appropriate, shall take into account the advisability of appointing a mediator of a nationality other than the nationalities of the parties.

5. When a person is approached in connection with his or her possible appointment as mediator, he or she shall disclose any circumstances likely to give rise to justifiable doubts as to his or her impartiality or independence. A mediator, from the time of his or her appointment and throughout the mediation proceedings, shall without delay disclose any such circumstances to the parties unless they have already been informed of them by him or her.

Article 7. Conduct of mediation

1. The parties are free to agree, by reference to a set of rules or otherwise, on the manner in which the mediation is to be conducted.

2. Failing agreement on the manner in which the mediation is to be conducted, the mediator may conduct the mediation proceedings in such a manner as the mediator considers appropriate, taking into account the circumstances of the case, any wishes that the parties may express and the need for a speedy settlement of the dispute.

3. In any case, in conducting the proceedings, the mediator shall seek to maintain fair treatment of the parties and, in so doing, shall take into account the circumstances of the case.

4. The mediator may, at any stage of the mediation proceedings, make proposals for a settlement of the dispute.

Article 8. Communication between mediator and parties

The mediator may meet or communicate with the parties together or with each of them separately.

Article 9. Disclosure of information

When the mediator receives information concerning the dispute from a party, the mediator may disclose the substance of that information to any other party to the mediation. However, when a party gives any information to the mediator, subject to a specific condition that it be kept confidential, that information shall not be disclosed to any other party to the mediation.

Article 10. Confidentiality

Unless otherwise agreed by the parties, all information relating to the mediation proceedings shall be kept confidential, except where disclosure is required under the law or for the purposes of implementation or enforcement of a settlement agreement.

Article 11. Admissibility of evidence in other proceedings

1. A party to the mediation proceedings, the mediator and any third person, including those involved in the administration of the mediation proceedings, shall not

in arbitral, judicial or similar proceedings rely on, introduce as evidence or give testimony or evidence regarding any of the following:

(a) An invitation by a party to engage in mediation proceedings or the fact that a party was willing to participate in mediation proceedings;

(b) Views expressed or suggestions made by a party in the mediation in respect of a possible settlement of the dispute;

(c) Statements or admissions made by a party in the course of the mediation proceedings;

(d) Proposals made by the mediator;

(e) The fact that a party had indicated its willingness to accept a proposal for settlement made by the mediator;

(f) A document prepared solely for purposes of the mediation proceedings.

2. Paragraph 1 of this article applies irrespective of the form of the information or evidence referred to therein.

3. The disclosure of the information referred to in paragraph 1 of this article shall not be ordered by an arbitral tribunal, court or other competent governmental authority and, if such information is offered as evidence in contravention of paragraph 1 of this article, that evidence shall be treated as inadmissible. Nevertheless, such information may be disclosed or admitted in evidence to the extent required under the law or for the purposes of implementation or enforcement of a settlement agreement.

4. The provisions of paragraphs 1, 2 and 3 of this article apply whether or not the arbitral, judicial or similar proceedings relate to the dispute that is or was the subject matter of the mediation proceedings.

5. Subject to the limitations of paragraph 1 of this article, evidence that is otherwise admissible in arbitral or judicial or similar proceedings does not become inadmissible as a consequence of having been used in a mediation.

Article 12. Termination of mediation proceedings

The mediation proceedings are terminated:

(a) By the conclusion of a settlement agreement by the parties, on the date of the agreement;

(b) By a declaration of the mediator, after consultation with the parties, to the effect that further efforts at mediation are no longer justified, on the date of the declaration;

(c) By a declaration of the parties addressed to the mediator to the effect that the mediation proceedings are terminated, on the date of the declaration; or

(d) By a declaration of a party to the other party or parties and the mediator, if appointed, to the effect that the mediation proceedings are terminated, on the date of the declaration.

Article 13. Mediator acting as arbitrator

Unless otherwise agreed by the parties, the mediator shall not act as an arbitrator in respect of a dispute that was or is the subject of the mediation proceedings or in respect of another dispute that has arisen from the same contract or legal relationship or any related contract or legal relationship.

Article 14. Resort to arbitral or judicial proceedings

Where the parties have agreed to mediate and have expressly undertaken not to initiate during a specified period of time or until a specified event has occurred arbitral or judicial proceedings with respect to an existing or future dispute, such an undertaking shall be given effect by the arbitral tribunal or the court until the terms of the undertaking have been complied with, except to the extent necessary for a party, in its opinion, to preserve its rights. Initiation of such proceedings is not of itself to be regarded as a waiver of the agreement to mediate or as a termination of the mediation proceedings.

Article 15. Binding and enforceable nature of settlement agreements

If the parties conclude an agreement settling a dispute, that settlement agreement is binding and enforceable.

Section 3 — International settlement agreements[5]

Article 16. Scope of application of the section and definitions

1. This section applies to international agreements resulting from mediation and concluded in writing by parties to resolve a commercial dispute ("settlement agreements").[6]

2. This section does not apply to settlement agreements:

(a) Concluded to resolve a dispute arising from transactions engaged in by one of the parties (a consumer) for personal, family or household purposes;

(b) Relating to family, inheritance or employment law.

3. This section does not apply to:

(a) Settlement agreements:

(i) That have been approved by a court or concluded in the course of proceedings before a court; and

(ii) That are enforceable as a judgment in the State of that court;

(b) Settlement agreements that have been recorded and are enforceable as an arbitral award.

4. A settlement agreement is "international" if, at the time of the conclusion of the settlement agreement:[7]

(a) At least two parties to the settlement agreement have their places of business in different States; or

(b) The State in which the parties to the settlement agreement have their places of business is different from either:

(i) The State in which a substantial part of the obligations under the settlement agreement is to be performed; or

(ii) The State with which the subject matter of the settlement agreement is most closely connected.

5. For the purposes of paragraph 4:

(a) If a party has more than one place of business, the relevant place of business is that which has the closest relationship to the dispute resolved by the

5 A State may consider enacting this section to apply to agreements settling a dispute, irrespective of whether they resulted from mediation. Adjustments would then have to be made to relevant articles.

6 A State may consider enacting this section to apply only where the parties to the settlement agreement agreed to its application.

7 A State may consider broadening the definition of "international" settlement agreement by adding the following subparagraph to paragraph 4: "A settlement agreement is also 'international' if it results from international mediation as defined in article 3, paragraphs 2, 3 and 4."

settlement agreement, having regard to the circumstances known to, or contemplated by, the parties at the time of the conclusion of the settlement agreement;

(b) If a party does not have a place of business, reference is to be made to the party's habitual residence.

6. A settlement agreement is "in writing" if its content is recorded in any form. The requirement that a settlement agreement be in writing is met by an electronic communication if the information contained therein is accessible so as to be useable for subsequent reference.

Article 17. General principles

1. A settlement agreement shall be enforced in accordance with the rules of procedure of this State, and under the conditions laid down in this section.

2. If a dispute arises concerning a matter that a party claims was already resolved by a settlement agreement, the party may invoke the settlement agreement in accordance with the rules of procedure of this State, and under the conditions laid down in this section, in order to prove that the matter has already been resolved.

Article 18. Requirements for reliance on settlement agreements

1. A party relying on a settlement agreement under this section shall supply to the competent authority of this State:

(a) The settlement agreement signed by the parties;

(b) Evidence that the settlement agreement resulted from mediation, such as:

(i) The mediator's signature on the settlement agreement;

(ii) A document signed by the mediator indicating that the mediation was carried out;

(iii) An attestation by the institution that administered the mediation; or

(iv) In the absence of (i), (ii) or (iii), any other evidence acceptable to the competent authority.

2. The requirement that a settlement agreement shall be signed by the parties or, where applicable, the mediator, is met in relation to an electronic communication if:

(a) A method is used to identify the parties or the mediator and to indicate the parties' or mediator's intention in respect of the information contained in the electronic communication; and

(b) The method used is either:

(i) As reliable as appropriate for the purpose for which the electronic communication was generated or communicated, in the light of all the circumstances, including any relevant agreement; or

(ii) Proven in fact to have fulfilled the functions described in subparagraph (a) above, by itself or together with further evidence.

3. If the settlement agreement is not in an official language of this State, the competent authority may request a translation thereof into such language.

4. The competent authority may require any necessary document in order to verify that the requirements of this section have been complied with.

5. When considering the request for relief, the competent authority shall act expeditiously.

Article 19. Grounds for refusing to grant relief

1. The competent authority of this State may refuse to grant relief at the request of the party against whom the relief is sought only if that party furnishes to the competent authority proof that:

(a) A party to the settlement agreement was under some incapacity;

(b) The settlement agreement sought to be relied upon:

(i) Is null and void, inoperative or incapable of being performed under the law to which the parties have validly subjected it or, failing any indication thereon, under the law deemed applicable by the competent authority;

(ii) Is not binding, or is not final, according to its terms; or

(iii) Has been subsequently modified;

(c) The obligations in the settlement agreement:

(i) Have been performed; or

(ii) Are not clear or comprehensible;

(d) Granting relief would be contrary to the terms of the settlement agreement;

(e) There was a serious breach by the mediator of standards applicable to the mediator or the mediation without which breach that party would not have entered into the settlement agreement; or

(f) There was a failure by the mediator to disclose to the parties circumstances that raise justifiable doubts as to the mediator's impartiality or independence and such failure to disclose had a material impact or undue influence on a party without which failure that party would not have entered into the settlement agreement.

2. The competent authority of this State may also refuse to grant relief if it finds that:

(a) Granting relief would be contrary to the public policy of this State; or

(b) The subject matter of the dispute is not capable of settlement by mediation under the law of this State.

Article 20. Parallel applications or claims

If an application or a claim relating to a settlement agreement has been made to a court, an arbitral tribunal or any other competent authority which may affect the relief being sought under article 18, the competent authority of this State where such relief is sought may, if it considers it proper, adjourn the decision and may also, on the request of a party, order the other party to give suitable security.

Anhang B

UN-Doc. A/RES/73/199, adopted by the General Assembly of the United Nations on 20 December 2018

Model Law on International Commercial Mediation and International Settlement Agreements Resulting from Mediation of the United Nations Commission on International Trade Law

The General Assembly,

Recalling its resolution 2205 (XXI) of 17 December 1966, by which it established the United Nations Commission on International Trade Law with a mandate to further the progressive harmonization and unification of the law of international trade and in that respect to bear in mind the interests of all peoples, in particular those of developing countries, in the extensive development of international trade,

Recalling also its resolution 57/18 of 19 November 2002, in which it noted the adoption by the Commission of the Model Law on International Commercial Conciliation[1] and expressed the conviction that the Model Law, together with the Conciliation Rules of the Commission[2] recommended in its resolution 35/52 of 4 December 1980, contributes significantly to the establishment of a harmonized legal framework for the fair and efficient settlement of disputes arising in international commercial relations,

Recognizing the value of mediation as a method of amicably settling disputes arising in the context of international commercial relations,

Believing that the amendments to the Model Law on International Commercial Conciliation will significantly assist States in enhancing their legislation governing the use of modern mediation techniques and in formulating such legislation where none currently exists,

---

[1] Resolution 57/18, annex.

[2] *Official Records of the General Assembly, Thirty-fifth Session, Supplement No. 17* (A/35/17), para. 106; see also *Yearbook of the United Nations Commission on International Trade Law*, vol. XI: 1980, part three, annex II.

Noting that the decision of the Commission to concurrently prepare a convention on international settlement agreements resulting from mediation and an amendment to the Model Law on International Commercial Conciliation was intended to accommodate the different levels of experience with mediation in different jurisdictions and to provide States with consistent standards on the cross-border enforcement of international settlement agreements resulting from mediation, without creating any expectation that interested States may adopt either instrument,[3]

Noting with satisfaction that the preparation of the amendments to the Model Law was the subject of due deliberation and that they benefited from consultations with Governments as well as with intergovernmental and non-governmental organizations,

1. *Expresses its appreciation* to the United Nations Commission on International Trade Law for finalizing and adopting the Model Law on International Commercial Mediation and International Settlement Agreements Resulting from Mediation (amending the Model Law on International Commercial Conciliation);[4]

2. *Requests* the Secretary-General to transmit the text of the Model Law to Governments and other interested bodies;

3. *Recommends* that all States give favourable consideration to the Model Law when revising or adopting legislation relevant to mediation, bearing in mind the desirability of uniformity of the law of mediation procedures and the specific needs of international commercial mediation practice, and invites States that have used the Model Law to advise the Commission accordingly.

62nd plenary meeting
20 December 2018

---

[3] *Official Records of the General Assembly, Seventy-second Session, Supplement No. 17* (A/72/17), paras. 238–239; see also A/CN.9/901, para. 52.

[4] *Official Records of the General Assembly, Seventy-third Session, Supplement No. 17* (A/73/17), annex II.

Anhang C

UNCITRAL Model Law on International Commercial Conciliation (2002)

Article 1. Scope of application and definitions

1. This Law applies to international[1] commercial[2] conciliation.

2. For the purposes of this Law, "conciliator" means a sole conciliator or two or more conciliators, as the case may be.

3. For the purposes of this Law, "conciliation" means a process, whether referred to by the expression conciliation, mediation or an expression of similar import, whereby parties request a third person or persons ("the conciliator") to assist them in their attempt to reach an amicable settlement of their dispute arising out of or relating to a contractual or other legal relationship. The conciliator does not have the authority to impose upon the parties a solution to the dispute.

4. A conciliation is international if:

(a) The parties to an agreement to conciliate have, at the time of the conclusion of that agreement, their places of business in different States; or

(b) The State in which the parties have their places of business is different from either:

(i) The State in which a substantial part of the obligations of the commercial relationship is to be performed; or

[1] States wishing to enact this Model Law to apply to domestic as well as international conciliation may wish to consider the following changes to the text.

— Delete the word "international" in paragraph 1 of article 1; and

— Delete paragraphs 4, 5 and 6 of article 1.

[2] The term "commercial" should be given a wide interpretation so as to cover matters arising from all relationships of a commercial nature, whether contractual or not. Relationships of a commercial nature include, but are not limited to, the following transactions: any trade transaction for the supply or exchange of goods or services; distribution agreement; commercial representation or agency; factoring; leasing; construction of works; consulting; engineering; licensing; investment; financing; banking; insurance; exploitation agreement or concession; joint venture and other forms of industrial or business cooperation; carriage of goods or passengers by air, sea, rail or road.

(ii) The State with which the subject matter of the dispute is most closely connected.

5. For the purposes of this article:

(a) If a party has more than one place of business, the place of business is that which has the closest relationship to the agreement to conciliate;

(b) If a party does not have a place of business, reference is to be made to the party's habitual residence.

6. This Law also applies to a commercial conciliation when the parties agree that the conciliation is international or agree to the applicability of this Law.

7. The parties are free to agree to exclude the applicability of this Law.

8. Subject to the provisions of paragraph 9 of this article, this Law applies irrespective of the basis upon which the conciliation is carried out, including agreement between the parties whether reached before or after a dispute has arisen, an obligation established by law, or a direction or suggestion of a court, arbitral tribunal or competent governmental entity.

9. This Law does not apply to:

(a) Cases where a judge or an arbitrator, in the course of judicial or arbitral proceedings, attempts to facilitate a settlement; and

(b) [. . .]

Article 2. Interpretation

1. In the interpretation of this Law, regard is to be had to its international origin and to the need to promote uniformity in its application and the observance of good faith.

2. Questions concerning matters governed by this Law which are not expressly settled in it are to be settled in conformity with the general principles on which this Law is based.

Article 3. Variation by agreement

Except for the provisions of article 2 and article 6, paragraph 3, the parties may agree to exclude or vary any of the provisions of this Law.

Article 4. Commencement of conciliation proceedings[3]

1. Conciliation proceedings in respect of a dispute that has arisen commence on the day on which the parties to that dispute agree to engage in conciliation proceedings.

2. If a party that invited another party to conciliate does not receive an acceptance of the invitation within thirty days from the day on which the invitation was sent, or within such other period of time as specified in the invitation, the party may elect to treat this as a rejection of the invitation to conciliate.

Article 5. Number and appointment of conciliators

1. There shall be one conciliator, unless the parties agree that there shall be two or more conciliators.

2. The parties shall endeavour to reach agreement on a conciliator or conciliators, unless a different procedure for their appointment has been agreed upon.

3. Parties may seek the assistance of an institution or person in connection with the appointment of conciliators. In particular:

(a) A party may request such an institution or person to recommend suitable persons to act as conciliator; or

(b) The parties may agree that the appointment of one or more conciliators be made directly by such an institution or person.

4. In recommending or appointing individuals to act as conciliator, the institution or person shall have regard to such considerations as are likely to secure the appointment of an independent and impartial conciliator and, where appropriate, shall take into account the advisability of appointing a conciliator of a nationality other than the nationalities of the parties.

---

[3]The following text is suggested for States that might wish to adopt a provision on the suspension of the limitation period:

Article X. Suspension of limitation period

1. When the conciliation proceedings commence, the running of the limitation period regarding the claim that is the subject matter of the conciliation is suspended.

2. Where the conciliation proceedings have terminated without a settlement agreement, the limitation period resumes running from the time the conciliation ended without a settlement agreement.

5. When a person is approached in connection with his or her possible appointment as conciliator, he or she shall disclose any circumstances likely to give rise to justifiable doubts as to his or her impartiality or independence. A conciliator, from the time of his or her appointment and throughout the conciliation proceedings, shall without delay disclose any such circumstances to the parties unless they have already been informed of them by him or her.

Article 6. Conduct of conciliation

1. The parties are free to agree, by reference to a set of rules or otherwise, on the manner in which the conciliation is to be conducted.

2. Failing agreement on the manner in which the conciliation is to be conducted, the conciliator may conduct the conciliation proceedings in such a manner as the conciliator considers appropriate, taking into account the circumstances of the case, any wishes that the parties may express and the need for a speedy settlement of the dispute.

3. In any case, in conducting the proceedings, the conciliator shall seek to maintain fair treatment of the parties and, in so doing, shall take into account the circumstances of the case.

4. The conciliator may, at any stage of the conciliation proceedings, make proposals for a settlement of the dispute.

Article 7. Communication between conciliator and parties

The conciliator may meet or communicate with the parties together or with each of them separately.

Article 8. Disclosure of information

When the conciliator receives information concerning the dispute from a party, the conciliator may disclose the substance of that information to any other party to the conciliation. However, when a party gives any information to the conciliator, subject to a specific condition that it be kept confidential, that information shall not be disclosed to any other party to the conciliation.

Article 9. Confidentiality

Unless otherwise agreed by the parties, all information relating to the conciliation proceedings shall be kept confidential, except where disclosure is required under the law or for the purposes of implementation or enforcement of a settlement agreement.

Article 10. Admissibility of evidence in other proceedings

1. A party to the conciliation proceedings, the conciliator and any third person, including those involved in the administration of the conciliation proceedings, shall not in arbitral, judicial or similar proceedings rely on, introduce as evidence or give testimony or evidence regarding any of the following:

(a) An invitation by a party to engage in conciliation proceedings or the fact that a party was willing to participate in conciliation proceedings;

(b) Views expressed or suggestions made by a party in the conciliation in respect of a possible settlement of the dispute;

(c) Statements or admissions made by a party in the course of the conciliation proceedings;

(d) Proposals made by the conciliator;

(e) The fact that a party had indicated its willingness to accept a proposal for settlement made by the conciliator;

(f) A document prepared solely for purposes of the conciliation proceedings.

2. Paragraph 1 of this article applies irrespective of the form of the information or evidence referred to therein.

3. The disclosure of the information referred to in paragraph 1 of this article shall not be ordered by an arbitral tribunal, court or other competent governmental authority and, if such information is offered as evidence in contravention of paragraph 1 of this article, that evidence shall be treated as inadmissible. Nevertheless, such information may be disclosed or admitted in evidence to the extent required under the law or for the purposes of implementation or enforcement of a settlement agreement.

4. The provisions of paragraphs 1, 2 and 3 of this article apply whether or not the arbitral, judicial or similar proceedings relate to the dispute that is or was the subject matter of the conciliation proceedings.

5. Subject to the limitations of paragraph 1 of this article, evidence that is otherwise admissible in arbitral or judicial or similar proceedings does not become inadmissible as a consequence of having been used in a conciliation.

Article 11. Termination of conciliation proceedings

The conciliation proceedings are terminated:

(a) By the conclusion of a settlement agreement by the parties, on the date of the agreement;

(b) By a declaration of the conciliator, after consultation with the parties, to the effect that further efforts at conciliation are no longer justified, on the date of the declaration;

(c) By a declaration of the parties addressed to the conciliator to the effect that the conciliation proceedings are terminated, on the date of the declaration; or

(d) By a declaration of a party to the other party or parties and the conciliator, if appointed, to the effect that the conciliation proceedings are terminated, on the date of the declaration.

Article 12. Conciliator acting as arbitrator

Unless otherwise agreed by the parties, the conciliator shall not act as an arbitrator in respect of a dispute that was or is the subject of the conciliation proceedings or in respect of another dispute that has arisen from the same contract or legal relationship or any related contract or legal relationship.

Article 13. Resort to arbitral or judicial proceedings

Where the parties have agreed to conciliate and have expressly undertaken not to initiate during a specified period of time or until a specified event has occurred arbitral or judicial proceedings with respect to an existing or future dispute, such an undertaking shall be given effect by the arbitral tribunal or the court until the terms of the undertaking have been complied with, except to the extent necessary for a party, in its opinion, to preserve its rights. Initiation of such proceedings is not of itself to be regarded as a waiver of the agreement to conciliate or as a termination of the conciliation proceedings.

Article 14. Enforceability of settlement agreement[4]

If the parties conclude an agreement settling a dispute, that settlement agreement is binding and enforceable . . . [*the enacting State may insert a description of the method of enforcing settlement agreements or refer to provisions governing such enforcement*].

[4]When implementing the procedure for enforcement of settlement agreements, an enacting State may consider the possibility of such a procedure being mandatory.

Anhang D

United Nations Convention on International Settlement Agreements Resulting from Mediation (New York, 2018) (the "Singapore Convention on Mediation")

Preamble

The Parties to this Convention,

Recognizing the value for international trade of mediation as a method for settling commercial disputes in which the parties in dispute request a third person or persons to assist them in their attempt to settle the dispute amicably,

Noting that mediation is increasingly used in international and domestic commercial practice as an alternative to litigation,

Considering that the use of mediation results in significant benefits, such as reducing the instances where a dispute leads to the termination of a commercial relationship, facilitating the administration of international transactions by commercial parties and producing savings in the administration of justice by States,

Convinced that the establishment of a framework for international settlement agreements resulting from mediation that is acceptable to States with different legal, social and economic systems would contribute to the development of harmonious international economic relations,

Have agreed as follows:

Article 1. Scope of application

1. This Convention applies to an agreement resulting from mediation and concluded in writing by parties to resolve a commercial dispute ("settlement agreement") which, at the time of its conclusion, is international in that:

(a) At least two parties to the settlement agreement have their places of business in different States; or

(b) The State in which the parties to the settlement agreement have their places of business is different from either:

(i) The State in which a substantial part of the obligations under the settlement agreement is performed; or

(ii) The State with which the subject matter of the settlement agreement is most closely connected.

2. This Convention does not apply to settlement agreements:

(a) Concluded to resolve a dispute arising from transactions engaged in by one of the parties (a consumer) for personal, family or household purposes;

(b) Relating to family, inheritance or employment law.

3. This Convention does not apply to:

(a) Settlement agreements:

(i) That have been approved by a court or concluded in the course of proceedings before a court; and

(ii) That are enforceable as a judgment in the State of that court;

(b) Settlement agreements that have been recorded and are enforceable as an arbitral award.

Article 2. Definitions

1. For the purposes of article 1, paragraph 1:

(a) If a party has more than one place of business, the relevant place of business is that which has the closest relationship to the dispute resolved by the settlement agreement, having regard to the circumstances known to, or contemplated by, the parties at the time of the conclusion of the settlement agreement;

(b) If a party does not have a place of business, reference is to be made to the party's habitual residence.

2. A settlement agreement is "in writing" if its content is recorded in any form. The requirement that a settlement agreement be in writing is met by an electronic communication if the information contained therein is accessible so as to be useable for subsequent reference.

3. "Mediation" means a process, irrespective of the expression used or the basis upon which the process is carried out, whereby parties attempt to reach an amicable settlement of their dispute with the assistance of a third person or persons ("the mediator") lacking the authority to impose a solution upon the parties to the dispute.

Article 3. General principles

1. Each Party to the Convention shall enforce a settlement agreement in accordance with its rules of procedure and under the conditions laid down in this Convention.

2. If a dispute arises concerning a matter that a party claims was already resolved by a settlement agreement, a Party to the Convention shall allow the party to invoke the settlement agreement in accordance with its rules of procedure and under the conditions laid down in this Convention, in order to prove that the matter has already been resolved.

Article 4. Requirements for reliance on settlement agreements

1. A party relying on a settlement agreement under this Convention shall supply to the competent authority of the Party to the Convention where relief is sought:

(*a*) The settlement agreement signed by the parties;

(*b*) Evidence that the settlement agreement resulted from mediation, such as:

(i) The mediator's signature on the settlement agreement;

(ii) A document signed by the mediator indicating that the mediation was carried out;

(iii) An attestation by the institution that administered the mediation; or

(iv) In the absence of (i), (ii) or (iii), any other evidence acceptable to the competent authority.

2. The requirement that a settlement agreement shall be signed by the parties or, where applicable, the mediator is met in relation to an electronic communication if:

(*a*) A method is used to identify the parties or the mediator and to indicate the parties' or mediator's intention in respect of the information contained in the electronic communication; and

(*b*) The method used is either:

(i) As reliable as appropriate for the purpose for which the electronic communication was generated or communicated, in the light of all the circumstances, including any relevant agreement; or

(ii) Proven in fact to have fulfilled the functions described in subparagraph (*a*) above, by itself or together with further evidence.

3. If the settlement agreement is not in an official language of the Party to the Convention where relief is sought, the competent authority may request a translation thereof into such language.

4. The competent authority may require any necessary document in order to verify that the requirements of the Convention have been complied with.

5. When considering the request for relief, the competent authority shall act expeditiously.

Article 5. Grounds for refusing to grant relief

1. The competent authority of the Party to the Convention where relief is sought under article 4 may refuse to grant relief at the request of the party against whom the relief is sought only if that party furnishes to the competent authority proof that:

(a) A party to the settlement agreement was under some incapacity;

(b) The settlement agreement sought to be relied upon:

(i) Is null and void, inoperative or incapable of being performed under the law to which the parties have validly subjected it or, failing any indication thereon, under the law deemed applicable by the competent authority of the Party to the Convention where relief is sought under article 4;

(ii) Is not binding, or is not final, according to its terms; or

(iii) Has been subsequently modified;

(c) The obligations in the settlement agreement:

(i) Have been performed; or

(ii) Are not clear or comprehensible;

(d) Granting relief would be contrary to the terms of the settlement agreement;

(e) There was a serious breach by the mediator of standards applicable to the mediator or the mediation without which breach that party would not have entered into the settlement agreement; or

(f) There was a failure by the mediator to disclose to the parties circumstances that raise justifiable doubts as to the mediator's impartiality or independence and such failure to disclose had a material impact or undue influence on a party without which failure that party would not have entered into the settlement agreement.

2. The competent authority of the Party to the Convention where relief is sought under article 4 may also refuse to grant relief if it finds that:

(a) Granting relief would be contrary to the public policy of that Party; or

(b) The subject matter of the dispute is not capable of settlement by mediation under the law of that Party.

Article 6. Parallel applications or claims

If an application or a claim relating to a settlement agreement has been made to a court, an arbitral tribunal or any other competent authority which may affect the relief being sought under article 4, the competent authority of the Party to the Convention where such relief is sought may, if it considers it proper, adjourn the decision and may also, on the request of a party, order the other party to give suitable security.

Article 7. Other laws or treaties

This Convention shall not deprive any interested party of any right it may have to avail itself of a settlement agreement in the manner and to the extent allowed by the law or the treaties of the Party to the Convention where such settlement agreement is sought to be relied upon.

Article 8. Reservations

1. A Party to the Convention may declare that:

(a) It shall not apply this Convention to settlement agreements to which it is a party, or to which any governmental agencies or any person acting on behalf of a governmental agency is a party, to the extent specified in the declaration;

(b) It shall apply this Convention only to the extent that the parties to the settlement agreement have agreed to the application of the Convention.

2. No reservations are permitted except those expressly authorized in this article.

3. Reservations may be made by a Party to the Convention at any time. Reservations made at the time of signature shall be subject to confirmation upon ratification, acceptance or approval. Such reservations shall take effect simultaneously with the entry into force

of this Convention in respect of the Party to the Convention concerned. Reservations made at the time of ratification, acceptance or approval of this Convention or accession thereto, or at the time of making a declaration under article 13 shall take effect simultaneously with the entry into force of this Convention in respect of the Party to the Convention concerned. Reservations deposited after the entry into force of the Convention for that Party to the Convention shall take effect six months after the date of the deposit.

4. Reservations and their confirmations shall be deposited with the depositary.

5. Any Party to the Convention that makes a reservation under this Convention may withdraw it at any time. Such withdrawals are to be deposited with the depositary, and shall take effect six months after deposit.

Article 9. Effect on settlement agreements

The Convention and any reservation or withdrawal thereof shall apply only to settlement agreements concluded after the date when the Convention, reservation or withdrawal thereof enters into force for the Party to the Convention concerned.

Article 10. Depositary

The Secretary-General of the United Nations is hereby designated as the depositary of this Convention.

Article 11. Signature, ratification, acceptance, approval, accession

1. This Convention is open for signature by all States in Singapore, on 7 August 2019, and thereafter at United Nations Headquarters in New York.

2. This Convention is subject to ratification, acceptance or approval by the signatories.

3. This Convention is open for accession by all States that are not signatories as from the date it is open for signature.

4. Instruments of ratification, acceptance, approval or accession are to be deposited with the depositary.

Article 12. Participation by regional economic integration organizations

1. A regional economic integration organization that is constituted by sovereign States and has competence over certain matters governed by this Convention may similarly sign, ratify, accept, approve or accede to this Convention. The regional economic integration organization shall in that case have the rights and obligations of a Party to the Convention, to the extent that that organization has competence over matters governed by this Convention. Where the number of Parties to the Convention is relevant in this Convention, the regional economic integration organization shall not count as a Party to the Convention in addition to its member States that are Parties to the Convention.

2. The regional economic integration organization shall, at the time of signature, ratification, acceptance, approval or accession, make a declaration to the depositary specifying the matters governed by this Convention in respect of which competence has been transferred to that organization by its member States. The regional economic integration organization shall promptly notify the depositary of any changes to the distribution of competence, including new transfers of competence, specified in the declaration under this paragraph.

3. Any reference to a "Party to the Convention", "Parties to the Convention", a "State" or "States" in this Convention applies equally to a regional economic integration organization where the context so requires.

4. This Convention shall not prevail over conflicting rules of a regional economic integration organization, whether such rules were adopted or entered into force before or after this Convention: *(a)* if, under article 4, relief is sought in a State that is member of such an organization and all the States relevant under article 1, paragraph 1, are members of such an organization; or *(b)* as concerns the recognition or enforcement of judgments between member States of such an organization.

Article 13. Non-unified legal systems

1. If a Party to the Convention has two or more territorial units in which different systems of law are applicable in relation to the matters dealt with in this Convention, it may, at the time of signature, ratification, acceptance, approval or accession, declare that this Convention is to extend to all its territorial units or only to one or more of them, and may amend its declaration by submitting another declaration at any time.

2. These declarations are to be notified to the depositary and are to state expressly the territorial units to which the Convention extends.

3. If a Party to the Convention has two or more territorial units in which different systems of law are applicable in relation to the matters dealt with in this Convention:

(a) Any reference to the law or rule of procedure of a State shall be construed as referring, where appropriate, to the law or rule of procedure in force in the relevant territorial unit;

(b) Any reference to the place of business in a State shall be construed as referring, where appropriate, to the place of business in the relevant territorial unit;

(c) Any reference to the competent authority of the State shall be construed as referring, where appropriate, to the competent authority in the relevant territorial unit.

4. If a Party to the Convention makes no declaration under paragraph 1 of this article, the Convention is to extend to all territorial units of that State.

Article 14. Entry into force

1. This Convention shall enter into force six months after deposit of the third instrument of ratification, acceptance, approval or accession.

2. When a State ratifies, accepts, approves or accedes to this Convention after the deposit of the third instrument of ratification, acceptance, approval or accession, this Convention shall enter into force in respect of that State six months after the date of the deposit of its instrument of ratification, acceptance, approval or accession. The Convention shall enter into force for a territorial unit to which this Convention has been extended in accordance with article 13 six months after the notification of the declaration referred to in that article.

Article 15. Amendment

1. Any Party to the Convention may propose an amendment to the present Convention by submitting it to the Secretary-General of the United Nations. The Secretary-General shall thereupon communicate the proposed amendment to the Parties to the Convention with a request that they indicate whether they favour a conference of Parties to the Convention for the purpose of considering and voting upon the proposal. In the event that within four months from the date of such communication at least one third

of the Parties to the Convention favour such a conference, the Secretary-General shall convene the conference under the auspices of the United Nations.

2. The conference of Parties to the Convention shall make every effort to achieve consensus on each amendment. If all efforts at consensus are exhausted and no consensus is reached, the amendment shall, as a last resort, require for its adoption a two-thirds majority vote of the Parties to the Convention present and voting at the conference.

3. An adopted amendment shall be submitted by the depositary to all the Parties to the Convention for ratification, acceptance or approval.

4. An adopted amendment shall enter into force six months after the date of deposit of the third instrument of ratification, acceptance or approval. When an amendment enters into force, it shall be binding on those Parties to the Convention that have expressed consent to be bound by it.

5. When a Party to the Convention ratifies, accepts or approves an amendment following the deposit of the third instrument of ratification, acceptance or approval, the amendment shall enter into force in respect of that Party to the Convention six months after the date of the deposit of its instrument of ratification, acceptance or approval.

Article 16. Denunciations

1. A Party to the Convention may denounce this Convention by a formal notification in writing addressed to the depositary. The denunciation may be limited to certain territorial units of a non-unified legal system to which this Convention applies.

2. The denunciation shall take effect 12 months after the notification is received by the depositary. Where a longer period for the denunciation to take effect is specified in the notification, the denunciation shall take effect upon the expiration of such longer period after the notification is received by the depositary. The Convention shall continue to apply to settlement agreements concluded before the denunciation takes effect.

DONE in a single original, of which the Arabic, Chinese, English, French, Russian and Spanish texts are equally authentic.

Anhang E

UNCITRAL Conciliation Rules (1980)

UNCITRAL CONCILIATION RULES

APPLICATION OF THE RULES

Article 1

(1) These Rules apply to conciliation of disputes arising out of or relating to a contractual or other legal relationship where the parties seeking an amicable settlement of their dispute have agreed that the UNCITRAL Conciliation Rules apply.

(2) The parties may agree to exclude or vary any of these Rules at any time.

(3) Where any of these Rules is in conflict with a provision of law from which the parties cannot derogate, that provision prevails.

COMMENCEMENT OF CONCILIATION PROCEEDINGS

Article 2

(1) The party initiating conciliation sends to the other party a written invitation to conciliate under these Rules, briefly identifying the subject of the dispute.

(2) Conciliation proceedings commence when the other party accepts the invitation to conciliate. If the

acceptance is made orally, it is advisable that it be confirmed in writing.

(3) If the other party rejects the invitation, there will be no conciliation proceedings.

(4) If the party initiating conciliation does not receive a reply within thirty days from the date on which he sends the invitation, or within such other period of time as specified in the invitation, he may elect to treat this as a rejection of the invitation to conciliate. If he so elects, he informs the other party accordingly.

NUMBER OF CONCILIATORS

Article 3

There shall be one conciliator unless the parties agree that there shall be two or three conciliators. Where there is more than one conciliator, they ought, as a general rule, to act jointly.

APPOINTMENT OF CONCILIATORS

Article 4

(1) *(a)* In conciliation proceedings with one conciliator, the parties shall endeavour to reach agreement on the name of a sole conciliator;

(b) In conciliation proceedings with two conciliators, each party appoints one conciliator;

(c) In conciliation proceedings with three conciliators, each party appoints one conciliator. The parties shall endeavour to reach agreement on the name of the third conciliator.

(2) Parties may enlist the assistance of an appropriate institution or person in connexion with the appointment of conciliators. In particular,

(a) A party may request such an institution or person to recommend the names of suitable individuals to act as conciliator; or

(b) The parties may agree that the appointment of one or more conciliators be made directly by such an institution or person.

In recommending or appointing individuals to act as conciliator, the institution or person shall have regard to such considerations as are likely to secure the appointment of an independent and impartial conciliator and, with respect to a sole or third conciliator, shall take into account the advisability of appointing a conciliator of a nationality other than the nationalities of the parties.

SUBMISSION OF STATEMENTS TO CONCILIATOR

Article 5

(1) The conciliator,* upon his appointment, requests each party to submit to him a brief written statement describing the general nature of the dispute and the points at issue. Each party sends a copy of his statement to the other party.

(2) The conciliator may request each party to submit to him a further written statement of his position and the facts and grounds in support thereof, supplemented by any documents and other evidence that such party deems appropriate. The party sends a copy of his statement to the other party.

(3) At any stage of the conciliation proceedings the conciliator may request a party to submit to him such additional information as he deems appropriate.

---

*In this and all following articles, the term "conciliator" applies to a sole conciliator, two or three conciliators, as the case may be.

REPRESENTATION AND ASSISTANCE

Article 6

The parties may be represented or assisted by persons of their choice. The names and addresses of such persons are to be communicated in writing to the other party and to the conciliator; such communication is to specify whether the appointment is made for purposes of representation or of assistance.

ROLE OF CONCILIATOR

Article 7

(1) The conciliator assists the parties in an independent and impartial manner in their attempt to reach an amicable settlement of their dispute.

(2) The conciliator will be guided by principles of objectivity, fairness and justice, giving consideration to, among other things, the rights and obligations of the parties, the usages of the trade concerned and the circumstances surrounding the dispute, including any previous business practices between the parties.

(3) The conciliator may conduct the conciliation proceedings in such a manner as he considers appropriate, taking into account the circumstances of the case, the wishes the parties may express, including any request by a party that the conciliator hear oral statements, and the need for a speedy settlement of the dispute.

(4) The conciliator may, at any stage of the conciliation proceedings, make proposals for a settlement of the dispute. Such proposals need not be in writing and need not be accompanied by a statement of the reasons therefor.

ADMINISTRATIVE ASSISTANCE

Article 8

In order to facilitate the conduct of the conciliation proceedings, the parties, or the conciliator with the consent of the parties, may arrange for administrative assistance by a suitable institution or person.

COMMUNICATION BETWEEN CONCILIATOR AND PARTIES

Article 9

(1) The conciliator may invite the parties to meet with him or may communicate with them orally or in writing. He may meet or communicate with the parties together or with each of them separately.

(2) Unless the parties have agreed upon the place where meetings with the conciliator are to be held, such place will be determined by the conciliator, after consultation with the parties, having regard to the circumstances of the conciliation proceedings.

DISCLOSURE OF INFORMATION

Article 10

When the conciliator receives factual information concerning the dispute from a party, he discloses the substance of that information to the other party in order that the other party may have the opportunity to present any explanation which he considers appropriate. However, when a party gives any information to the conciliator subject to a specific condition that it be kept confidential, the conciliator does not disclose that information to the other party.

CO-OPERATION OF PARTIES WITH CONCILIATOR

Article 11

The parties will in good faith co-operate with the conciliator and, in particular, will endeavour to comply with requests by the conciliator to submit written materials, provide evidence and attend meetings.

SUGGESTIONS BY PARTIES FOR SETTLEMENT OF DISPUTE

Article 12

Each party may, on his own initiative or at the invitation of the conciliator, submit to the conciliator suggestions for the settlement of the dispute.

SETTLEMENT AGREEMENT

Article 13

(1) When it appears to the conciliator that there exist elements of a settlement which would be acceptable to the parties, he formulates the terms of a possible settlement and submits them to the parties for their observations. After receiving the observations of the parties, the conciliator may reformulate the terms of a possible settlement in the light of such observations.

(2) If the parties reach agreement on a settlement of the dispute, they draw up and sign a written settlement agreement.** If requested by the parties, the conciliator draws up, or assists the parties in

drawing up, the settlement agreement.

(3) The parties by signing the settlement agreement put an end to the dispute and are bound by the agreement.

**The parties may wish to consider including in the settlement agreement a clause that any dispute arising out of or relating to the settlement agreement shall be submitted to arbitration.

CONFIDENTIALITY

Article 14

The conciliator and the parties must keep confidential all matters relating to the conciliation proceedings. Confidentiality extends also the settlement agreement, except where its disclosure is necessary for purposes of implementation and enforcement.

TERMINATION OF CONCILIATION PROCEEDINGS

Article 15

The conciliation proceedings are terminated:

(a) By the signing of the settlement agreement by the parties, on the date of the agreement; or

(b) By a written declaration of the conciliator, after consultation with the parties, to the effect that further efforts at conciliation are no longer justified, on the date of the declaration; or

(c) By a written declaration of the parties addressed to the conciliator to the effect that the conciliation proceedings are terminated, on the date of the declaration; or

(d) By a written declaration of a party to the other party and the conciliator, if appointed, to the effect that the conciliation proceedings are terminated,

on the date of the declaration.

RESORT TO ARBITRAL OR JUDICIAL PROCEEDINGS

Article 16

The parties undertake not to initiate, during the conciliation proceedings, any arbitral or judicial proceedings in respect of a dispute that is the subject of the conciliation proceedings, except that a party may initiate arbitral or judicial proceedings where, in his opinion, such proceedings are necessary for preserving his rights.

COSTS

Article 17

(1) Upon termination of the conciliation proceedings, the conciliator fixes the costs of the conciliation and gives written notice thereof to the parties. The term "costs" includes only:

(a) The fee of the conciliator which shall be reasonable in amount;

(b) The travel and other expenses of the conciliator;

(c) The travel and other expenses of witnesses requested by the conciliator with the consent of the parties;

(d) The cost of any expert advice requested by the conciliator with the consent of the parties;

(e) The cost of any assistance provided pursuant to articles 4, paragraph (2) *(b)*, and 8 of these Rules.

(2) The costs, as defined above, are borne equally by the parties unless the settlement agreement provides for a different apportionment. All other expenses incurred by a party are borne by that party.

DEPOSITS

Article 18

(1) The conciliator, upon his appointment, may request each party to deposit an equal amount as an advance for the costs referred to in article 17, paragraph (1) which he expects will be incurred.

(2) During the course of the conciliation proceedings the conciliator may request supplementary deposits in an equal amount from each party.

(3) If the required deposits under paragraphs (1) and (2) of this article are not paid in full by both parties within thirty days, the conciliator may suspend the proceedings or may make a written declaration of termination to the parties, effective on the date of that declaration.

(4) Upon termination of the conciliation proceedings, the conciliator renders an accounting to the parties of the deposits received and returns any unexpended balance to the parties.

ROLE OF CONCILIATOR IN OTHER PROCEEDINGS

Article 19

The parties and the conciliator undertake that the conciliator will not act as an arbitrator or as a representative or counsel of a party in any arbitral or judicial proceedings in respect of a dispute that is the subject of the conciliation proceedings. The parties also undertake that they will not present the conciliator as a witness in any such proceedings.

ADMISSIBILITY OF EVIDENCE IN OTHER PROCEEDINGS

Article 20

The parties undertake not to rely on or introduce as evidence in arbitral or judicial proceedings, whether or not such proceedings relate to the dispute that is the subject of the conciliation proceedings;

> *(a)* Views expressed or suggestions made by the other party in respect of a possible settlement of the dispute;
>
> *(b)* Admissions made by the other party in the course of the conciliation proceedings;
>
> *(c)* Proposals made by the conciliator;
>
> *(d)* The fact that the other party had indicated his willingness to accept a proposal for settlement made by the conciliator.

MODEL CONCILIATION CLAUSE

Where, in the event of a dispute arising out of or relating to this contract, the parties wish to seek an amicable settlement of that dispute by conciliation, the conciliation shall take place in accordance with the UNCITRAL Conciliation Rules as at present in force.

(The parties may agree on other conciliation clauses.)

Anhang F

UNCITRAL Mediation Rules (2021)

UNCITRAL Mediation Rules

Article 1 – Application of the Rules

1. Where parties have agreed that disputes between them shall be submitted to mediation under the UNCITRAL Mediation Rules, these Rules shall apply. The Rules may apply irrespective of the basis, whether contractual or not, upon which the mediation is carried out.

2. Mediation under the Rules is a process, whether referred to by the term mediation, conciliation or an expression of similar import, whereby parties request a third person or persons ("the mediator") to assist them in their attempt to reach an amicable settlement of their dispute. The mediator shall not have the authority to impose upon the parties a solution to the dispute.

3. The parties to a mediation shall be presumed to have referred to the Rules in effect on the date of commencement of the mediation, unless the parties have agreed to apply a particular version of the Rules.

4. The parties may agree to exclude or vary any provision of the Rules at any time.

5. Where any provision of these Rules is in conflict with a provision of the law applicable to the mediation from which the parties cannot derogate, including any applicable instrument or court order, that provision of law shall prevail.

Article 2 – Commencement of mediation

1. Mediation in respect of a dispute that has arisen shall be deemed to have commenced on the day on which the parties to that dispute agree to engage in mediation, unless otherwise agreed.

2. If a party that invited another party to mediate does not receive an acceptance of the invitation within 30 days from the day on which the invitation was sent by any means that provides for a record of its transmission, or within such other period of time as specified in the invitation, the party may elect to treat this as a rejection of the invitation to mediate.

Article 3 – Number and appointment of mediators

1. There should be one mediator, unless otherwise agreed. Where there is more than one mediator, the mediators shall act jointly.

2. The parties should endeavour to appoint a mediator by agreement, unless a different appointment procedure applies. They may agree to replace a mediator at any time.

3. The parties may seek the assistance of an institution or person for appointing a mediator.

4. In recommending or selecting individuals to act as mediator, the institution or person shall have regard to:

(a) The professional expertise and qualifications of the prospective mediator, experience as a mediator and ability to conduct the mediation;

(b) Any relevant accreditation and/or certification awarded to the prospective mediator by a recognized professional mediation standards body;

(c) The availability of the mediator; and

(d) Such considerations as are likely to secure the appointment of an independent and impartial mediator.

5. If the parties have different nationalities, the institution or person, in consultation with the parties, may also take into account the advisability of appointing

a mediator of a nationality other than the nationalities of the parties. In addition, the institution or person, in selecting, shall take into consideration geographical diversity and gender of the candidates.

6. When a person is approached in connection with a possible appointment as mediator, that person shall disclose any circumstances likely to give rise to justifiable doubts as to his or her impartiality or independence, including the disclosure of details of any personal, professional, financial or other interest that may influence the outcome of the dispute. A mediator, from the time of appointment and throughout the mediation, shall, without delay, disclose to the parties any such circumstances as they arise.

7. Prior to accepting the appointment, the prospective mediator shall ensure his or her availability to conduct the mediation diligently and efficiently.

8. In the event the mediator cannot perform her or his functions, the parties shall appoint a substitute mediator pursuant to the procedure mentioned in paragraphs 2, 3, 4, and 5. Paragraph 6 and 7 shall apply to the newly appointed mediator.

Article 4 – Conduct of mediation

1. The parties may agree on the manner in which the mediation is to be conducted. Otherwise, the mediator may determine the conduct of the mediation in consultation with the parties, taking into account the circumstances of the case, any wishes that the parties may express and the need for a speedy settlement of the dispute.

2. The mediator shall maintain fair treatment of the parties and, in so doing, shall take into account the circumstances of the case.

3. In order to facilitate the conduct of the mediation:

(a) The parties and the mediator may convene a meeting at an early stage to agree on the organization of the mediation;

(b) The parties, or the mediator with the consent of the parties, may arrange for administrative assistance by a suitable institution or person; and

(c) The parties, or the mediator with the consent of the parties, may appoint experts.

4. In conducting the mediation, the mediator may, in consultation with the parties and taking into account the circumstances of the dispute, utilize any technological means as he or she considers appropriate, including to communicate with the parties and to hold meetings remotely.

5. A party may be represented or assisted by a person or persons of its choice. The name, address and function of such persons shall be communicated to all parties and to the mediator in advance of the mediation or without delay. This communication shall also indicate the scope of authority and whether the purpose of the appointment is for representation or assistance.

Article 5 – Communication between the parties and the mediator

1. The mediator may meet or communicate with the parties together or with each of them separately.

2. At any stage of the mediation, the parties may submit information concerning the dispute, such as statements describing the general nature of the dispute, the points at issue, and any supporting document or additional information deemed appropriate. The information may also include a description of the goals, interests, needs and motivations of the parties as well as any relevant documents.

3. When the mediator receives information concerning the dispute from a party, the mediator shall keep such information confidential, unless that party indicates that the information is not subject to the condition that it should be kept confidential, or

expresses its consent to the disclosure of such information to another party to the mediation.

Article 6 – Confidentiality

Unless otherwise agreed by the parties, all information relating to the mediation, including, if relevant, the settlement agreement, shall be kept confidential by those involved in the mediation, except where disclosure is required by the law or as referred to under article 8, paragraph 4.

Article 7 – Introduction of evidence in other proceedings

1. Unless otherwise agreed by the parties, a party to the mediation, the mediator and any third person, including those involved in the administration of the mediation shall not, in arbitral, judicial or other dispute resolution proceedings, rely on, introduce as evidence or give evidence regarding any of the following:

(a) An invitation by a party to engage in mediation or the fact that a party was willing to participate in mediation;

(b) Views expressed, or suggestions made by a party in the mediation in respect of a possible settlement of the dispute;

(c) Statements or admissions made by a party in the course of the mediation;

(d) Proposals made by the mediator or the parties;

(e) The fact that a party had indicated its willingness to accept a proposal (or parts thereof) for settlement made by the mediator or the parties; and

(f) A document prepared primarily for purposes of the mediation.

2. Paragraph 1 applies irrespective of the form of the information or evidence referred to therein.

3. Paragraphs 1 and 2 apply whether or not the arbitral, judicial, or other dispute resolution proceedings relate to the dispute that is or was the subject matter of the mediation.

4. Subject to the limitations of paragraph 1, evidence that is otherwise admissible in arbitral, judicial, or other dispute resolution proceedings does not become inadmissible as a consequence of having been used or disclosed in the mediation.

Article 8 – Settlement agreement

1. Once the parties agree on the terms of a settlement to resolve all or part of the dispute through mediation, they should prepare and sign a settlement agreement. If requested by the parties and if the mediator deems it appropriate, the mediator may provide support to the parties in preparing the settlement agreement.

2. Unless otherwise agreed by the parties, the mediator or the mediation institution may sign or stamp the settlement agreement or provide other evidence that the agreement resulted from mediation.

3. The requirement that a settlement agreement shall be signed by the parties is met in relation to an electronic communication if:

(a) A method is used to identify the parties and to indicate the parties' intention in respect of the information contained in the electronic communication;

(b) The method is used either:

(i) As reliable as appropriate for the purpose for which the electronic communication was generated or communicated, in the light of all the circumstances, including any relevant agreement; or

(ii) Proven in fact to have fulfilled the functions described in subparagraph (a) above, by itself or together with further evidence.

4. By signing the settlement agreement, the parties agree that the settlement agreement can be used as evidence that it results from mediation, and that it can be relied upon for seeking relief under the applicable law.

Article 9 – Termination of mediation

The mediation shall terminate:

(a) By the signing of the settlement agreement by the parties, on the date of the agreement or such other date as agreed by the parties in the settlement agreement;

(b) By a declaration of the parties to the mediator to the effect that the mediation is terminated, on the date of the declaration;

(c) By a declaration of a party to the other party and the mediator, if appointed, to the effect that it no longer wishes to pursue mediation, on the date of the declaration;

(d) By a declaration of the mediator, after consultation with the parties, to the effect that further efforts at mediation are no longer justified, on the date of the declaration;

(e) By a declaration of the mediator, after consultation with the parties, in the situation referred to in article 11, paragraph 5, on the date of the declaration; or

(f) At the expiration of any mandatory period in the applicable international instrument, court order or mandatory statutory provision, or as agreed upon by the parties.

Article 10 – Arbitral, judicial, or other dispute resolution proceedings

1. Mediation may take place under the Rules at any time regardless of whether arbitral, judicial, or other dispute resolution proceedings have been already initiated.

2. Where the parties have agreed to mediate and have also expressly undertaken not to initiate, during a specified period of time or until a specified event has occurred, arbitral, judicial or other dispute resolution proceedings with respect to an existing or future dispute, such an undertaking shall be complied with, except to the extent necessary for a party, in its opinion, to preserve its rights. Initiation of such proceedings is not of itself to be regarded as waiver of the agreement to mediate or as a termination of the mediation.

Article 11 – Costs and deposit of costs

1. The method for fixing the costs of mediation should be agreed upon by the parties and the mediator as early as possible in the mediation. Upon termination of the mediation, the mediator shall fix the costs of the mediation, which shall be reasonable in amount and give written notice thereof to the parties. The term "costs" includes only:

(a) The fees of the mediator;

(b) The travel and other expenses of the mediator;

(c) The cost of expert advice requested by the mediator with the agreement of the parties;

(d) The cost of any assistance provided pursuant to article 3, paragraph 3, and article 4, paragraph 3, of the Rules; and

(e) Any other expenses that may have been accrued out of the mediation, including in relation to translation and interpretation services.

2. Unless otherwise agreed by the parties, the costs, referred to in paragraph 1, are borne equally by the parties and, in the case of multiparty mediation, they are shared pro rata. All other expenses incurred by a party are borne by that party.

3. The mediator, upon appointment, may request each party to deposit an equal amount as an advance for the costs referred to in paragraph 1, unless otherwise agreed by the parties and the mediator.

4. During the course of the mediation, the mediator may request supplementary deposits in an equal amount from each party, unless otherwise agreed by the parties and the mediator.

5. If the required deposits under paragraphs 3 and 4 are not paid in full by all parties within a reasonable period set by the mediator, the mediator may suspend the mediation or may declare the termination of the mediation, in accordance with article 9, subparagraph (e).

6. Upon termination of the mediation and if deposits were received, the mediator shall render an accounting to the parties of the deposits received and return any unexpended funds to the parties.

Article 12 – Role of the mediator in other proceedings

1. Unless otherwise agreed by the parties, the mediator shall not act as an arbitrator in respect of the dispute that was or is the subject of the mediation and of a dispute that has arisen from the same or a related contract or legal relationship.

2. The mediator shall not act as a representative or counsel of a party in any arbitral, judicial or other dispute resolution proceedings in respect of the dispute that was or is the subject of the mediation and of a dispute that has arisen from the same or a related contract or legal relationship.

3. The parties shall not present the mediator as a witness in any such proceedings.

Article 13 – Exclusion of liability

Save for intentional wrongdoing, the parties waive, to the fullest extent permitted under the applicable law, any claim against the mediator based on any act or omission in connection with the mediation.

Annex

Model mediation clauses

Mediation only

Any dispute, controversy or claim arising out of or relating to this contract, or the breach, termination, or invalidity thereof, shall be submitted to mediation in accordance with the UNCITRAL Mediation Rules.

Note: The parties should consider adding:

(a) The year of adoption of the version of the Rules;

(b) The parties agree that there will be one mediator, appointed by agreement of the parties [within 30 days of the mediation agreement], and if the parties cannot agree, the mediator shall be selected by [relevant selecting authority];

(c) The language of the mediation shall be ...;

(d) The location of mediation shall be ... .

Multi-tiered clause

Any dispute, controversy or claim arising out of or relating to this contract, or the breach, termination, or invalidity thereof, shall be submitted to mediation in accordance with the UNCITRAL Mediation Rules.

Note: Parties should consider adding:

(a) The selecting authority shall be (name of institution or person);

(b) The language of the mediation shall be ...;

(c) The location of mediation shall be... .

If the dispute, or any part thereof, is not settled within [(60) days] of the request to mediate under these Rules, the parties agree to resolve any remaining matters by arbitration in accordance with the UNCITRAL Arbitration Rules.

Note: Parties should consider adding:

(a) The appointing authority shall be (name of institution or person);

(b) The number of arbitrators shall be (one or three);

(c) The place of arbitration shall be (town and country);

(d) The language of the arbitration shall be... .

Model declaration of disclosure

No circumstances to disclose

To the best of my knowledge, there are no circumstances, past or present, likely to give rise to justifiable doubts as to my impartiality or independence. I shall promptly notify the parties of any such circumstances that may subsequently come to my attention during this mediation.

Circumstances to disclose

Attached is a statement of (a) my past and present professional, business and other relationships with the parties and (b) any other relevant circumstances. [*Include statement.*] I confirm that those circumstances do not affect my independence and impartiality. I shall promptly notify the parties of any such further relationships or circumstances that may subsequently come to my attention during this mediation.

Model statement of availability

I confirm, on the basis of the information presently available to me, that I can devote the time necessary to conduct this mediation.

www.ingramcontent.com/pod-product-compliance
Ingram Content Group UK Ltd.
Pitfield, Milton Keynes, MK11 3LW, UK
UKHW021932290926
8980IPUK00016B/1581

9 783631 894705